VIES ET OEUVRES

DES

PEINTRES LES PLUS CELÈBRES.

VIES ET OEUVRES

DES

PEINTRES LES PLUS CÉLÈBRES

DE TOUTES LES ECOLES;

RECUEIL CLASSIQUE,

CONTENANT

L'ŒUVRE complète des Peintres du premier rang, et leurs Portraits; les principales Productions des Artistes de 2ᵉ et 3ᵉ classes; un Abrégé de la Vie des Peintres Grecs, et un choix des plus belles Peintures antiques;

REDUIT ET GRAVÉ AU TRAIT,

D'après les Estampes de la Bibliothèque impériale et des plus riches Collections particulières;

Publié par C. P. LANDON, Peintre, ancien Pensionnaire du Gouvernement à l'Ecole Française des Beaux-Arts à Rome, Membre de plusieurs Sociétés Littéraires, Éditeur des Annales du Musée.

A PARIS,

Chez TREUTTEL et WURTZ, Libraires, rue de Lille, N° 17.
Et à STRASBOURG, même Maison de Commerce, Grand'rue, N° 15.

IMPRIMERIE DE CHAIGNIEAU AÎNÉ.
1813.

AVIS.

Les Souscripteurs recevront, avec le deuxième et dernier volume des peintures antiques, les feuilles de texte qui doivent être replacées en tête de celui-ci. La table historique et raisonnée se trouvera à la suite des planches.

VIES ET OEUVRES

DES

PEINTRES LES PLUS CÉLÈBRES.

VIES ET OEUVRES

DES

PEINTRES LES PLUS CÉLÈBRES

DE TOUTES LES ÉCOLES;

RECUEIL CLASSIQUE,

CONTENANT

L'Œuvre complète des Peintres du premier rang, et leurs Portraits; les principales Productions des Artistes de 2e et 3e classes; un Abrégé de la Vie des Peintres Grecs, et un choix des plus belles Peintures antiques;

RÉDUIT ET GRAVÉ AU TRAIT,

D'après les Estampes de la Bibliothèque Royale et des plus riches Collections particulières;

Publié par C. P. LANDON, Peintre de S. A. R. Mgr le Duc de Berry, Chevalier de la Légion d'Honneur, Conservateur des Tableaux des Musées Royaux, Correspondant de l'Institut, etc. etc.

A PARIS,

Chez C. P. LANDON, rue de Verneuil, N° 30, près la rue de Beaune.

IMPRIMERIE DE CHAIGNIEAU AINÉ.
1817.

NOTICE DES PEINTRES DE L'ANTIQUITÉ,

Dont il est fait une mention quelconque dans les Auteurs Grecs et Romains.

NOTIONS PRÉLIMINAIRES.

Que serait la peinture, considérée indépendamment des ouvrages des hommes qui l'ont exercée, sinon un art métaphysique? N'est-ce pas dans ces ouvrages qu'elle existe; dans ces ouvrages qu'on peut en prendre connaissance? C'est l'histoire de leurs auteurs qui forme son histoire. Le désir d'imiter est un des goûts naturels à l'homme; la variété des formes et des couleurs est une des causes de ses plaisirs. Ainsi, l'homme a dû chercher partout à imiter ce qu'il voyoit; partout il a dû se plaire à tracer des formes variées, à unir des variétés de couleurs. On a cherché quel peuple a inventé la peinture : cette invention, prise dans son état le plus grossier, a été faite partout. Les peuples sauvages, qui cachent même à peine leur nudité, ont une sorte de peinture; ils se l'impriment douloureusement dans les chairs et savent la rendre ineffaçable. Les mères procurent de bonne heure à leurs enfans cette difformité qu'elles regardent comme une beauté; elles leur piquent la peau avec des os aigus ou des arêtes de poissons, et frottent ces plaies récentes de substances colorées. Cette sorte de peinture est inspirée par le luxe; une autre l'est par le besoin : mais celle-ci semble n'avoir été inventée que la seconde ; car il est assez naturel à l'homme de faire marcher le superflu avant le nécessaire. Cette seconde peinture est celle qui conserve le souvenir des évènemens. La peinture n'a d'abord consisté que dans un simple trait; on a commencé à indiquer le contour des objets long-temps avant que d'en exprimer le relief et la couleur. L'art consistait alors tout entier dans la partie que nous appelons dessin. Après avoir fait long-temps de simples traits, on s'est avisé d'employer des matières colorantes pour imiter les couleurs des objets qu'on représentait. On a imité une draperie jaune, en remplissant le trait d'une couche de couleur jaune, et une draperie bleue, en remplissant le trait d'une couche de couleur bleue. La peinture n'était que ce que nous appelons l'enluminure, et c'est en cet état qu'elle est restée chez les Egyptiens. D'autres peuples, plus observateurs, ont reconnu que, dans la nature, les objets avaient du relief, et qu'ils devaient ce relief au jeu de la lumière; ils ont inventé la partie de l'art qu'on nomme le clair obscur. Les Grecs, observateurs plus fins, plus délicats, plus sensibles que les autres nations, ont inventé cette partie avant de trouver celle du coloris, et ils ont fait des peintures monochrômes ou des camaïeux avant de faire des tableaux coloriés.

Nous trouvons dans Diodore de Sicile les premiers monumens de peinture qui aient mérité de fixer l'attention des écrivains. Cet historien, d'ailleurs fort crédule, rapporte que la reine Sémiramis avait fait construire à Babylone une muraille de deux lieues et demie de tour, dont les briques avaient été peintes avant de les faire cuire, et qui représentaient diverses espèces d'animaux, des tableaux même qui figuraient des chasses et des combats. Dans le même temps, les Egyptiens, si l'on en croit Hérodote et ses copistes, exerçaient déjà cet art avec le plus grand succès, et les temples de l'Egypte, ceux de Memphis surtout, offraient alors aux voyageurs une foule de morceaux de peinture exécutés par des artistes nés sur les bords du Nil.

Platon, qui vivait quatre cents ans avant l'ère vulgaire, assurait que la peinture était exercée en Egypte depuis dix mille ans; qu'il restait encore des ouvrages de cette haute antiquité, et qu'ils n'étaient, à aucun égard, différens de ceux que les Egyptiens faisaient encore de son temps. Sans regarder l'époque de dix mille ans, fixée par Platon, comme une époque précise, nous pouvons la regarder du moins comme une époque indéterminée qui remonte à une haute antiquité. Il résulte, d'une autre part, de ce témoignage de Platon, que les ouvrages de peinture des Egyptiens étaient d'une longue durée; mais que, pendant le cours d'un nombre inexprimable de siècles, ils n'avaient fait aucun progrès. Leurs figures peintes étaient toujours dans une position très-roide, les jambes rapprochées, les bras ordinairement collés sur les flancs : il semblait qu'ils eussent pris pour modèles leurs momies emmaillottées. Comme ils ne disséquaient point de cadavres, ils ne pouvaient connaître ni les véritables formes des os, ni celles des muscles, ni leurs fonctions. Aussi ne représentaient-ils pas les muscles sur leurs figures, pas même ceux qu'ils auraient pu connaître à-peu-près, en observant, d'un œil studieux, la nature vivante. On a prétendu qu'ils connaissaient l'anatomie; mais ce n'est qu'un abus de mots. L'anatomie consistait uniquement chez eux dans l'art de vider les cadavres pour les préparer à recevoir l'embaumement. Cet art pouvait les conduire seulement à mieux connaître les entrailles; et c'est précisément une partie de l'anatomie étrangère aux beaux-arts. Les Egyptiens n'étaient beaux ni de taille, ni de visage, mais ils avaient du moins la conformation nécessaire à l'homme, et leurs artistes ne savaient pas rendre cette conformation : ils plaçaient les oreilles beaucoup plus haut que le nez; ils donnaient à la face la forme d'un cercle plutôt que celle d'un ovale; ils faisaient le menton trop court et trop arrondi; ils arrondissaient aussi les joues avec excès; ils relevaient de même avec excès l'angle extérieur de l'œil, et faisaient suivre à la bouche le même mouvement. C'était d'ouvrages religieux que s'occupaient principalement les artistes égyptiens, et ces ouvrages avaient une posture consacrée; ils avaient aussi des formes convenues, dont on ne pouvait s'écarter, et ces formes étaient monstrueuses : c'étaient des corps d'animaux sous des têtes d'hommes; c'étaient, sur des corps humains, des têtes d'animaux : et ces animaux étaient souvent eux-mêmes bizarres, imaginaires, et n'avaient point de types dans la nature *. Dire que les prêtres ne permettaient pas de s'écarter des attitudes convenues pour les simulacres religieux, c'est dire qu'ils ne permettaient pas de perfectionner l'art en étudiant les mouvemens de la nature. Les monumens les plus connus de la peinture des Egyptiens, dit Winckelmann, sont les bandelettes des momies. Ces ouvrages ont résisté aux injures des siècles et sont

* On sait que c'était une ancienne tradition en Egypte que, lorsque les dieux furent chassés du ciel, ils se réfugièrent dans cette contrée; et, pour se soustraire à la vengeance de Jupiter, ils prirent la forme des différens animaux qui l'habitent. Ce fut toujours sous ces formes qu'ils les représentèrent, à l'exception d'Isis, de son fils Orus et d'Osiris; mais le bœuf Apis, le chat d'Isis, le crocodile, l'épervier, l'ibis, le dieu Canope, sous la forme d'un vase, le sphynx, etc. pouvaient-ils offrir au génie de l'art ces formes nobles et sublimes de l'homme, qui peuvent seules donner une idée raisonnable de la divinité personnifiée et visible? L'on voit ici combien la religion peut influer sur l'art. Celle des Egyptiens fut toujours contraire à leurs progrès. Les images n'étant pour eux que des emblêmes de la nature et des hyéroglyphes de la langue sacrée ou de leur histoire, ils en fixèrent la forme, afin que le même signe rappelât les mêmes idées. Les prêtres avaient prescrit non-seulement la forme des dieux, mais encore une attitude rectiligne que nous voyons dans leurs monumens de l'art et qui est toujours la même. Les lois de Moïse firent plus, elles proscrivirent absolument l'étude des arts. Je lis dans l'Exode, chap. XXII, v. 4 : « Vous « ne ferez point d'image taillée, ni aucune figure de tout ce qui est en haut dans le ciel, et en bas « sur la terre, ni de tout ce qui est dans les eaux sous la terre »; et dans le verset 23 du même chapitre : « Vous ne vous ferez point de dieux d'argent ni de dieux d'or. » Le législateur des juifs ne se contenta pas de défendre les images des dieux, mais encore il défendit toute espèce de monument qui aurait pu en rappeler l'idée. On lit au chap. XXVI du Lévitique, v. 1 : « Vous « ne vous ferez point d'idole ni d'image taillée; vous ne dresserez point de colonnes ni de monu-« mens, et vous n'érigerez point dans votre terre de pierre remarquable pour l'adorer. » Dans le Deutéronome, Moïse rappelle les mêmes défenses d'une manière plus étendue; dans le ch. IV, les versets 15, 16, 17, 18 et 19 renferment tous les objets qu'il défend de représenter, et ces objets sont non-seulement Dieu, l'homme et la femme, mais tous les animaux, les quadrupèdes, les reptiles, les poissons, les oiseaux : il finit par la défense d'adorer les astres. Mais, comment accorder ces lois qui proscrivaient la sculpture, avec les Chérubins qui décoraient l'arche d'alliance? C'est un point de l'histoire qui n'est pas de notre sujet.

encore soumis à l'examen des curieux. Le blanc composé de céruse fait l'enduit de la toile; les contours des figures sont tracés avec du noir comme dans ceux de nos dessins au lavis, dont on fait le trait à la plume. Les couleurs proprement dites ne sont qu'au nombre de quatre, le bleu, le rouge, le jaune et le vert : elles sont employées entières, sans être ni mélangées, ni fondues. C'est le rouge et le bleu qui dominent le plus, et ces couleurs sont assez grossièrement broyées. Le blanc, qui fait l'enduit de la toile, est épargné aux endroits que le peintre a jugé à propos de laisser clairs, comme les modernes épargnent l'ivoire pour former les lumières dans la miniature, ou comme ils laissent travailler le blanc du papier dans les dessins. L'art des peintres égyptiens, au moins dans ce genre, se bornait donc à l'enluminure. La Haute-Egypte possède des peintures colossales; des murailles de quatre-vingts pieds de haut sont décorées de figures; des colonnes de trente-deux pieds de circonférence en sont couvertes. Suivant la relation de Norden, confirmée par M. Denon, les couleurs de ces peintures sont entières comme celles des momies : ce ne sont donc encore que des enluminures colossales; car la proportion ne change rien à l'essence des choses. Les couleurs sont appliquées sur un fond préparé et couvert d'un enduit, ce qui indique le procédé de la fresque. Elles ont, ainsi que les dorures, conservé leur fraîcheur pendant plusieurs milliers d'années, et le temps n'a pu les détacher des murs où elles sont appliquées. Il paraît que la grande occupation des peintres d'Egypte était de colorer de la vaisselle de terre, de peindre des personnages sur des coupes de verre, d'orner des barques, et de charger de figures les bandelettes et les caisses des momies : ils peignaient aussi des toiles. Toutes ces branches d'industrie supposent des ouvriers peintres, et non des peintres artistes. La fonction de décorer les temples, etc. de figures relatives à la religion, et qui étaient toujours les mêmes pour l'attitude et pour la forme, ne suppose encore que des ouvriers. Pline nous apprend que les Egyptiens peignaient des métaux précieux : c'est-à-dire qu'ils savaient les vernir ou les émailler. Il est douteux que ce fut un art; ce n'était probablement qu'un métier qui consistait à couvrir l'or et l'argent d'une seule couleur, ou même de plusieurs couleurs couchées à plat. Il est vraisemblable que les Egyptiens gardèrent constamment leur ancien style, jusqu'à ce qu'ils fussent passés sous la domination des Ptolomées *.

Les Perses étaient si loin d'exceller dans les arts, qu'ils empruntèrent l'industrie des artistes égyptiens lorsqu'ils eurent fait la conquête de l'Egypte. On ne connaît le nom que d'un seul peintre persan; encore l'a-t-on retenu, non parce qu'il était peintre, mais parce qu'il adapta au Christianisme l'ancienne doctrine des deux principes. D'ailleurs, tout ce qu'on dit de Manès est fort incertain; il est même douteux qu'il ait été Persan : on dit qu'il se nommait d'abord Curbicos, qui est un nom grec : est-on plus certain qu'il était peintre? Les tapis de Perse étaient célèbres dans la Grèce, même du temps d'Alexandre; et ces tapis étaient ornés de personnages; mais cela ne signifie pas que ces personnages fussent bien représentés. On connaît les caprices du luxe : on voit dans les pays où les arts sont maintenant cultivés et même florissans, des riches acheter chèrement des magots de la Chine, tandis qu'ils ne feraient aucun cas d'un bon tableau dont ils sont trop loin de sentir les beautés. C'était le mélange industrieux de la soie, et non la vérité des représentations de la nature, que les Grecs admiraient dans les tapis de Perse. Selon Hérodote, les Perses n'étaient point dans l'usage

* En Egypte on peignait jusqu'aux vêtemens. Pline trouve merveilleuse la méthode qu'on employait à cet effet; on commençait par fouler des toiles blanches; on y appliquait ensuite divers enduits non colorés, mais propres à absorber des couleurs : le nombre en était proportionné à la quantité de nuances qu'on voulait obtenir. Cet enduit une fois appliqué, le dessin qu'on avait tracé n'était point encore sensible; mais aussitôt que la toile, ainsi préparée, était plongée dans la chaudière de teinture, on la retirait avec les couleurs qu'on avait voulu lui donner; et, ce qu'il y avait de plus admirable, dit Pline, c'est que, quoiqu'il n'y eût dans la chaudière qu'une seule couleur, la toile se trouvait, lorsqu'elle en sortait, ornée de dessins diversement coloriés, selon la différente nature des mordans dont le préparateur l'avait enduit çà et là; et cette teinture était indélébile, et la toile, ainsi macérée par la coction, se trouvait plus solide que dans son état de blancheur.

d'élever des statues, des temples, des autels, etc. Cet usage ne regardait à la vérité que les dieux et ce qui était relatif à leur culte; mais est-il vrai qu'il n'était pas favorable aux arts?

Ce sont les anciens habitans de la Thuscie ou Etrurie, qu'on nomme aujourd'hui la Toscane, qui les premiers ont fondé les arts sur l'étude de la nature, qui les premiers ont joint l'idéal à cette étude. On reconnaît dans les monumens étrusques qui ont été respectés par le temps, un premier style qui est celui de l'enfance de l'art, et un second style dans lequel on observe le même caractère qui, chez les modernes, distingue les artistes florentins; plus de grandeur que de grâce, plus de fierté que de précision et de beauté, de l'exagération dans le caractère du dessin et dans les mouvemens. Pline dit que la peinture était déjà portée à la perfection dans l'Italie avant la fondation de Rome : peut-être ne veut-il parler que d'une perfection relative à l'état d'enfance où l'art se trouvait encore dans la Grèce; mais enfin il semble que, de son temps, les peintures de Cœré, ville de l'Etrurie, soutenaient encore les regards des connaisseurs. C'était vraisemblablement de l'Etrurie que le Latium mandait les artistes qui décoraient les villes. Tel dut être celui qui peignit à fresque, à Lanuvium, une Hélène et une Atalante dont on admirait la beauté. Le temple était en ruine du temps de Vespasien, et cependant ces peintures n'étaient pas encore endommagées *. Les seules peintures qui nous restent des Etrusques ont été trouvées dans les tombeaux de l'ancienne Tarquinie. On y voit de longues frises peintes et des pilastres ornés de grandes figures qui occupent depuis la base jusqu'à la corniche. Ces peintures sont exécutées sur un enduit épais de mortier; plusieurs sont d'une bonne conservation; d'autres ont été presque entièrement dévorées par l'air qui a pénétré dans ces souterrains.

* Varron, cité par Pline, affirme qu'avant que Damophile et Gorgase eussent exécuté pour le temple de Cérès, au grand cirque de Rome, des ouvrages de plastique et de peinture, tous les ornemens qui l'embellissaient étaient toscans; que, lorsqu'il en fallut abattre et relever les murailles, on fit scier en tablettes les parties peintes pour les enlever, et que l'on eut soin de les encadrer pour en former des tableaux de transport.

Des colonies grecques établies à Naples, à Nôle, à Dicétarchie, nommée ensuite Pusœolé, ont vraisemblablement, dit Winckelmann, cultivé de bonne heure les arts d'imitation, et les ont enseignés aux Campaniens établis au centre du pays. Il a été trouvé un grand nombre de vases campaniens couverts de peinture. On les a confondus sous la dénomination de vases étrusques, parce que Buonarotti et Gori, qui les premiers ont publié ces vases, étaient des écrivains toscans et cherchaient à relever l'honneur de leur patrie. Le pays même où ces vases ont été découverts, suffit pour manifester leur erreur : la plupart ont été trouvés dans le royaume de Naples. Les peintures dont ils sont ornés doivent plutôt être regardées comme des dessins coloriés que comme des peintures proprement dites. Ce sont, ainsi que les modernes en font encore, des dessins lavés de plusieurs couleurs. Le contour y est rendu par des traits, ainsi que les plis des draperies, et tout ce qu'on a coutume d'indiquer à la plume dans les dessins qu'on se propose de laver. Le plus souvent les figures sont d'une seule couleur, et cette couleur est épargnée sur le fond du vase ; le champ est revêtu d'un noir brillant.

Quoique l'histoire de la peinture chez les Grecs soit bien mieux connue que celle du même art chez les nations dont nous venons de parler, elle offre cependant à différentes époques, et surtout pour les temps anciens, de très-grandes obscurités. Pline est presque le seul écrivain qui nous en ait conservé les matériaux : il ne pouvait les trouver que chez les Grecs, et il se plaint qu'en cette occasion ils étaient loin de montrer leur exactitude ordinaire. Ils ne plaçaient, dit-il, le premier peintre dont ils parlaient, que dans la XC^e olympiade, 420 ans avant notre ère, et elle remonte à des temps bien plus reculés. Il est certain que, considérée du moins dans l'état de peinture en couleurs sèches, elle existait dès le temps du siège de Troie ; et l'on peut présumer que, dès-lors, la peinture au pinceau n'était pas entièrement inconnue. Le bouclier d'Achille, les ornemens de plusieurs armes prouvent que l'on connaissait les bas-reliefs, genre de sculpture qui se rapproche de la peinture. Hélène travaillait à une tapisserie sur laquelle elle représentait les nombreux combats dont elle avait été cause. Dès le temps du siège de Troie, ou au moins, dès le temps d'Homère, l'existence de la peinture d'histoire est donc constatée. On a lieu de penser que les couleurs en étaient variées ; mais, quand ces tapisseries eussent été en camaïeu, c'était toujours de la peinture. Elle n'était, il est vrai, qu'en couleurs sèches, mais Hélène ne faisait pas de la tapisserie sans que le dessin n'en fût tracé sur le canevas. Voilà donc la peinture, telle qu'elle fut au moins dans son origine, c'est-à-dire simplement linéaire. Mais, si la tapisserie devait être variée de couleurs, Hélène avait apparemment sous les yeux un dessin colorié qui lui servait de modèle, soit qu'elle l'eût fait elle-même, soit qu'il lui eût été fourni par quelque artiste ; c'est-à-dire que la peinture avait déjà fait quelques progrès ; qu'elle employait différentes couleurs au pinceau, et qu'elle était à-peu-près ce qu'elle est encore aujourd'hui dans l'Orient. Dans l'Iliade, lorsqu'Andromaque apprend la mort de son époux, elle est occupée à représenter en tapisseries des fleurs de diverses couleurs. Il devient donc certain que, du temps d'Homère, la peinture n'était plus réduite au simple trait, ni même au camaïeu, mais qu'elle employait des couleurs différentes. L'existence de la peinture coloriée, dès le temps d'Homère, peut être posée comme un fait historique. C'est long-temps avant Homère qu'il faut placer les inventeurs de la peinture linéaire, **Cléanthes et Ardices**, de Corinthe, et **Téléphanes**, de Sicyone. C'est même encore avant ce poète qu'il faut placer Cléophanthe, de Corinthe, qui imagina de broyer des tessons de terre pour colorier ses figures. Ou bien il faudra supposer que l'art de peindre, connu du temps d'Homère dans plusieurs endroits, était encore ignoré à Corinthe, où il fut inventé par Cléanthes, et à Sicyone, où il fut trouvé par Téléphanes. Il est difficile de soutenir cette supposition. Des guerriers venus de Sicyione et de Corinthe avaient assisté au siège de Troie ; ils durent rapporter l'idée de cet art dans leur patrie. D'ailleurs, les Corinthiens étaient voisins d'Argos, où revint Hélène après le siège de Troie. Mais si Hélène, comme le raconte Hérodote, n'a jamais été à Troie, que Ménélas l'ait trouvée en Egypte après la prise de cette ville, elle peut bien aussi n'avoir jamais su faire de tapisserie ; peut-être la peinture était-elle absolument inconnue de son temps dans Argos et dans tout le Péloponèse ; peut-être l'était-elle de même dans Troie. Homère aura prêté aux femmes troyennes l'industrie des femmes ioniennes. Quoi qu'il en soit, on ne peut douter que la peinture ne fût connue, au moins dans quelques endroits de la Grèce, du temps de ce poète qui vivait, suivant la chronique de Paros, 907 ans avant notre ère. On ne sait donc à quelle époque placer Hygiêmon et Dinias, qui ne savaient peindre encore que d'une seule couleur, et Charmade, qui trouva l'art encore si grossier, qu'il inventa le premier, celui de faire connaître la différence des sexes dans les ouvrages de peinture. On ne sait trop ce que Pline veut dire quand il parle d'un Eumarus qui imita toutes sortes de figures. Veut-il faire entendre que ce peintre représenta des figures de tout âge, de tout sexe, et dans toutes sortes de positions, ou qu'il ne se contenta pas de faire des figures humaines, mais qu'il représenta aussi des animaux ? Quoi qu'il en soit, il nous apprend que cet Eumarus fut imité par Cimon. Ce fut Cimon qui, le premier, varia le mouvement des têtes, les faisant regarder en haut, en bas, de côté ; il marqua les articulations des membres, il exprima les veines, il fit sentir les plis et les sinuosités des draperies. Si c'est à lui qu'on doit toutes ces inventions, qu'était donc la peinture lorsqu'on ne savait encore rien de tout cela ?

La peinture encaustique, ou peinture par l'entremise de la cire et du feu, est de l'invention d'un artiste dont le nom est incertain. Quelques-uns en font honneur à Aristide, et supposent que cet art fut ensuite consommé par Praxitèle. Mais, du temps de Pline encore, on connaissait des peintures encaustiques plus anciennes, et notamment de la façon de Polygnote, de Nicanor et d'Archélaüs de Parium ; on lisait encore à Egine une inscription qui portait : Lysippe composait ce tableau encaustique. Inscription qui donnait à ce genre de peinture une plus haute antiquité. Pausias, de Sicyone, le cultiva le

NOTIONS PRÉLIMINAIRES.

premier avec succès ; Pamphile, qui eut Apelles pour élève, fit non-seulement des peintures encaustiques, mais encore tint école de cet art. Il est certain que les anciens connurent deux sortes de peinture encaustique ; l'une, plate, à la cire diversement colorée ; l'autre, sans cire et à la couleur, mais incrustée dans des sillons faits à l'ivoire avec le cestre ou poinçon ; et qu'à ces deux manières, succéda une troisième peinture encaustique, qui fut celle du pinceau trempé dans des cires colorées et fondues au feu. Cette troisième peinture encaustique fut affectée aux vaisseaux, parce qu'elle résiste au soleil, à l'eau salée, et aux bourrasques des vents. Elle était encore en usage du temps de Boëce. On avait commencé par peindre en couleurs sèches en joignant des morceaux de bois de différentes couleurs ; c'est ce que nous appelons marquetterie : en rapprochant des pierres diversement colorées ; c'est la mosaïque : en se servant de l'aiguille pour attacher sur un fond des substances fibreuses, telles que le coton, la laine, la soie ; c'est ce que nous nommons broderie : en employant et distribuant ces mêmes substances à l'aide de la navette ; c'est ce que l'on appelle travailler en étoffes. Bien des peuples n'ont employé que quelques-unes de ces manières de peindre, et l'on peut soupçonner qu'en général, elles ont précédé la peinture au pinceau. Nous croyons que les anciens étaient plus avancés que nous dans la recherche des matières colorantes. Nous n'en voulons d'autres preuves que les fragmens de leurs peintures, considérés seulement sous le rapport matériel, et qui ont conservé depuis deux mille ans les teintes les plus vives, les nuances les plus délicates et les plus fugitives ; tandis que tous nos tableaux sans exception, et particulièrement les tableaux peints à l'huile, et qui ne remontent qu'à quelques centaines d'années, ont perdu presque tout leur éclat ; et remarquons bien que c'est depuis que la chimie a fait de si grands progrès, et à mesure que la manutention de la peinture s'est perfectionnée, que cet effet déplorable se fait sentir davantage ; les tableaux tout-à-fait modernes sont ceux dont la couleur change le plus rapidement ; et, si nous remontons vers l'époque de la renaissance de l'art, nous voyons avec étonnement que de mauvais tableaux faits aux XIIe et XIIIe siècles, par des Grecs réfugiés en Italie, ou par leurs élèves, ont conservé un coloris frais et brillant. Si nos profondes et réelles connaissances en chimie ne nous avaient pas rendu d'autre service, les arts n'auraient certainement pas à s'en féliciter. La plupart des couleurs employées par les peintres anciens nous sont connues ; nous pourrions en citer par leur nom jusqu'à vingt-huit, d'après Pline, qui peut être une autorité comme naturaliste, Vitruve et même Properce, Plaute, etc. Parmi ces couleurs il y en a plusieurs dont nous avons perdu la composition, malgré les recherches de nos chimistes.

Minium.
{ Armenium.
{ Armenium hispanense.
Cinnabris.
Chrysocolla.
{ Purpurissum è creta argentaria.
{ Purpurissum puteolanum.
{ Purpurissum tyrium.
{ Purpurissum gætulicum.
{ Purpurissum laconicum.
{ Purpurissum canusium.
Indicum purpurissum.
{ Sinopis ægyptiaca.
{ Sinopis africana.
{ Sinopis rubra.
{ Sinopis minus rubens.
{ Sinopis inter has media.
{ Sinopis cicerculum.
{ Sinopis sphragis.
Leucophoron.
Rubrica.
{ Paraetonium cyrenense.
{ Paraetonium cretense.
{ Melinum melosense.
{ Melinum samosense.
Sanies draconum.

Eretria.
Auripigmentum.
Ochra.
{ Cerussa usta asiatica.
{ Cerussa ex sile marmoroso.
{ Cerussa smyrnensis.
{ Cerussa ex plombo.
{ Sandaracha topaza.
{ Sandaracha ex cerussâ fornace coactâ.
Sandyx.
Syricum.
{ Atramentum è resinâ vel pice.
{ Atramentum è fæce siccatâ.
{ Atramentum tryginon.
{ Atramentum elephantinum, vel ex ebore combusto.
{ Atramentum ex flore nigro qui adhærescit æreis cortinis.
{ Atramentum è tedis ligno combusto.
Sepia.
Appianum.
Candidum anulare.
Cæruleum.
Aurum.
Lutea, vel glastrum, vel isatis.
Ostrum.

NOTIONS PRÉLIMINAIRES.

COLORES NOBILIORES.

Albus.
Flavus.
Ruber.
Purpureus.

Viridis.
Cæruleus.
Niger.

Ces couleurs étaient elles-mêmes subdivisées en une quantité considérable de nuances. En voici quelques-unes. Nous les donnons en latin parce que plusieurs ne pourraient être exprimées en français sans perdre de leur signification.

Cæruleus.
Cyaneus, cæli colorem referens.
Cæsius, Græcè charapon, à cœlo.
Ater, lividus à livore.
Anthrocinus, niger à carbone dictus.
Furvus, qui fumo assimilatur.
Fuscus, nigro propinquior.
Pressus, si modum excedit et nigressit.
Albus, Græcè leuchophæos.
Candidus.
Ferrugineus, qui colorem ferruginis refert.
Plombeus, à plombo.
Argenteus.
Aureus.
Rufus.
Robus.
Gilvus.
Helvus, inter rufum et album.
Cerasolus.
Buxeus.
Ruber, color est sanguinis animantium.
Palmeus.
Purpureus.
Hyacinthus.
Roseus, à rosâ dictus color.

Puniceus.
Tyrius.
Sarranus.
Colossinus, à floribus.
Indicus.
Sinopis.
Melinus, à fructibus.
Hispanus.
Bæticus.
Mutinensis.
Paonacius.
Fulvus, ex rufo et viridi mixtus.
Ravus, medius inter flavum et cæsium.
Flammeus.
Viridis, à prasino.
Porrum.
Glaucus.
Hysginus, ab hysge herbâ.
Coccineus, color à cocco dictus.
Sandycenus.
Violaceus.
Janthinus, ex quo tyrinthius, è purpurâ factus et violâ.
Croceus.
Byssina, penè ut aurum fulgebat, à bysso.
Citrosus à citro.

Papaveratus, à papavere.
Galbana, à galbano.
Molochina, à malvæ flosculo.
Balaustina, à puniceo flore.
Cervinus.
Murinus.
Mustellinus.
Ictericus, à colore galguli, ex luteâ.
Cygneus, olorinus, id est candidus.
Coracinus, à corvo niger.
Ostrinus, ex ostro factus.
Conchyliatus.
Muriceus.
Igneus.
Marinus, Thalassinus } à mare.
Cymalilis, Cymatius } ab undâ.
Arquatus, ab arcu, pluviarum nuntio.
Hyalinus, à differentiis plantarum.
Vitreus, ex colore vitri.
Niveus.
Marmoreus.
Lacteus.
Eburneus.
Amethystinus, ex quo tyramesthistus, color similis gemmæ amethysti.
Sandaracinus.
Impluviatus.
Sanguineus.
Herbidus.
Cereus.
Piceus.
Cinereus, vel cinericius, vel cineraceus, qui colorem cineris refert.
Spumeus, à spumis.
Maculosus, à maculis.
Muscatus, à muscarum similitudine.

Scututatus, à scutulis.
Pomutatus, ab exiguorum pomorum specie.
Rotatus, si orbes sunt latiusculi.
Prasinus, à foliis porri virentis.
Guttatus, à Guttis.
Leuchophæus, id est subnigrum.
Leuchoparypheus.
Aquileus, à colore aquilæ.
Pullus, color est fuscus, in nigrum vergens.
Suasus.
Insuasus, ex stellicidio fumoso, in vestimento albo.
Castaneus, ad similitudinem coloris castaneæ corticis exertæ et paulum asservatæ.
Thapsinus, color lugubris.
Corneus, qui similitudinem coloris corni refert.
Flavus, color ex viridi rufo et albo concretus.
Gilvus, inter album et fuscum, qualis est mellis.
Rubellus, cerasi duracini colorem refert.
Cirrenis, color rufus.
Hipocirrenis, subrufus.
Rubidus.
Phæniceus.
Rutilus.
Spadix.
Luteus, rufus est, sed dulcior.
Blatteus.
Xerampelinus, color medius inter coccinum et muriceum.
Spadiceus, badiusve, est color puniceus.
Gypsatum.
Cerussatum.

Palearis.
Pallidus.
Æneus.
Rubiginosus.
Roanus.
Tanatus.
Regius.
Leonatus.
Cerinus.

Dibaphus.
Rubicundus.
Russus.
Gilnus.
Vinosus.
Glastinus.
Silatus.
Blavus.

On peut diviser toutes ces couleurs ou nuances de couleurs en neuf sections, savoir :

COULEURS BLANCHES.
Lacteus.
Niveus.
Candidus.
Aqueus.
Marmoreus.
Papaveratus.
Eburneus.
Gypsatum.
Cerussatum.
Cygneus.

COULEURS GRISES.
Plombeus.
Cinereus.
Glaucus.
Argenteus.
Mustellinus.
Marinus.
Thalassinus.
Cymatilis.
Cymatius.
Hyalinus.
Vitreus.
Spumeus.
Maculosus.

Muscatus.
Guttatus.
Castaneus.

COULEURS NOIRES.
Ater.
Anthrocinus.
Furvus.
Fuscus.
Pressus.
Ferrugineus.
Ceracinus.
Leuchophæus.
Thapsinus.

COULEURS ROUGES.
Ruber.
Rubidus.
Rubicundus.
Rutilus.
Russus.
Sanguineus.
Roseus.
Gilnus.
Spadix.
Igneus.

Flammeus.
Puniceus.
Vinosus.
Balaustinus.
Xerampelinus.
Palmeus.
Hyacinthus.
Tyrius.
Sarranus.
Colossinus.
Indicus.
Sinopis.
Papaveratus.

COULEURS POURPRÉES.
Purpureus.
Dibaphus.
Helvus.

COULEURS VIOLETTES.
Paonacius.
Violaceus.
Janthinus.

COULEURS BLEUES.
Cæsius.
Glastinus.

NOTIONS PRÉLIMINAIRES.

Cæruleus.	Rufus.	Cerasolus.
Silatus.	Fulvus.	Ravus.
Indicus.	Suasus.	Coccinus.
Leuchophæus.	Hispanus.	Byssina.
Blavus.	Mutinensis.	
Cyaneus.	Impluviatus.	COULEURS VERTES.
	Æneus.	Viridis.
COULEURS BLONDES.	Mustellinus.	Festucinus.
Flavus.	Rubiginosus.	Ærugo.
Mellinus.	Ferrugineus.	Herbaceus.
Melinus.	Pullus.	Χλωρος.
Palearis.	Roanus.	Ζυφςρος.
Luteus.	Tanatus.	Piceus.
Pallidus.	Regius.	Prannius.
Buxeus.	Leonatus.	Murinus.
Citreus.	Cereus.	Porrum.
Croceus.	Cerinus.	Hysginus.
Icterus.	Robus.	Herbidus *.
Aureus.	Gilvus.	

Les peintres n'employèrent d'abord qu'une seule teinte dans leurs ouvrages, et ils ne tracèrent leurs figures qu'avec des lignes d'une seule couleur : c'était ordinairement le rouge et le cinabre. Quelquefois, au lieu de rouge, on employait le blanc. Les tombeaux antiques de Tarquinia offrent encore aujourd'hui des figures circonscrites par des couleurs blanches couchées sur un fond obscur. Cette sorte de peinture s'appelait monochrôme. L'art de la peinture ayant fait des progrès, on découvrit la lumière et les ombres. C'est notre peinture en camaïeu, exécutée avec une seule couleur **. On alla encore plus

---

* Il nous eût été facile de citer les passages des auteurs anciens dans lesquels toutes les couleurs dont nous venons de donner l'énumération sont mentionnées ; la crainte d'être trop long est le seul motif qui nous a déterminé à les supprimer.

** Lorsque la peinture fut arrivée au dernier terme de la perfection, les plus grands maîtres ne laissèrent pas de s'exercer dans cette manière de peindre, dont l'un des grands avantages est de résister plus long-temps aux injures de l'air, et où, en changeant un peu plus et tantôt un peu moins la même couleur, on parvient, au moyen des lumières et des ombres, à donner aux corps de la rondeur et du relief. Horace (liv. II, sat. 7, v. 97) parle de combats peints avec du

loin, on plaça entre les chairs et les bruns la couleur analogue à chaque objet; et c'est ce procédé que les Grecs nommaient le ton de la couleur. Dans la plupart des peintures antiques, exécutées sur les murailles, les lumières et les ombres sont marquées par des traits parallèles, et souvent par des coups de pinceau croisés. D'autres peintures, comme on l'observe au palais Barberini, sont contrastées avec des masses entières de couleurs fuyantes. On voit au cabinet d'Herculanum plusieurs tableaux qui offrent à-la-fois ces deux manières de nuancer. Tel est celui qui représente Chiron et Achille (pl. XXVII de ce recueil.) Le Centaure est peint avec des hachures; et le jeune héros, son élève, est traité avec des masses entières. Il paraît, par ce qui nous reste des anciennes peintures exécutées sur des murailles, que les anciens ne peignaient pas sur la chaux humide, mais sur un champ sec. On découvre ce procédé sur plusieurs tableaux d'Herculanum, dont quelques figures enlevées par écailles laissent apercevoir distinctement le fond sur lequel elles ont été exécutées. Le tableau qui désigne le mieux ce procédé, est celui de Chiron et d'Achille. On s'aperçoit au premier coup d'œil que les ornemens de l'ordre dorique ont été peints avant les figures, de manière que l'on a suivi un tout autre ordre que celui qui s'observe aujourd'hui dans nos peintures à fresque.

Les anciens distinguaient les couleurs en austères et en florides. Les unes et les autres, dit Pline, étaient ou naturelles, ou composées

---

simple cinabre, où les gladiateurs semblaient se mouvoir, s'éviter, se poursuivre, se joindre, se frapper. Quintilien (liv. XI, ch. 3) exhorte les orateurs à varier leurs tons à propos, et à moduler leur voix d'une manière insensible et agréable, à l'exemple de ces peintres, dit-il, qui, ne se servant que d'une seule couleur, donnaient à leurs ouvrages du relief et de la profondeur. *Ut qui singulis pinxerunt coloribus, alia tamen eminentiora, alia reductiora fuerunt.* Il ne faut pas croire que, dans les commencemens, les camaïeux ou monochrômes eussent ce degré de séduction; ils se réduisaient à la simple délinéation des contours de la figure, c'est-à-dire à des lignes, à des traits colorés sans lumières et sans ombres. Ces traits et ces lignes étaient, comme nous l'avons dit, d'une seule couleur, et cette couleur était ordinairement le rouge, le cinabre ou le minium. Zeuxis et quelques autres employèrent aussi le blanc, et les figures étaient alors appliquées à un fond obscur.

par l'art. Les florides étaient celles que le particulier était obligé de fournir à l'artiste, savoir : le *minium*, l'*armenium*, la chrysocolle, le *purpurissum* et l'*indicum purpurissum*. Les couleurs austères étaient également des productions natives, ou des compositions artificielles. Les natives étaient la sinopis, la rubrique, le parætonium, le mélin, l'érétrie, l'orpiment : les autres étaient des compositions. On mettait au rang des couleurs communes, l'ocre, la céruse brûlée, la sandaraque, la sandyx, le séricum et l'atrament.

Les anciens tirèrent d'abord la sinopis du royaume de Pont, mais ils donnèrent ensuite la préférence à celle qu'on trouve attachée en gerbes aux rochers, dans l'Egypte, aux îles Baléares et en Afrique; ils en employaient de trois sortes, la rouge, la moins rouge et la moyenne. Ils donnaient à celle qui venait d'Afrique le nom de *cicerculum*, gros brun.

La terre de Læmnos leur fournissait la meilleure rubrique : elle avait presque l'éclat du minium, dit Pline. On ne la vendait que sigillée, c'est-à-dire marquée d'une empreinte; c'est pourquoi on la nommait *sphragis*. C'était avec cette terre qu'on sophistiquait le minium. L'arcane d'Egypte s'attachait facilement aux enduits et était employée pour les bois qu'on voulait peindre de cette couleur. Brûlée dans des pots de terre, elle produisait l'ocre; elle s'améliorait de la violence du feu. Ils employaient, pour faire tenir l'or sur le bois, un mordant qu'ils appelaient leucophoron. C'était un composé de sinopis pontique, de silis ou ocre lucide, et de melinum; le tout mêlé, et broyé ensemble pendant trente jours, dans une proportion indiquée par Pline. Le parætonium tirait son nom d'un lieu ainsi nommé en Egypte. C'était, selon Pline, une combinaison de l'écume de la mer, consolidée avec du limon. Les anciens le tiraient de l'île de Crète et de Cyrène. C'était la plus grasse de toutes les couleurs blanches, et le plus tenace de tous les enduits. Le melinum était aussi une couleur blanche. Le meilleur était celui de l'île de Melos. Samos en fournissait aussi, mais celui-ci était si gras que les peintres n'en faisaient point usage. La céruse tenait le troisième rang parmi les couleurs blanches. Au temps de Pline, elle se tirait du plomb ; mais il dit qu'il y avait autrefois, à Smyrne, une céruse native que les anciens employaient à peindre les navires. Ils tiraient d'Asie la céruse brûlée ; ils regardaient comme la meilleure celle qu'ils appelaient céruse pourprée. On faisait à Rome de la céruse brûlée avec l'espèce d'ocre que Pline désigne sous le nom de silis marbré. Les anciens ne pouvaient se passer de Céruse brûlée pour faire les ombres. Nicomaque et Parrhasius, dit Pline, se servaient de terre érétrienne : cette terre était ainsi nommée d'Erétrie, ville de l'Eubée. Pline, qui en indique les vertus médicinales, ne dit pas l'usage que les peintres en faisaient. L'ocre et la sandaraque entraient aussi dans la composition de leurs couleurs : ils tiraient ces deux substances de l'île de Topasos ; ils faisaient une sandaraque artificielle avec de la céruse cuite au four.

En faisant torréfier la sandaraque native avec une égale portion de terre rubrique, on obtenait une composition nommée sandyx. C'était, selon Pline, la couleur la plus pesante. Le syricum était encore une couleur artificielle, composée de la sinopis et de la sandyx. Pline range aussi, parmi les couleurs factices, l'atrament ou noir des peintres ; et cependant il y en avait de deux sortes, le noir de terre qui était natif, et l'atrament fait avec du noir de fumée. Pline indique différentes manières de préparer celui-ci. On obtenait le plus recherché par la fumée du tæda, sorte de pin qu'on employait pour faire les torches. Du temps de Pline, les peintres allaient fouiller dans les sépulcres pour en retirer des charbons chargés d'un beau noir. Polygnote et Micon faisaient leur noir avec du marc de raisin : cette sorte de noir s'appelait Tryginon. Apelles avait imaginé de faire du noir avec de l'ivoire brûlé. Pline parle encore d'une autre espèce d'atrament dont il avoue qu'il ne connaît pas la composition.

Le purpurissum était la plus précieuse de toutes les couleurs florides : il se faisait avec de la craie à brunir l'argent, craie que l'on mettait dans les chaudières des teintures en pourpre, et qui buvait cette teinture plus promptement encore que la laine. Le premier, tiré de la chaudière, était le meilleur, parce qu'il avait pompé le premier suc; celui qu'on remettait dans la même chaudière était d'une qualité inférieure. Le purpurissum de Pouzzol était le plus estimé. Le purpurissum appliqué sur une couche de sandyx, avec du blanc d'œuf, avait l'éclat du minium. Quand ils voulaient obtenir une couleur pourpre, ils étendaient avec du blanc d'œuf le purpurissum sur une couche de bleu qu'ils avaient d'abord appliquée. L'indicum purpurissum venait immédiatement après le purpurissum. C'était, selon Pline, une écume mêlée de limon, qui se coagulait et s'attachait aux roseaux. Lorsqu'on la broyait, elle était noire; mais elle rendait, étant délayée, une agréable couleur mixte, composée de bleu et de pourpre. Cette espèce d'indicum, très-rare du temps de Pline, nous est aujourd'hui absolument inconnue. Les teinturiers composaient une espèce d'indicum purpurissum en y mêlant de la fiente de pigeon, ou de la craie silinusienne, ou bien en mettant de la craie anulaire avec du verre pilé.

L'armenium, dont le nom indique l'origine, était une pierre que l'on teignait de la même manière que la chrysocolle, dont on lui communiquait la couleur avec du bleu. On donnait la préférence à celui qui ressemblait à cette même chrysocolle. Cette couleur différait du bleu par une nuance de blanc qui en rendait le bleu plus tendre.

Le vert appien et le blanc anulaire étaient deux couleurs nouvellement employées par les peintres au temps de Pline. Le vert appien était un composé de craie verte, imitant la chrysocolle, et le blanc anulaire un composé de craie mêlée avec des verres de bague, ou anneaux du peuple. Les peintres s'en servaient pour faire les carnations des femmes.

Le sang des dragons (sanies draconum) n'était autre chose qu'une gomme particulière, comme l'a très-bien observé Arrien dans son *Périple*. Constantin, dans son Lexique, au mot Κιναζαρι, confirme cette opinion par le témoignage d'un Vénitien nommé Cadamusto, qui, dans l'histoire de ses voyages en Afrique, dit que cette gomme est luisante, rouge, d'une couleur et d'une substance parfaitement semblables à celle du sang, qu'elle découle d'un arbre appelé *dragon* par les Portugais, et que les gens du pays font à cet arbre des incisions pour obtenir une plus grande quantité de suc résineux, connu encore aujourd'hui chez nos apothicaires sous le nom de *sang de dragon*, ou de *sang-dragon*.

Le purpurissum, l'indicum, le bleu, le melinum, l'orpiment, le vert appien et la céruse ne prenaient point sur les enduits humides.

Casaubon a confondu la couleur que les Romains appelaient *luteus*, avec la couleur blanche; elle ne pouvait pourtant pas être la même, puisque Pline, en parlant des violettes, en présente de trois couleurs, purpureæ, luteæ et alleæ (liv. XXI, c. 6.) Selon le même auteur, confirmé par Lucain, le luteus et le flammeus étaient la même couleur, qui n'était elle-même qu'une nuance plus claire de celle qui était appelée rufus; elles approchaient beaucoup de celle qui se nommait flavus. Quelques auteurs veulent au contraire qu'il y eût entre ces deux couleurs une grande différence. Le luteus était ce que nous nommons aujourd'hui aurore. Quoique le crocus entrât dans cette couleur factice, elle n'était pas pour cela jaunâtre. C'est de la plante que les Romains nommaient *lutea* ou *glastrum*, et les Grecs *isatis*, qu'était tiré anciennement le fond de la couleur luteus. Cette couleur fut d'abord celle du voile qui servait aux noces et qu'on nommait flammeum. Elle devint dans la suite un peu plus foncée et semblable à celle qu'on appelait sanguineus.

Il ne paraît pas que jamais, même dans les plus grossiers usages qu'on ait fait des couleurs, la main seule ait pu suffire à placer et à mêler ou unir ces couleurs. On fut donc naturellement obligé d'employer des instrumens qui, d'une part, fussent susceptibles de se charger de la couleur qu'on voulait transporter et appliquer sur une surface destinée à être peinte, et, de l'autre, qui fussent faciles à mettre en usage. Nous savons que les anciens se sont servis d'éponges; mais si l'éponge était en effet très-propre à se charger de la couleur, en la supposant liquide; si l'éponge, ajustée à une sorte de manche, pouvait se prêter aux mouvemens de la main qui en faisait usage ; d'un autre côté, la nature et surtout la forme de l'éponge ne pouvaient pas contribuer aussi facilement à former avec exactitude et légèreté les traits dont il est indispensable de se servir pour indiquer certaines formes, certaines figures et les détails des objets qu'on veut imiter. On peut dire que nous n'avons peut-être pas une connaissance assez exacte de la manière dont les anciens artistes préparaient, et mettaient en usage pour l'action de peindre, l'éponge qu'ils employaient ; mais il est à présumer que l'usage du pinceau, qui a été substitué à l'éponge, devait remplir mieux l'intention des peintres. Le comte de Caylus était persuadé que c'était au pinceau qu'avaient peint, à l'encaustique, les artistes de l'antiquité. Il cite Pline, mais il ne s'est pas aperçu que cet écrivain ne fait mention du pinceau, pour la peinture encaustique, que lorsqu'il parle de la peinture des vaisseaux, et qu'il semble l'exclure de celle des tableaux. Le comte de Caylus crut avoir retrouvé l'encaustique des anciens, et ne trouva en effet que de nouvelles manières de peindre avec des cires. Il nous reste si peu de chose sur l'encaustique des Grecs, que, si même on la recouvrait, on ne pourrait assurer que ce fût bien elle qu'on eût découverte. Mais il est prouvé que le comte de Caylus, en croyant renouveler le procédé des peintres de tableaux, n'a trouvé qu'une manœuvre assez semblable, peut-être, à celle des peintres de vaisseaux. Ecoutons Pline, le seul qui puisse nous instruire, et qui, à cet égard, nous instruit bien faiblement. « Il est certain, dit-il, qu'il y a eu ancien-« nement deux manières de peindre à l'encaustique, en cire et sur « l'ivoire, par le moyen du cestrum, c'est-à-dire du poinçon. Quand « on a commencé à peindre les vaisseaux, on a trouvé alors une « troisième manière dans laquelle on emploie au pinceau des cires « fondues au feu. Cette peinture des vaisseaux résiste au soleil, au « sel de la mer et aux vents. » Voilà trois encaustiques bien distinctes. Dans la première on peignait à la cire ; mais comment ? Pline ne le dit pas ; il nous apprend seulement qu'on se servait de poinçons. La seconde se faisait sur l'ivoire et aussi avec des poinçons, mais sans y employer la cire : c'était moins une peinture proprement dite, qu'une gravure qui se faisait sur l'ivoire avec une pointe rougie au feu. Les tailles étaient d'un noir jaunâtre et se détachaient sur le blanc de l'ivoire. Dans la troisième sorte d'encaustique, c'est-à-dire celle des vaisseaux, on employait au pinceau des cires fondues au feu, et c'est aussi une manière de peindre au pinceau avec des cires fondues que le comte de Caylus a inventée plutôt que retrouvée. Ce n'est donc pas celle des peintres rhodiens dont parle Anacréon, et de tant de grands maîtres de l'antiquité. Pline nous apprend lui-même qu'ils n'employaient pas le pinceau. Il raconte que Pausias, peintre à l'encaustique, ayant réparé à Thèbes, ou à Thespies, des peintures faites au pinceau par Polygnote, et ayant fait lui-même usage du pinceau, pour mettre son ouvrage en harmonie avec celui qu'il réparait, se montra inférieur au maître contre lequel il avait à lutter, parce qu'il ne combattait pas dans son genre. Ainsi le comte de Caylus, en trouvant différentes manières de peindre avec des cires, et au pinceau, n'a fait que s'approcher des procédés des anciens peintres de navires. La quatrième manière du comte de Caylus consiste à peindre d'abord en détrempe, et à couvrir ensuite son ouvrage d'une couche de cire. C'est celle que les anciens employaient pour fixer sur les murailles les couches de minium, qui, sans cette précaution, perdaient en quelques semaines tout leur éclat : on broyait de la cire punique avec un peu d'huile, on l'étendait avec des brosses sur le mur coloré, on chauffait cet enduit avec des charbons de noix de gale contenus dans des vases de fer, au point de faire suer le mur, et jusqu'à ce que l'enduit devînt d'une parfaite égalité, enfin on le frottait avec du suif et des linges blancs, de la même manière qu'on donnait l'éclat au marbre. Tel est le procédé que Pline et Vitruve indiquent presque dans les mêmes termes, et qui n'était pas celui des peintres de tableaux. (*Voyez* Vitruve, liv. 7, ch. 9, et Pline, liv. 33, ch. 7.) Un savant, qui, comme il nous l'apprend lui-même, avait exercé la peinture dès son enfance, et qui, lorsqu'il écrivait, à l'âge de quarante-huit ans, son livre intitulé *Graphice*, avait donné à la culture de cet art plus de temps qu'à celle des lettres, Jean Scheffer croit que le procédé de l'encaustique, pour les tableaux, avait quelque rapport avec celui de la mosaïque que les anciens appelaient *opus musivum*. Il conjecture que le peintre, au moyen de poinçons rougis au feu, creusait dans le bois qui lui servait de fond, des lignes qui représentaient tous les objets qu'il voulait imiter; qu'ensuite il remplissait ces lignes de cires diversement colorées, et qu'il unissait enfin la surface de tout son ouvrage au moyen du feu. Peut-être que, pour dernière opération, on polissait le tableau par un procédé semblable à celui qu'on employait pour les murailles.

On peut conjecturer que la plus ancienne manière de peindre était à détrempe; et, si l'on excepte l'encaustique des anciens, et la mosaïque qui doit avoir été dans tous les temps une manière de copier des ouvrages toujours peints, on peut dire qu'avant l'invention de la peinture à l'huile, on ne peignait qu'à fresque et en détrempe : encore peut-on regarder la fresque comme une sorte de détrempe appliquée sur un enduit frais. On voit, en Italie et en France, des peintures à détrempe sur le plâtre, qui, malgré le laps de plusieurs siècles, conservent encore plus de fraîcheur que celles qui sont faites à l'huile. Il est d'expérience qu'une bonne détrempe, exécutée sur un enduit de plâtre bien sec, est, au bout de six mois, capable de souffrir sans altération des pluies assez longues. Quelle durée ne devait-elle pas avoir, placée à l'abri de l'humidité !

L'art d'émailler sur terre ne fut pas inconnu des anciens. Il y avait, au temps de Porsenna, roi des Toscans, des vases émaillés de différentes figures. Les anciens ont encore eu le secret de teindre le verre et de lui faire imiter les couleurs des pierres précieuses. On montre tous les jours de ces verres antiques colorés, sur lesquels il y a des gravures en creux, et l'on en voit aussi qui rendent parfaitement l'effet des plus singuliers camées. Il est probable que les anciens ont su mettre le verre en fusion : cette pratique, qui peut-être avait été interrompue, fut remise en vogue sur la fin du quinzième siècle. Il n'y avait presqu'aucune pierre précieuse dont on ne lui fît prendre la couleur. L'artifice sut même quelquefois se déguiser avec tant d'adresse, que ce n'était qu'après un examen sérieux que d'habiles joailliers parvenaient à discerner le faux d'avec le vrai. Pour en imposer avec plus de hardiesse et plus sûrement, ils avaient trouvé le secret de métamorphoser des matières précieuses en des matières plus précieuses encore. Ils teignaient le cristal dans toutes les couleurs, et surtout dans un très-beau vert d'émeraude; d'autres fois on produisait de fausses améthystes, dont le velouté pouvait tromper même les connaisseurs. Ce n'était cependant que de l'ambre teint en violet. On voit des pierres factices antiques qui semblent être de véritables agathes-onyx. Il n'est guères possible de pousser plus loin que le firent les Romains, l'art de contrefaire les camées.

Une des raisons de la supériorité désespérante à laquelle les Grecs ont porté tous les arts, c'est le discernement avec lequel ils ont réglé l'emploi de toutes les matières dont ils se sont servis. La cire fut une des premières dont l'artiste grec s'empara. Elle invitait la main du sculpteur à la modeler par sa docilité à se plier à toutes ses fantaisies. Un siècle avant Phidias, Anacréon parle d'un petit amour de cire, dans une ode qui, sans doute, a donné naissance à cette marchande d'amours d'Herculanum dont on a fait tant de copies (*voyez* planche LII de cette collection); et, lorsqu'on travaillait déjà avec la plus grande perfection le marbre et le bronze, il y avait encore en Grèce une classe particulière d'artistes que l'on nommait sculpteurs de poupées. Ils ne tardèrent pas à s'apercevoir que, par son aptitude à recevoir les couleurs, la cire qu'ils employaient était éminemment propre à imiter des objets de la nature végétale, des branches d'arbres, des guirlandes, des fleurs et des fruits. Aux fêtes d'Adonis, qui étaient célébrées à la fin de l'hiver, on établissait, selon un ancien usage, dans chaque maison, un petit parterre qu'on nommait le jardin d'Adonis, et que l'on ornait de pots de fleurs et de corbeilles remplies de toutes sortes de fruits. Théocrite décrit, dans sa quinzième Idylle, la fête d'Adonis, telle qu'il l'avait vu célébrer à Alexandrie par Ptolémée Philadelphe. L'image du bel Adonis reposait sur un catafalque magnifique ; et, parmi les ornemens qui l'entouraient, le poète nomme des fruits mûrs de tous les arbres, des parterres de fleurs dans des corbeilles d'argent, et de petits bosquets de verdure. Le tout était en cire peinte. Dans un grand nombre d'autres cérémonies où l'on décorait les temples, les chapelles, les appartemens de corbeilles, de vases et de guirlandes, on employait les fruits et les fleurs artificielles à la place des fleurs et des fruits naturels. Diogène Laërce rapporte qu'un stoïcien nommé Sphærus, né sur les bords du Boristhène, avait été appelé à la cour d'Alexandrie, où Ptolémée Philopator le faisait asseoir à sa table, et s'amusait à l'entendre développer sa philosophie et ses paradoxes. L'école stoïcienne soutenait entr'autres, contre l'académie, la pleine vérité des images et des idées que nous recevons des impressions de nos sens. Un jour que Sphærus défendait ce principe à la table du roi, avec beaucoup de chaleur et de zèle, Ptolémée fit signe à un domestique qui plaça aussitôt une assiette de grenades devant le philosophe échauffé. Sphærus ne tarda pas à y porter la main dans l'intention de se rafraîchir ; mais Ptolémée l'arrêta, et lui dit, d'un air triomphant, que ces grenades étaient de cire. La même anecdote se trouve dans Athénée, avec cette différence que ce ne sont pas des grenades, mais des poulets de cire que l'on présente à table au stoïcien. Il n'était pas rare de voir, sur la table des gens riches, des services entiers de différens mets imités en cire, dont on amusait les convives dans les intervalles des services réels. Nous voyons dans Lampride, qu'Héliogabale faisait souvent servir à ses parasites des imitations parfaites en cire, en ivoire ou en marbre, des mets réels que lui-même dévorait avec l'avidité qui lui était particulière. Les malheureux convives étaient obligés, sous peine de la vie, à faire contre fortune bon cœur ; et, après chaque service dont on avait repu leurs yeux, on leur présentait à laver, selon la coutume de ce temps-là, où l'on mangeait sans couteau ni fourchette, et on leur faisait avaler un grand verre d'eau. Varron, cité par Pline, dit qu'un certain Posis exécutait à Rome des pommes et des raisins artificiels capables de tromper l'œil le mieux exercé. Ce passage est pris d'un chapitre où Pline ne traite que des ouvrages en argile, et ne parle nullement des ouvrages en cire; mais il eût été bien difficile de produire une pareille illusion avec de l'argile peinte, tandis qu'en cire la peinture encaustique des anciens se prêtait naturellement à imiter le plus bel émail des fleurs et des fruits. Epictète parle de pommes de cire qui ne laissaient rien à désirer pour la vérité des couleurs et des contours *.

On produisait aussi des tableaux par la réunion de plusieurs corps solides différemment colorés, ou par la broderie ou par le tissu. Nous avons dit que ces deux dernières espèces de peinture étaient connues des anciens et très-diversement employées. Les différentes espèces d'ouvrages de l'art, que nous comprenons sous la dénomination générale de mosaïque, n'étaient pas également susceptibles d'un même degré de perfection. Il n'y a pas de doute que les anciens n'aient connu la mosaïque en marqueterie. Une quantité de parquets en marbre de différentes formes et couleurs, qui ont triomphé du temps, en sont la preuve. On rencontre même encore des morceaux en figures d'hommes et d'animaux **. La pièce la plus intéressante en ce

---

* On avait souvent des portraits en cire dans sa chambre, comme on le voit d'après les épigrammes de Straton (Epig. XXV, analect., t. 11, p. 365).

** Une mosaïque découverte en Sardaigne, dans un faubourg de Cagliari, appelé Stampace. Elle formait le pavé d'une grande chambre qui faisait partie d'un ancien édifice destiné aux bains publics. Le pavé était composé de plusieurs caisses de bois de sapin, posées sur une charpente de solives, et si artistement arrangées les unes à côté des autres, qu'on n'y aperçoit aucune trace de leur assemblage. Cette structure avait le double avantage qu'on pouvait faire travailler plusieurs ouvriers à-la-fois, et rendait en même temps le travail moins pénible. La figure qui est au milieu du tableau représente Orphée assis; il porte sur sa tête le bonnet phrygien, de sa gauche il pince une lyre, et dans la main droite il a le *plectrum*, et ses yeux annoncent qu'il est inspiré. Cette figure est colossale, et on voit distinctement la forme du plectrum. Orphée est entouré de différens animaux presque tous de grandeur naturelle, les uns féroces, tels que le lion, le tigre, le léopard, les autres domestiques, comme le cheval, le taureau, le chevreuil, etc. Tous paraissent attirés par les doux accens de sa voix et par les charmes de sa lyre. Une bordure à la grecque entoure cette composition. Dans le champ du tableau on voit plusieurs

genre existe à Rome, au palais Albani; elle représente l'enlèvement d'Hylas par les nymphes. Vitruve appelle *pavimenta sectilia* les parquets faits de cette manière. Ils étaient composés de plaques de différentes formes, ovales, triangulaires, carrées, exagones. Les anciens couvraient de la même manière les murs avec du marbre de différentes couleurs et de formes différentes. On voyait, dans une seconde espèce de mosaïque, des contours gravés sur une surface unie, et remplis d'une matière de couleur différente. Ces ouvrages servaient principalement à orner des vases, des ustensiles de métal, des armures, des cuirasses. Nous possédons encore plusieurs morceaux dans ce genre. Nous ne citerons que la table isiaque et différens vases antiques conservés au Musée de Portici. Une troisième espèce de mosaïque, toute différente des autres, est la peinture sur verre. Buonarotti a démontré que les anciens en avaient connu le secret *.

lauriers. Malgré les difficultés que l'on dut éprouver à faire passer dans la mosaïque les beautés de l'original, cependant les formes sont naturelles, les expressions analogues aux sujets, et, par des teintes bien ménagées, on a su conserver une certaine harmonie dans les couleurs. Winckelmann prétend que les anciens évitaient d'employer, dans les ouvrages en mosaïque, des couleurs vives, telles que le rouge et le vert, à cause de la difficulté qu'ils avaient de trouver des marbres de ces couleurs. Dans le monument dont nous parlons, formé entièrement de petits cubes de marbre et de pierre colorés, on voit en abondance non-seulement du rouge et du vert, mais aussi d'autres couleurs qui prouvent que la connaissance qu'avaient les anciens des différentes qualités des marbres, n'était pas aussi bornée que l'ont cru quelques savans. Il y a apparence que cet ouvrage a été fait sous les premiers Césars. Cette mosaïque, dans laquelle les figures sont colossales, est unique en son genre. Les anciens artistes avaient bien connu les inconvéniens de ce genre de peinture : par conséquent dans les belles compositions, ils formaient des dessins avec un petit nombre de teintes ménagées si à propos, que l'ouvrier, en les transportant dans la mosaïque, pouvait conserver toute la force et les beautés de l'original. Les anciens artistes enchâssaient les petits cubes de marbre dans la chaux éteinte avec de l'eau et mêlée avec de la poudre de marbre. Ce mortier avait l'inconvénient de se durcir promptement, et ne laissait à l'ouvrier que très-peu de temps pour achever son ouvrage.

* Winckelmann, dans ses remarques sur l'histoire de l'art, qui n'ont point été traduites de l'allemand, parle avec admiration de l'art des anciens à faire des ustensiles et des ornemens de verre. Il en cite des morceaux trouvés à Rome en 1766, sur l'un desquels un canard était peint si parfaitement à travers toute la substance du verre, qu'on le voyait d'une manière très-distincte, en quelque endroit qu'on le coupât horizontalement. C'est en Egypte que se faisaient les ouvrages en verre les plus recherchés. On en trouve beaucoup de preuves dans le recueil du

Un vers de Stace * a fait croire à quelques savans qu'ils se servaient de carreaux peints pour leurs vitres **. Il est certain qu'ils avaient des gobelets de verre composés d'une mosaïque transparente. Les anciens faisaient encore d'autres espèces de mosaïque. Celle qui est désignée par Pline sous le nom de mosaïque figurée, ne servait qu'au parquetage. On n'employa d'abord, pour la faire, que des pierres naturellement colorées; mais, comme il était difficile de se procurer des pierres de toutes les couleurs, on eut recours à une composition artificielle qu'on imprégnait auparavant de toutes les couleurs qu'on voulait lui donner. La mosaïque ainsi composée avait l'inconvénient de se refuser au poli, au lustre, et les couleurs en restaient ternes. Quoique la mosaïque eût été inventée pour les parquets, elle servit bientôt à l'incrustation des murs et des plafonds, dans les endroits ouverts, tels que les portiques et les exèdres, où l'air et les rayons du soleil auraient bientôt terni toute autre espèce de peinture. Les mosaïques, dont les anciens ornaient leurs salles à manger, imitaient les balayures ou le rebut des mets. Sosus de Pergame fut le premier artiste qui exécuta de tels parquets. Nous ne connaissons qu'un monu-

comte de Caylus, et dans l'*Historia vitri* de M. Hamberger, *in Commentariis* Gotting., lib. IV, p. 132.

* Effulgent cameræ vario fastigia vitro, *lib.* 1, *sylv.* 5.

** Nous trouvons qu'à plusieurs égards les anciens faisaient du verre le même usage que nous. Sénèque et Pline nous apprennent qu'ils s'en servaient pour orner les murs de leurs appartemens, sans doute de la même manière dont nous ornons les nôtres avec des glaces et des trumeaux; et, ce qui paraîtra d'abord choquer l'opinion générale, et n'en est cependant pas moins vrai, les anciens connaissaient l'usage du verre pour les fenêtres des bâtimens, et surent employer de bonne heure les vitres pour jouir de la lumière, à l'abri des injures de l'air. (Lactantius, de opificio Dei, c. 8). Avant cette invention si agréable et si utile, les riches mettaient à leurs fenêtres des pierres transparentes, telles que l'agathe, l'albâtre, le phengite, le talc, etc. On lit dans Philon, *de legatione ad Caïum Caligulam*, que Caligula courut dans une grande chambre, et, se promenant de long en large, il ordonna qu'on ouvrît les fenêtres faites de pierres presqu'aussi transparentes que le verre blanc, lesquelles n'interceptent point la lumière en même temps qu'elles empêchent l'air froid d'entrer, et sont une défense contre l'ardeur du soleil. Cette pierre doit avoir été la même que le beau talc trouvé à Pompéia, et conservé au Musée de Portici. Il transmet la lumière aussi pure et aussi transparente que le plus beau verre.

ment de la mosaïque en relief. C'est une statue ronde d'Osiris, de la hauteur d'environ un empan, et composée en entier de pointes de verre d'une extrême finesse, tellement travaillées, qu'on découvre à peine les jointures. Ce morceau rare se trouve à Velletri, dans la superbe collection d'antiques du feu cardinal Borgia. On ne saurait déterminer ni le peuple, ni le temps où l'on a fait les premiers essais de mosaïque. Couvrir un plancher, un pavé de pierres de différentes couleurs, est une idée, un goût aussi naturel à l'homme, que l'est celui d'orner un casque de plumes bigarrées, ou de tresser une couronne de fleurs différentes. Nous ignorons si les Egyptiens, ou d'autres nations de l'Orient ont cultivé la mosaïque avant les Grecs, et, en général, il n'y a point de genre de peinture chez ce peuple qui nous soit moins connu. Pline fait mention d'un seul artiste en mosaïque, nommé Sosus, lequel, à Pergame, avait parqueté un salon à manger dans le goût dit *asaratos œcos*, qui consistait à imiter sur le plancher les balayures et le rebut des mets qu'on jetait à terre pendant le repas. Ces morceaux de mosaïque étaient composés de petits cubes de terre cuite de différentes couleurs. On admirait surtout dans cet ouvrage la figure d'un pigeon qui buvait dans un vase; l'ombre de sa tête réfléchissait dans l'eau, tandis que d'autres pigeons, assis au soleil, sur le bord du vase, se grattaient et arrangeaient leurs plumes. Pline dit (lib. XXXVI, c. 60), nous ne savons pas dans quel temps ce Sosus vivait à Pergame. Nous pensons que, chez les anciens, la mosaïque n'était pas comptée au nombre des arts libéraux. C'est une opération pénible; on peut même dire que c'était plutôt le travail d'un esclave que la production d'un esprit libre, puisque l'artiste ne fait autre chose que suivre et exécuter servilement le dessin qu'il est chargé d'imiter. Nous ajouterons que Sosus est un nom d'esclave. S'il est vrai que cet art n'a point été exercé par des hommes libres, nous ne devons pas nous étonner du silence des anciens. Pline nous apprend que les Grecs avaient tellement perfectionné cet art, qu'ils ne se bornaient pas à employer des pierres colorées, qu'ils avaient inventé la composition dont nous avons parlé plus haut.

Des Grecs, la mosaïque passa chez les Romains. Sylla fut le premier qui l'introduisit dans sa patrie, lorsqu'il fit construire le temple de la Fortune à Préneste. D'abord cet art ne servit qu'au parquetage ; ensuite à l'incrustation des murs et des voûtes. Pline appelle la mosaïque en verre une nouvelle invention. Il paraît que Scaurus, le beau-fils de Sylla, fut le premier à en faire usage pour la décoration des murs du fameux théâtre qu'il fit construire. Ce ne fut cependant que long-temps après que cette innovation trouva des imitateurs, puisque M. Agrippa, qui, sous le règne d'Auguste, remplit Rome de tant de merveilles et de magnificence, ne fit point usage, dit Pline, de la mosaïque de verre, dans ses thermes. Mais, sous les règnes suivans, le goût de cette décoration prit une vogue générale; et, à mesure que les autres genres de peintures furent moins cultivés, les travaux en mosaïque prirent une plus grande activité. Même après la décadence de l'empire romain et des arts, en général, les ouvrages de mosaïque continuèrent à être recherchés. Rome et Ravenne renferment une quantité de monumens chrétiens dans ce genre, composés pendant les premiers siècles qui ont suivi le règne de Constantin; et lorsqu'à l'entière extinction de l'empire d'Occident, la dernière étincelle de l'art ne jetait plus qu'une faible lueur dans les murs de Constantinople, c'est de là que les ouvrages de mosaïque passaient encore de temps en temps en Italie pour l'ornement des basiliques et autres édifices publics. Ce luxe régnait non-seulement dans les palais et dans les temples, mais aussi dans les maisons des particuliers, même dans les petites villes, comme à Pompéia. Partout où la puissance et la culture romaine ont pénétré, on trouve des vestiges de ce luxe. Les principales mosaïques antiques que nous connaissions sont : la mosaïque du capitole avec les pigeons, appartenant autrefois au cardinal Furietti qui l'avait découverte dans les ruines de la *villa Hadriana*, près de Tivoli. C'est un très-beau morceau. Le seul défaut qu'on lui trouve, c'est que le jeu des couleurs dans le plumage des pigeons aurait pu être plus naturellement imité. L'exécution répond en tout point à la description que nous fait Pline des pigeons de Sosus à Pergame; ce qui a fait penser à quelques personnes que l'empereur Adrien avait fait l'acquisition de ce morceau pour en orner la villa Hadriana. Mais ce qui prouve que les pigeons d'Adrien ne sont qu'une copie de ceux de Sosus, c'est que l'original était composé de cubes de terre cuite, tandis que ceux-ci sont un composé de verre mêlé de pierres naturelles. Il est, au reste, remarquable que l'unique morceau de mosaïque dont Pline nous indique le sujet, soit parvenu en copie jusqu'à nous. La mosaïque de Palestrine n'est pas moins curieuse. On l'a prise long-temps pour celle dont Sylla fit parqueter le temple de la Fortune à Préneste, qui fut le premier ouvrage de ce genre à Rome. Cette mosaïque se voit aujourd'hui dans le palais Barberini. L'édifice dont elle faisait partie, et dont elle fut détachée dans le XVIIe siècle, existe encore, assez bien conservé dans ses parties principales. Une autre mosaïque représentant l'enlèvement d'Europe, trouvée également à Palestrine, est aussi dans le Musée de la maison Barberini, à Rome. On en voit plusieurs dans la Villa Albani. Les deux principales représentent une assemblée des sept sages, et Hésione délivrée du monstre marin par Hercule et par Télamon. On voit dans le Musée de Portici plusieurs mosaïques trouvées dans les fouilles de Pompéia et d'Herculanum. Les deux morceaux qui méritent le plus d'attention, représentent des mimes avec des masques sur le visage. Le nom de l'artiste, Dioscorides, de Samos, qui s'y trouve inscrit, les rend surtout remarquables. Pie VI avait recueilli plusieurs morceaux de mosaïque pour son Musée Pio Clementino. D'abord un très-grand morceau trouvé dans les bains d'Otricoli : au centre, on voit une très-belle tête de Méduse, et, autour d'elle, le fond est divisé en plusieurs compartimens circulaires.

Les monumens qui nous sont parvenus dans ce genre, ne nous mettent pas en état de juger du point de perfection auquel les anciens l'avaient porté. Les mosaïques qui servaient à l'incrustation des murs et à la décoration des plafonds, étaient sans doute travaillées avec infiniment plus de soin que celles qui servaient simplement aux parquets. D'ailleurs, la plupart de celles qui ont survécu à la destruction, sont composées de pierres naturelles, tandis que les mosaïques de verre devaient être beaucoup plus parfaites. Nous savons, par le témoignage de Spartien, qu'on faisait en mosaïque les portraits des grands hommes. L'image de Pescennius Niger, placée avec celles des autres amis de l'empereur Commode, dans une salle semi-circulaire des jardins de cet empereur, fut exécutée de cette manière. Il paraît même que c'est de ce portrait que Spartien a emprunté la description qu'il fait de la figure de Pescennius. Ce seul passage prouve que les anciens ont porté le genre de la mosaïque à un grand degré de perfection, puisqu'on ne peut pas supposer que, dans un temps où l'art en général était encore dans sa splendeur, l'empereur Commode eût fait exécuter en mosaïque les portraits de ses amis, si ce genre d'ouvrage n'avait pas atteint le point de perfection nécessaire pour faire illusion, comme un tableau travaillé au pinceau. Mais ce qui, plus que tout le reste, parle en faveur de la haute perfection à laquelle les anciens avaient porté l'art de la mosaïque, ce sont les fragmens en fils de fer coloré, fondus ensemble. La finesse du dessin, la délicatesse dans les teintes et dans les nuances, était vraiment étonnante. Il eût été difficile au pinceau le plus délicat d'y atteindre. Les anciens composaient aussi de la mosaïque avec des pastels colorés d'argile et de terre cuite avant l'invention des pâtes, ou frittes de verre. (Pline, liv. XXXVI, ch. 60).

S'ils ne nous ont pas révélé, à la faveur du prisme, le grand secret de la nature sur la composition de la lumière et sur le mécanisme des couleurs; si cette brillante théorie leur avait échappé, malgré tous leurs efforts et leurs méditations, il n'en est pas moins vrai qu'ils distinguaient une multitude de couleurs, et qu'ils avaient inventé des noms particuliers pour les caractériser toutes; mais ces noms que nous rencontrons dans leurs écrits, ne laissent pas d'arrêter souvent ceux même qui possèdent le plus parfaitement leur langue. On peut se faire une idée assez juste des couleurs qu'ils expriment, quand il ne s'agit que de celles qui sont les plus usuelles et les plus marquantes; mais, pour le plus grand nombre, on n'a que des notions vagues et obscures. S'il est des lecteurs à qui ces notions peuvent suffire, il s'en trouve aussi à qui leur curiosité ne permet pas de s'en contenter. Pour vérifier si la signification que l'on convient communément de donner à certains noms de couleurs qui se rencontrent dans les anciens, est la vraie, et pour fixer celle de beaucoup d'autres qui n'en ont qu'une vague et incertaine, il faut chercher dans les auteurs des passages où la couleur, exprimée par un mot grec ou latin, soit comparée à la couleur de quelques êtres de la nature qui ont dû toujours exister tels que nous le voyons encore. Les substances du règne végétal fourniront aussi un grand nombre d'objets de comparaison, et celles du règne minéral encore davantage, parce que ces dernières sont et plus constantes et plus inaltérables. Nous sommes certains que l'or, l'argent, le cuivre, les pierres précieuses nous présentent maintenant les mêmes couleurs qui les distinguaient il y a trois mille ans. On ne doit pas craindre que ces substances aient été confondues, ni douter que notre émeraude et notre améthyste, par exemple, ne soient réellement les mêmes que celles des anciens. Le prix que les hommes ont toujours attaché à ces productions de la nature, est un sûr garant qu'elles nous ont été transmises sans confusion, et par conséquent nous ne devons avoir aucune incertitude sur la vraie couleur des autres corps qui leur ont été assimilés. C'est par ces rapprochemens et ces combinaisons qu'on peut parvenir à se former une idée juste et certaine de toutes les couleurs, tant simples que composées, dont il est fait mention dans les anciens, et à dresser une échelle de toutes leurs nuances. Les anciens n'employaient pas seulement les couleurs qu'ils tiraient du règne minéral et du règne végétal à teindre les étoffes et les matières dont elles étaient composées, ils s'en servaient encore pour teindre un grand nombre d'autres substances; ils teignaient les cuirs, l'ivoire, l'écaille de tortue, la corne, le crin des animaux, les bois, les terres, la cire, la pierre même.

Les Grecs n'eurent aucun peuple à dépouiller des chefs-d'œuvre des arts; car aucun peuple avant eux ne les cultiva au point de les faire désirer. Ces enfans du génie, ces monumens de la piété et de la reconnaissance, ces preuves de la vénération pour la vertu, du respect pour les talens, d'admiration pour la beauté, enfin ces fruits du bonheur public furent la proie de ces brigands qui ne devinrent les maîtres du monde que pour en être les oppresseurs. Les Romains dépouillèrent la Grèce bien plus par cupidité que par une estime sentie des beaux-arts. Et cependant il faut encore leur savoir quelque gré, puisque nous leur devons des chefs-d'œuvre que des peuples plus barbares auraient peut-être détruits sans retour. Le nombre de statues, de tableaux, de trépieds et de vases qui furent apportés à Rome, effraie l'imagination. Claudius Marcellus enleva de Syracuse les premiers monumens de l'art que l'on vit à Rome. Capoue fut dépouillée de toutes ses statues par Fulvius Flaccus. Mummius, après avoir renversé Corinthe de fond en comble, enleva tous ses monumens. Marcus Scaurus, édile, fit enlever toutes les peintures des temples et des édifices publics de Sicyone. Métellus dépouilla la Macédoine de ses plus beau monumens. Lucius Scipion, après la victoire de Magnésie, remportée sur Antiochus-le-Grand, fit transporter à Rome une quantité prodigieuse de statues. Polybe, malgré sa partialité pour les Romains, ne peut s'empêcher de leur reprocher leur cupidité *.

* L'origine de l'art, chez les peuples d'Italie, est tout aussi incertaine qu'en Grèce. Au reste, on peut le considérer, à sa naissance et dans ses progrès, comme une branche de la culture grecque. Les artistes qui avaient suivi Démarate, et qui avaient transplanté la plastique et la peinture en Italie, ne connurent eux-mêmes que les élémens les plus grossiers de ces deux arts. Sous Tarquin l'Ancien, fils de Démarate, les notices des ouvrages de l'art, faits à Rome, deviennent authentiques; et il paraît que, depuis ce temps, on a cultivé les arts dans les villes de l'Etrurie, à Rome, et dans les contrées voisines; mais l'art n'arriva jamais à sa perfection chez les peuples d'Italie. Les ouvrages mêmes en plastique et en sculpture restèrent toujours durs et roides chez les Etrusques, et ils n'atteignirent jamais dans le dessin au degré où se montraient les travaux des artistes grecs vers la LXXXe olympiade. Quant à la peinture, ils ne paraissent jamais avoir porté leur étude jusqu'aux connaissances de la théorie des lumières et des ombres. Les peintures à Lanuvium et à Ardée, auxquelles Pline attribue une haute antiquité et une grande perfection, sont sans doute d'un âge postérieur, et de la main d'anciens Grecs. Du reste, deux artistes venus de la Grèce, Damophile et Gorgase, peignirent dans le temple de Cérès, comme nous l'avons dit, deux cents ans avant que Fabius Pictor, le premier peintre romain,

La peinture, dit Pline, fut promptement en honneur à Rome ; il en trouve une preuve dans le surnom de Pictor donné à l'illustre famille Fabia. Fabius Pictor peignait dans l'année de Rome 450 ; le poète Pacuvius donna plus tard un nouveau lustre à la peinture chez les Romains ; mais elle cessa d'être exercée dans la suite par des mains honnêtes, continue Pline ; quelques Romains seulement essayèrent de la réhabiliter, mais en vain ; ils s'exposèrent à la risée de leurs concitoyens. Auguste ne consentit à ce que Quintus Pédius étudiât la peinture, que parce que celui-ci était muet, et que la peinture, en l'occupant, lui rendrait son infirmité moins pénible. Mais bientôt les généraux romains établirent l'usage de décorer les temples de tableaux où étaient représentées les batailles qu'ils avaient gagnées. Valérius Maximus Messala fut le premier qui eût cette idée, au rapport de Pline ; Lucius Scipion ne tarda pas à l'imiter ; Lucius Hostilius Mancilius, qui le premier était entré d'assaut dans Carthage, expliquait lui-même au public le tableau où il avait fait représenter cette action, montrant à chacun, dit Pline, le site de Carthage, les assauts donnés à la ville, et les diverses particularités du siège. Lucius Mummius, surnommé l'Achaïque, de sa victoire sur les Achéens, fut le premier qui mit en vogue, à Rome, les tableaux étrangers. Le premier aussi il consacra un tableau étranger dans un temple de Rome. Cette innovation eut de nombreux imitateurs. Dans la suite, les tableaux apportés des villes conquises furent aussi exposés dans le forum. Ceux qui consacraient des peintures dans les temples, n'en conservaient pas moins la propriété ; ce ne fut que plus tard que Marcus Agrippa les fit déclarer acquis à la masse des richesses publiques. César, Auguste, Tibère se plurent à enrichir les temples des chefs-d'œuvre de la peinture, chefs-d'œuvre, dit Pline, qui n'étaient faits qu'avec quatre couleurs, le blanc, alors réduit au seul

---

entreprit d'orner de ses tableaux le temple de la déesse Salus. Mais du temps de Fabius, la peinture chez les Grecs était déjà dans toute sa gloire ; et quand on considère les relations fréquentes qui existaient entre la Grèce et Rome, le noble romain pouvait être facilement instruit dans l'art par quelque maître grec.

melinum, l'ocre, au seul attique, la terre rouge, à la seule sinopis pontique, et le noir, au seul attrament; et ces chefs-d'œuvre avaient pour auteur un Apelles, un Ekhion, un Mélanthius, un Nicomaque, peintres dont chaque tableau était évalué le revenu d'une ville. Les plus anciens tableaux n'étaient point sur toile, mais sur bois. Ce bois était volontiers du larix femelle; on commençait par y mettre une couche de craie.

Néron, voulant renchérir sur ses prédécesseurs, ordonna qu'on le peignît sur une toile de cent pieds de haut *, innovation inouïe jusqu'alors en peinture, dit Pline; ce tableau à peine achevé fut consumé par la foudre. Pourquoi le monstre ne fut-il pas frappé du coup qui détruisit son image! La mode de représenter des gladiateurs avec leur suite, sur des tapisseries qu'on faisait voir au peuple dans les jours de fête, exista sous le règne de cet empereur. C'était Caïus Terentius Lucanus qui l'avait introduite. Il y avait long-temps, dit Pline à cette occasion, que la plate peinture était en honneur en Italie. Auguste fut le premier qui eut l'idée de faire revêtir les murailles des appartemens de peintures représentant des sujets champêtres, des vues, des scènes sur l'eau. Parmi les peintures de ce genre, il n'en était point de plus admirées que celles qu'on nommait *nobiles palustres*, expression qui n'a guères d'équivalent dans notre langue. Ce fut encore Auguste qui imagina de faire représenter des villes maritimes sur les murailles extérieures des édifices. Pline dit que la dépense de ce genre de peintures était peu considérable, par la raison, sans doute, que ce n'était guères qu'une espèce de travail grossier abandonné aux talens les plus médiocres **. Les

* C'est la seule fois qu'il soit fait mention d'un tableau peint sur toile dans l'antiquité.

** Deux passages, l'un de Pline, l'autre de Vitruve, mettent hors de doute que les anciens ont connu et exécuté une espèce de peinture à fresque. Cependant, de la manière dont ces deux auteurs en parlent, la peinture à fresque des anciens était moins une peinture qu'un barbouillage, une manière d'enduire les murailles. Par cette raison, Vitruve n'appelle pas peintres, mais barbouilleurs (*tectores*), ceux qui s'en occupaient. Voici comment ils s'y prenaient. Après avoir donné à la muraille le dernier crépi de chaux et de poudre de marbre, pendant qu'elle était encore

anciens artistes se seraient fait scrupule de peindre sur les murailles; ils auraient regretté de faire des ouvrages qui n'auraient pas pu, au besoin, être transportés, et qui eussent été condamnés, dit Pline, à rester toujours attachés au même lieu, sans pouvoir être sauvés d'un incendie. Protogènes n'avait qu'une simple cabane dans son jardin; on ne voyait aucune peinture dans toute la maison d'Apelles. Les artistes n'employaient leur art qu'à l'ornement des villes. Un peintre et son talent étaient alors un effet public, un bien commun à toute la terre. Cependant il y avait, à Lacédémone, un bâtiment dont les murailles étaient peintes, et dont les peintures étaient si exquises, dit Pline, que les édiles Murena et Varron en firent scier les pierres en tablettes, puis les firent entourer de cadres de bois, et transférer à Rome, pour orner la place des Comices; ouvrage merveilleux enlevé d'un édifice de pierre, et transporté de Sparte à Rome par une audace encore plus merveilleuse.

C'était un crime capital chez les Grecs de dérober une statue, ou même de la déplacer. Un larcin de cette espèce causa souvent de longues et sanglantes guerres. Plusieurs auteurs même ont prétendu que ce ne fut point Hélène, mais une statue de cette femme célèbre, qui occasionna la guerre de Troie.

Nous devons pourtant dire que, chez les Grecs, il n'en était pas des ouvrages de peinture comme des ouvrages de sculpture; les tableaux pouvaient bien inspirer la même estime et la même admiration, mais non pas la même vénération que les statues. Celles-ci

---

humide, on l'enduisait d'une couleur quelconque, laquelle, pénétrant dans le crépi, se consolidait et s'amalgamait avec la masse. C'était sur ce fond à une couleur, auquel on avait donné le temps de sécher, qu'on peignait ensuite les tableaux dont on voulait l'orner. C'est ainsi qu'on trouve des figures, des paysages, des ornemens, etc. sur la plupart des anciennes murailles de Rome, et sur les ruines d'Herculanum qui ont triomphé du temps et de la destruction. En général on peignait moins sur les murs que sur le bois. Pline dit lui-même qu'il n'y a de gloire que pour ceux des artistes qui ont peint sur le bois, et il loue beaucoup les temps anciens, où l'on n'abusait pas encore de l'art de la peinture pour orner les murailles des maisons des particuliers. En général, ces restes ne doivent être considérés que comme de simples ornemens de murailles, et nullement comme des peintures où l'art voulait déployer sa force.

étaient seules un objet de culte ; on leur adressait des vœux et des prières ; elles avaient des temples, des autels et des prêtres ; on leur immolait des victimes ; on les croyait animées par la divinité même qu'elles représentaient ; elles passaient pour rendre des oracles ; on les fixait, on les enchaînait pour les empêcher de prendre la fuite et de passer chez l'ennemi. Jamais la superstition n'offrit à la peinture de pareils hommages ; aussi ne voyons-nous rien chez les anciens qui puisse nous faire croire que, dans aucun cas, dans aucune circonstance, il eût été défendu aux peintres de mettre leur nom à leurs ouvrages. Il n'en fut pas de même pour les statuaires. Lorsqu'après avoir déjà produit des chefs-d'œuvre où brillait un caractère de grandeur et de majesté jusqu'alors inconnu, Phidias eut mis la dernière main à la statue de Minerve, destinée pour le Parthenon, les Athéniens lui défendirent d'y mettre son nom, soit qu'ils voulussent humilier dans sa personne celle de son ami Périclès, dont l'administration, tout-à-la-fois sage et brillante, commençait à lasser ce peuple excessivement inquiet et jaloux, soit qu'ils souffrissent impatiemment qu'un simple mortel partageât en quelque sorte leurs adorations avec les divinités que son art avait enfantées. A la vérité Plutarque nous dit que quelques-uns assuraient que Phidias avait mis son nom au piédestal de sa Minerve d'Athènes ; mais, outre que cette manière de s'exprimer suppose que cela n'était pas toujours permis, ce témoignage doit céder à celui de Cicéron, qui dit positivement que Phidias, n'ayant pas eu la liberté d'attacher son nom à son ouvrage, grava son propre portrait sur le bouclier dont il avait armé le bras de la déesse ; de manière qu'on ne pouvait l'en arracher sans que toutes les parties de cette figure ne se désassemblassent, et que la statue ne tombât en pièces. Ceci sera aisé à concevoir si l'on observe, premièrement, que cette figure, haute de vingt-six coudées, n'était ni de marbre, ni de bronze, mais que toutes les parties nues, comme la face, les bras et les pieds, étaient travaillées en ivoire, et que la draperie était faite d'or ; secondement, que Phidias était tout-à-la-fois statuaire, architecte et géomètre, et que Périclès l'avait mis à la tête de tous les travaux dont ce grand homme enrichit sa patrie, et qui, pour me servir de l'expression d'un ancien, firent de la ville d'Athènes la lumière et l'œil de la Grèce. Si nous passons à la forme des inscriptions dont les artistes avaient coutume de se servir en mettant leurs noms à leurs ouvrages, nous trouvons que, dans le plus grand nombre, surtout de ceux de sculpture, il n'y en avait aucune ; de sorte qu'il n'était possible de reconnaître l'artiste qu'à la *manière*. Ce talent, qui ne peut appartenir qu'aux vrais connaisseurs, c'est-à-dire au petit nombre de ceux qui voient bien, et qui ont beaucoup vu, n'était pas rare chez les Romains. S'il faut en croire Stace, l'homme de son temps qui le possédait au plus haut degré était Nonius Vindex, comme on en jugera par les vers suivans :

> .... *Quis namque oculis certaverit usquam*
> *Vindicis, artificum veteres agnoscere ductus?*
> *Et non inscriptis auctorem reddere signis?*
>
> Syl., lib. IV.

Quelquefois l'inscription offrait simplement le nom de l'artiste, et telle était, selon Martial, celle de la petite statue de l'hercule Épitrapèze, à l'occasion de laquelle Stace loue les connaissances de Nonius Vindex, son ami :

> *Inscripta est basis indicatque nomen*
> Αυσιππυ, *lego*, etc., lib. IX, epig. 45.

Cette formule fut surtout familière aux graveurs en pierres fines, lesquels ne pouvaient disposer que d'un très-petit espace. Remarquons ici, avec Winckelmann, qu'alors le nom de l'artiste est toujours mis au génitif, et que l'inscription doit passer pour fausse, ou du moins pour très-suspecte, s'il est au nominatif, même lorsque le verbe εποιει s'y trouve joint. Nous apprenons de Plutarque, dans sa vie d'Isocrate, et de Pausanias, dans plusieurs endroits de son ouvrage, qu'au nom de l'artiste ainsi mis au génitif, on ajoutait souvent le mot εργον : sur le piédestal de la statue que Timothée fit élever à Isocrate,

NOTIONS PRÉLIMINAIRES.

on lisait : Λυσιάρις ἔργον. Il nous paraît que la formule la plus communément employée fut celle où, après avoir exprimé le nom de l'artiste auquel on joignait tantôt le nom de son père, tantôt celui de sa patrie, et quelquefois celui de son maître, on trouvait, depuis Apelles et Polyctètes inclusivement, le temps imparfait du verbe ἐποίει (*il faisait*), et, dans les temps antérieurs à ces deux artistes, le parfait du même verbe ἐποίησε (*il a fait*). N'oublions pas que ces sortes d'inscriptions étaient quelquefois en vers. Damophile et Gorgase, statuaires et peintres, mirent au bas des ouvrages dont ils embellirent le temple de Cérès, à Rome, des vers qui signifiaient que le côté droit était de la main de Damophile, et le gauche de celle de Gorgase (Pline, lib. XXXV, cap. 12). Plus anciennement Parrhasius mettait au bas de ses ouvrages des vers où, non content de se nommer, il s'adressait des louanges que le moins modeste des grands hommes, dans quelque genre que ce puisse être, rougirait de recevoir aujourd'hui. On en jugera par les deux inscriptions qui suivent ; elles sont rapportées par Athénée, liv. 12, p. 543. Nous les avons traduites littéralement :

« Parrhasius peignit ce tableau ; il aima le plaisir et pratiqua la « vertu ; Ephèse fut sa patrie ; il eut pour père Evenor ; véritable « enfant de la Grèce, il fut le premier dans son art. »

Voici la seconde :

« Je trouverai des incrédules, mais je ne crains pas de le dire : « grâces à mon pinceau, l'art est parvenu au dernier degré de sa « perfection. Le terme où je me suis arrêté, personne ne le passera. « Eh ! quel ouvrage sorti de la main des hommes fut jamais au-dessus « de toute critique ! »

Ce serait ici le lieu de rapporter l'inscription en vers et en anciens caractères latins qu'on lisait au bas des peintures dont Marcus Ludius avait orné le temple de Junon à Ardée, si le lecteur ne devait pas la retrouver à l'article de ce peintre. Nous terminerons ce que nous avions à dire sur les inscriptions que les artistes anciens mettaient sur leurs ouvrages, en faisant remarquer que, dans la classe des arts, il y avait à Rome autant de fripons et de dupes qu'il peut y en avoir aujourd'hui parmi nous, et qu'on y vendait tous les jours des copies pour des originaux, et des productions nouvelles pour d'anciennes productions. Phèdre nous atteste ce fait dans une de ses fables *.

L'usage d'écrire les noms à côté des figures, qu'on attribue à Ardices et à Téléphanes, fut conservé dans la suite, lors même que l'art eut atteint le plus haut degré de perfection. Nous en trouvons des exemples sur un grand nombre de monumens, sur des vases grecs, sur des patères étrusques de bronze, sur des gemmes, et même sur des bas-reliefs de marbre. On voit donc que ce n'était pas l'enfance de l'art seule qui se servait de cette ressource pour faire connaître plus facilement le sujet d'un ouvrage.

Les Grecs surent de tout temps récompenser les artistes d'une manière honorable aux arts, en les investissant de cette considération qui élève l'homme au-dessus de lui-même, et qui l'excite à redoubler d'efforts pour se distinguer dans une carrière qui mène à la gloire et à l'estime. Socrate, Esope, Platon faisaient leur société intime de ceux qui cultivaient les beaux-arts avec succès. Le dernier de ces philosophes s'appliquait en même temps aux sciences et au dessin, et les jeunes gens de la Grèce fréquentaient également les ateliers des artistes et les écoles des philosophes. Celui qui avait réuni le plus de suffrages, jouissait d'une réputation immortelle : les chefs-d'œuvre des arts étaient appréciés, jugés et récompensés par les assemblées de la nation. A Corinthe et à Delphes il y avait des concours de peinture. Le nom de plusieurs villes même serait resté dans un éternel oubli, si elles n'eussent renfermé dans leur sein un beau tableau ou une belle statue, à l'aide desquels leur nom a été conservé. Les Athéniens crurent ne pouvoir décerner un plus grand honneur aux vainqueurs de Marathon, que celui de faire peindre par Panænus, sur un des portiques de la ville, les évènemens

---

* *Ut quidam artifices nostro faciunt sæculo,*
Qui pretium operibus majus inveniunt, novo
Si marmori adscripserint Praxitelem, suo
Myronem argento. Lib. V.

de cette célèbre journée. Rien n'égala l'enthousiasme, la surprise du peuple, quand ces peintures furent exposées à ses regards, et surtout lorsqu'il y reconnut non-seulement les chefs de l'armée, mais encore tous ceux qui s'y étaient distingués par leur conduite et leur courage. La peinture disputait à la musique le pouvoir d'exciter les plus vives émotions; tandis que Pythagore, avec la musique, rendait la santé aux malades, qu'Asclépiade guérissait les frénétiques; tandis que le son de la flûte rendait Alexandre furieux, Timomaque représentait la colère d'Ajax d'une manière si parfaite, que son tableau faisait reculer les spectateurs d'effroi ; et Zeuxis exprimait la sagesse et la pudeur sur le front de Pénélope avec tant d'art, que cette peinture inspirait le respect et l'admiration. Dans un moment de danger pour la république, les poètes et les orateurs d'Athènes ayant vainement déployé leur éloquence pour faire prendre les armes au peuple, Timomaque, prenant des pinceaux, trace sur sa toile un soldat armé de pied en cap, accourant pour s'opposer à une incursion de l'ennemi. Ce soldat semble voler au combat ; la fureur étincelle dans ses yeux. Le peintre expose son tableau sur la place publique ; l'effet qu'il produit est aussi prompt que celui de la foudre ; en un instant les Athéniens sont armés, volent à la défense de leurs foyers, et la patrie est sauvée. Les prix de beauté furent fondés dans plusieurs villes de la Grèce. On y poussait si loin alors l'amour de la perfection, qu'on vit des personnes devenir célèbres par une belle bouche ou un beau bras. Par suite de cet enthousiasme, les Lacédémoniennes avaient grand soin, quand elles étaient enceintes, d'orner leurs chambres à coucher de tableaux et de statues, telles que celles d'Hyacinthe, de Narcisse, et de Castor et Pollux, afin que leur imagination, frappée sans cesse par ces objets agréables, pût en transmettre quelques traces à l'enfant qu'elles portaient dans leur sein, et afin, comme l'a dit Platon, que de toutes parts assaillies par les images de la beauté, et vivant au milieu de ces images, comme dans un air pur et serein, elles s'en pénétrassent jusqu'au fond de l'âme, et s'accoutumassent à les reproduire. Quintilien rapporte qu'à Rome, de son temps, on adjoignait dans les tribunaux le pouvoir de la peinture à celui de l'éloquence; on présentait aux juges, pour exciter leur indignation contre les criminels, l'image de leurs forfaits. Dans la même ville, les naufragés, ou ceux qui avaient éprouvé quelques grandes calamités, faisaient peindre leur catastrophe d'une manière touchante, excitaient ainsi la commisération de leurs concitoyens, et tiraient, par cet ingénieux moyen, l'argent et les larmes des spectateurs. La république romaine ne trouva pas de moyen plus sûr pour inspirer à la nation le goût des talens et des vertus, que d'accréditer l'usage de décorer les maisons des citoyens de Rome, de peintures représentant les portraits et les belles actions de ceux de leurs familles qui avaient rendu de grands services à l'état, où qui s'étaient illustrés par leur génie. Cette décoration était un stimulant pour les membres de ces familles, qui auraient rougi de ne pas marcher sur les traces de leurs ancêtres; elle en était un aussi pour les étrangers qui, par suite, acquéraient la maison : comme il ne leur était pas permis d'enlever ces peintures, on leur aurait fait le reproche de n'être pas dignes d'une telle habitation. Dans les pompes funèbres, comme dans les cérémonies publiques, on portait les effigies des grands hommes de la république qui n'existaient plus. Par cette marque de reconnaissance de la patrie, on honorait les morts, et on excitait ainsi l'émulation des citoyens en état de la servir. Rien n'ajoutait autant à la gloire d'un triomphe, que les objets d'arts conquis sur l'ennemi. Celui de Paule Emile fut si pompeux en ce genre, qu'un jour entier suffit à peine pour faire défiler par la ville les deux cent cinquante chariots chargés de tableaux et de figures qu'il avait apportés de son expédition de la Macédoine. Quel exemple frappant du pouvoir de la peinture que celui que nous donne Porcie, femme de Brutus! Cette femme célèbre, après avoir supporté avec courage le départ de son époux, obligé de quitter Rome, après le meurtre de César, ne put retenir sa douleur à la vue d'un tableau représentant les adieux d'Hector et d'Andromaque.

Arellius, un peu avant Auguste, et Amulius, sous le règne de Vespasien, sont du petit nombre des artistes romains qui cultivèrent la peinture avec quelque succès. Pline fait encore mention de Cornelius Pinus et d'Accius Priscus. Mais, en général, l'exemple de Fabius Pictor n'avait pas engagé ses concitoyens à l'imiter ; un siècle et demi s'écoula sans qu'on vît aucun Romain s'occuper de la peinture. Les tableaux de Fabius n'étaient que des ouvrages, ou plutôt des récréations de sa jeunesse; celles de Pacuvius, les amusemens de sa vieillesse. Si les Romains employaient des artistes, ils n'estimaient pas assez les arts pour chercher à devenir artistes eux-mêmes. C'était moins la beauté d'un tableau que sa valeur qui avait des charmes pour eux.

Quelques Romains, comme nous l'avons dit, honorèrent la peinture en la cultivant, mais ce n'était pas un goût national comme chez les Athéniens, et nous ne trouvons dans l'histoire de Rome aucune de ces marques de considération dont les Grecs savaient si bien récompenser les grands talens. Le siècle même d'Auguste n'en fournit aucun exemple, malgré le goût de cet empereur pour les monumens, et la haute estime d'Agrippa pour les arts. Cicéron écrivait sans cesse à Atticus, alors à Athènes, de lui envoyer des tableaux et des statues; mais il ne désigne aucun artiste par une estime particulière ; cela prouve seulement qu'il en voulait beaucoup.

Dans la Grèce, les jeunes gens s'exerçaient nus, dans les gymnases, à déployer leur force et leur adresse. Les mœurs des Grecs ne s'en offensaient point, parce qu'ils faisaient consister l'indécence dans les actions et non dans la nudité. C'était là que les artistes allaient étudier les belles formes et les mouvemens qui leur en développaient toutes les grâces ; c'est là qu'en réunissant les perfections éparses, et qui se trouvent si rarement réunies dans un même sujet, ils créèrent le beau dont ils ont laissé tant de modèles. Aristote recommandait aux jeunes Grecs l'étude du dessin, pour qu'ils fussent plus en état de juger des formes et des proportions qui constituent la vraie beauté. Avec quel soin ce peuple élevait ses enfans ! quelle était son application à chercher les moyens de développer en eux les grâces du corps ! quelle attention du gouvernement à seconder ces vues générales ! On allait jusqu'à proposer des prix pour ceux qui tendaient plus heureusement à ce but. On évitait soigneusement tout ce qui pouvait altérer la régularité des traits. Alcibiade cessa de jouer de la flûte, parce qu'il s'aperçut qu'elle lui faisait tourner la bouche ; et les jeunes Athéniens, prétendant également à la beauté, l'imitèrent. Enfin on disputait le prix de la beauté comme celui des talens. Platon la plaçait au rang des premiers biens humains ; Plutarque et Zénon la nommaient fleur de vertu ; Homère, don divin ; Aristote, lettres de recommandation. Démosthènes ne se contentait point de la placer au premier rang des perfections de la nature, il disait qu'elle tenait la place de la divinité sur la terre. Un Pythagorien appelait les belles personnes dieux, déesses, ou images divines. Isocrate, parlant d'Hélène, disait que les dieux combattaient avec plus de fureur pour elle que dans la guerre des géans. Cette estime désordonnée des avantages corporels était portée chez les Grecs jusqu'à la barbarie. Lorsqu'il naissait un enfant à Sparte, il était examiné par des juges qui le rejetaient du nombre des vivans, s'ils remarquaient en lui quelque vice de conformation, et le faisaient précipiter dans l'Eurotas. Les Spartiates condamnèrent à une grosse amende, dit Plutarque, Archadamus, leur roi, pour avoir épousé une femme de petite stature. Ajoutons à tant de ressources la facilité que les mœurs donnaient aux artistes pour se procurer les plus beaux modèles. On s'honorait d'avoir servi pour l'exécution d'une belle statue. Alcibiade servit de modèle pour une statue de Mercure. Ainsi l'on vit la belle Phryné, au rapport d'Athénée, se baignant aux yeux des Grecs éblouis de sa beauté, servir de modèle pour la Vénus Anadyomène. Ainsi les Agrigentins envoyèrent à Zeuxis les plus belles filles d'Agrigente, pour en extraire les grâces et les beautés dont il composa son fameux tableau d'Hélène, si célèbre dans l'antiquité. Tout inspirait l'art, tout concourait pour ainsi dire à l'envi à sa perfection. On vit la jeunesse d'Athènes danser nue sur le grand théâtre, et ce fut Sophocle qui donna, pour célébrer la fête de Cérès, ce spectacle si fort en contradiction avec les idées que nous avons de la décence.

NOTIONS PRÉLIMINAIRES.

Une preuve frappante des soins que les artistes grecs apportaient à la perfection de leur art, se trouve dans les entretiens de Socrate avec Parrhasius et le sculpteur Cliton, rapportée par Xénophon dans les *choses mémorables* de ce philosophe. Socrate, étant une fois entré dans l'atelier de Parrhasius, dit Xénophon, s'entretint avec lui de la sorte : « La peinture, n'est-ce pas une représentation de tout ce qui se voit? « Car, avec un peu de couleur, vous représentez, sur une toile, des « montagnes et des cavernes, de la lumière et de l'obscurité ; vous « faites remarquer de la différence entre les choses molles et les « choses dures, entre les choses unies et celles qui sont raboteuses ; « vous donnez de la jeunesse et de la vieillesse aux corps ; et quand « vous voulez représenter une beauté parfaite, comme il n'est pas « possible de rencontrer un corps où il n'y ait aucun défaut, vous « avez l'attention d'en considérer plusieurs ; et prenant de chacun « ce qu'il y a de beau, vous en faites un tout accompli dans toutes « ses parties. » Dans le reste de cet entretien, Socrate parle du talent de rendre les passions et les expressions de l'âme avec la sagacité d'un grand maître. Un artiste était honoré chez les Grecs par les distinctions les plus brillantes. La statue de celui qui s'était rendu célèbre était exposée dans une place publique, souvent même dans les temples des dieux, et Socrate avait placé les artistes au rang des sages. Polygnote ayant achevé de décorer un portique d'Athènes, on mit à son ouvrage un prix considérable ; il le refusa, et les amphictyons portèrent dans l'assemblée générale de la nation, où l'on pesait les destinées de la Grèce, un décret solennel, ordonnant à toutes les villes où Polygnote passerait, de le loger et de le défrayer aux dépens du trésor public. Démétrius, qui lève le siège de Rhodes dans la crainte de détruire les chefs-d'œuvre de Protogènes ; le vainqueur de l'Asie, qui prend sous sa protection spéciale Apelles, Pyrgotèles et Lysippe, sont des exemples connus du respect des anciens pour les arts et pour les artistes qui les honoraient.

Personne n'ose proposer le moindre doute sur la supériorité des anciens dans la sculpture : ce doute serait un blasphème ; mais la vanité des modernes se console en refusant aux artistes de l'antiquité la même supériorité dans la peinture. Le petit nombre de monumens qui nous restent de la peinture antique, les conjectures vraisemblables que nous pouvons former sur ceux que le temps a détruits, semblent prouver que, surtout dans la composition, les peintres grecs ne suivaient pas les mêmes principes que nous : d'où nous concluons, avec une orgueilleuse témérité, qu'ils étaient inférieurs aux nôtres. Ne pourrait-on pas prouver, à l'aide du même raisonnement, qu'Homère ne savait pas faire un poëme épique, que Sophocle, Euripide, et encore plus Eschyle ne savaient pas faire de tragédies ? Les tragédies de Sophocle ne diffèrent pas moins des tragédies françaises que les tableaux d'Apelles ou de Protogènes pouvaient différer des tableaux de nos écoles. Les Grecs aimèrent d'abord dans leurs tableaux les sujets composés d'un grand nombre de figures. Polygnote, l'un de leurs plus anciens peintres, représentait, tantôt la prise de Troie, tantôt Ulysse aux enfers : mais bientôt leur goût se décida pour la simplicité, et leurs peintres ne traitèrent ordinairement que des sujets d'une ou de deux figures, et très-rarement de plus de trois ou quatre. Ils semblaient craindre qu'en en admettant un plus grand nombre, ils ne pussent les étudier toutes avec un soin également réfléchi, et qu'un ouvrage, étonnant par son étendue, offrît quelque négligence, considéré dans ses détails. Cet inconvénient devait frapper vivement un peuple qui avait tant d'amour pour le beau parfait. C'est ce qui nous explique pourquoi ils ne s'élevèrent point jusqu'à ce que nous appelons la *grande machine*. Je doute fort que, par leur façon de penser, bien différente de la nôtre, ce genre de composition eût eu pour eux beaucoup d'agrément; ils n'auraient pas, je crois, goûté les grands sacrifices qu'elle exige. En voyant des groupes enveloppés dans l'ombre, d'autres perdus dans la vapeur, ils auraient regretté les beautés que ces objets semblent promettre et ne montrent pas; et ces regrets auraient combattu leurs plaisirs.

Ils ne devaient pas multiplier beaucoup les plans de leurs tableaux, et leurs compositions en peinture devaient ressembler à celles de leur sculpture en bas-relief. C'est ce qu'on observe en effet dans plusieurs des peintures antiques qui nous restent. Voulant jouir pleinement des figures peintes, comme ils jouissaient de l'aspect d'une statue, ils eurent soin, le plus souvent, que chaque figure fût détachée des autres dans un même tableau, ce qui leur procurait la facilité de lui donner plus de relief, et de la rendre plus distincte à l'œil du spectateur éloigné. Nous croyons voir ce principe dans la composition de la plupart de leurs bas-reliefs qui devait être à-peu-près la même que celle de leurs tableaux ; nous croyons le voir indiqué dans un passage de Pline, où cet écrivain dit qu'Apelles cédait à Amphion par la disposition, et à Asclépiodore par les mesures, c'est-à-dire par la distance qui doit se trouver entre chaque objet, *quantò quid à quo distare deberet*. Ce principe est encore plus clairement établi par Quintilien : il dit qu'un objet peint manque de relief quand rien ne l'entoure, et que, pour cette raison, quand les artistes introduisent plusieurs objets dans un seul tableau, ils laissent de la distance entre eux pour que les ombres ne tombent pas sur les corps. *Nec pictura, in quâ nihil circumlitum est eminet ; ideòque artifices, etiam cùm plura in unam tabulam opera contulerunt, spatiis distingunt, ne umbræ in corpora cadant.* Suivant cette règle de composition, si étrange pour nous, chaque figure se distinguait dans toutes ses parties avec la plus grande netteté, et il n'était pas permis à l'artiste de se permettre la moindre négligence. Les anciens se permettaient cependant, quand ils le jugeaient convenable, de ne pas laisser de distance entre leurs figures. On voit de fort beaux groupes dans des peintures antiques; et il est prouvé, par ces exemples, que les anciens n'étaient pas dans l'impuissance de grouper aussi bien que les modernes. Dans un tableau d'Herculanum, qui représente peut-être l'éducation d'Achille, la figure du vieillard qui tient un enfant sur ses genoux, et celle de la femme qui est derrière lui, forment un groupe très-agréable. Le tableau d'un peintre athénien, nommé Alexandre, ouvrage de la même collection, peint d'une seule couleur sur le marbre, est de cinq figures bien composées, même suivant les idées des modernes. Trois de ces figures forment un groupe plein de grâces; les deux autres sont liées entr'elles sans aucune affectation. Il est vraisemblable que ce morceau était la copie d'un tableau monochrôme fait dans les beaux temps de l'art. Le bas-relief antique représentant la mort de Méléagre, peut nous donner une idée de la manière de composer des peintres grecs; les figures, au nombre de sept, en sont bien groupées, et toute l'ordonnance en est assez belle pour que le Poussin l'ait adoptée dans son tableau de l'Extrême-Onction.

La description, trop succincte, il est vrai, que Pline nous a donnée des tableaux de Ludius, nous prouve que les artistes anciens multipliaient les plans, qu'ils indiquaient le vague de l'air, qu'ils observaient la perspective aérienne lorsqu'ils représentaient des paysages, des vues, des marines; nous en trouvons une preuve plus forte encore dans un assez grand nombre de tableaux d'Herculanum. Par rapport à la couleur, il faut établir deux époques chez les anciens : celle de Polygnote et de ses premiers successeurs; celle des peintres qui ont fleuri postérieurement. Le coloris de Polygnote était dur, sa manière avait quelque chose de sauvage; mais son dessin était du plus grand caractère. Dans les âges suivans, la couleur était devenue plus variée, plus brillante, plus harmonieuse, et la manœuvre plus agréable; mais le dessin était devenu moins exact et moins pur. Aussi les véritables amateurs continuaient-ils de préférer les ouvrages de la première école, comme aujourd'hui les amateurs du vrai beau donnent la préférence aux anciennes écoles romaine et florentine. Nous ne croyons pas que, dans aucun temps, les peintres grecs aient porté la couleur jusqu'au prestige de celle du Titien et de Rubens; mais il faudrait s'appuyer sur quelque chose de plus que de faibles conjectures, pour nier qu'ils aient pu avoir du moins une couleur agréable; on sait qu'ils ont traité des genres qui n'empruntent qu'à cette partie leurs moyens de plaire, et c'est une assez forte presomption en faveur de leur coloris; mais ils ont mérité les reproches des connaisseurs pour avoir sacrifié aux charmes de la couleur des parties plus importantes. Ces reproches se trouvent dans Pline et dans Denis d'Halycarnasse. Quant au travail de la main, ils n'avaient pas sans doute la manœuvre qui ne convient qu'à la peinture à l'huile, et que n'admettaient ni la fresque, ni la détrempe, ni l'encaustique; mais on loue la facilité du faire et la touche de la noce aldobrandine. Plusieurs des morceaux qu'on voit à Herculanum sont bien peints, avec une franchise savante, d'une belle touche et d'une bonne couleur. Les anciens avaient traité des sujets qui supposaient de grands effets de clair obscur : tel était celui de cet enfant qui soufflait un feu dont sa bouche et l'appartement étaient éclairés. Mengs accorde aux peintures d'Herculanum de belles parties de clair obscur et de perspective aérienne.

Les anciens n'ont point ignoré la perspective linéaire *. Vitruve

* Quoiqu'il nous reste trop peu de leurs écrits sur la perspective pour rien fonder de bien certain sur leurs connaissances en ce genre, nous ne pouvons pas douter qu'ils n'en eussent fait une étude particulière. Vitruve, dans sa préface du livre VII, parle des principes de Démocrite et d'Anaxagore sur la perspective, qui sont les mêmes que les nôtres. Anaxagore et Démocrite, dit-il, tenaient leurs connaissances d'Agatharchus, disciple d'Eschyle. Ils enseignèrent par quel artifice on peut, ayant mis un point en un certain lieu, imiter si bien la disposition naturelle des lignes qui sortent des lieux en s'élargissant, que, quoique cette disposition des lignes soit inconnue, on ne laisse pas de réussir à représenter fort bien les édifices dans les perspectives que l'on fait aux décorations des théâtres ; et on sait que ce qui est peint seulement sur une surface plate, paraît avancer sur des endroits et reculer en d'autres ; et c'est ce que Parrhasius voulait dire quand il assurait qu'un peintre ne pouvait se perfectionner dans son art s'il n'entendait la géométrie. Platon donne, en deux endroits différens de ses ouvrages, une description exacte des règles de perspective. Pline (lib. XXXV, c. 10) dit que Pamphile, excellent peintre, s'était fort appliqué à la géométrie, et soutenait hautement que, sans son secours, il n'était pas possible d'amener la peinture à sa perfection ; ce qui est vrai par rapport à la perspective. Il y a aussi, dans le même chapitre de Pline, une expression qui ne peut guères s'entendre que de la perspective ; c'est lorsqu'il dit qu'Apelles le cédait à Asclépiodore sur l'art de mesurer les distances dans ses tableaux. Voyez aussi Philostrate en sa préface à ses tableaux, et dans la description du tableau Ménoetius. Lucien, *in Zeuxis*, parle de la perspective dans la peinture, comme s'il en eût connu les principes et les effets. Vitruve, lib. VII, c. 5, dit que le peintre Apaturius peignit une scène au théâtre de Tralles, dont l'aspect paraissait fort beau, à cause que le peintre y avait si bien ménagé les différentes touches, qu'il semblait que cette architecture eût en effet toutes ses saillies. Le passage de Philostrate contient une description claire des effets de la perspective. Parlant d'un

nous apprend qu'elle était connue dès le temps d'Eschyle, et qu'on en faisait usage pour les décorations. Parrhasius trouvait sans doute tableau du siège de Thèbes ; il loue l'invention du peintre qui, ayant bordé toute la courtine de gens armés, en expose, dit-il, quelques-uns tout entiers à la vue, d'autres jusqu'aux genoux, quelques-uns à demi seulement, et d'autres ne montrent que leurs têtes ou leurs casques ; enfin on finit par découvrir la pointe des piques de ceux que l'on ne voyait pas ; et il ajoute que c'est là l'effet de la perspective, qui enseigne à tromper les yeux par le moyen de certaines courbes tournoyantes qui se reculent et font que les objets paraissent s'éloigner. Le principal effet de la perspective dépendant du dessin, on ne peut douter que les Grecs, qui ont excellé dans cet art, ne l'aient connue. Dans le tableau antique de la noce aldobrandine (*voyez* pl. XX de ce recueil), le peintre a indiqué la perspective dans toutes les parties où elle était nécessaire, non-seulement par la rondeur des corps et par le sentiment de l'intervalle qui les sépare du fond, mais par la juste dégradation des corps que son sujet lui demandait, tels que l'autel, le lit, le plancher, etc., et, dans un paysage antique qui se voit à la villa Albani, on trouve la perspective linéaire aussi bien entendue que dans les paysages modernes. Dans le recueil de Rossi, qui a pour titre : *Admiranda veteris sculpturæ vestigia*, on trouve deux bas-reliefs cités qui sont une preuve évidente de la connaissance des anciens dans la perspective ; le premier est à la page 42 et représente le repas de Trimalcion. La perspective s'y découvre avec la plus grande clarté ; on ne ferait pas mieux aujourd'hui. A la page 78 on en voit un autre, dont l'original est conservé au palais Barberini, *Luctus funebris*, qui représente un édifice dégradé et fuyant dans la plus exacte perspective. On trouve aussi sur les médailles une foule de preuves de la connaissance des anciens dans cette partie de l'art. Nous citerons seulement ici une médaille de Seleucus I, représentant d'un côté la tête de Jupiter, et de l'autre Pallas dans un char tiré par quatre éléphans. La figure de Pallas est dégradée avec toute l'intelligence nécessaire. La roue du char est vue de côté avec une grande finesse de perspective ; ce qu'il faut voir sur le médaillon même. Il y a un autre médaillon de Faustine, représentant l'enlèvement des Sabines, où se voient plusieurs femmes groupées avec tout l'art du dessin et de la perspective. On voit une médaille de Trajan, représentant un temple ; un médaillon d'Antonin, dont le revers représente l'arrivée du serpent d'Epidaure à Rome ; un autre médaillon de Lucius Vérus, où ce prince est représenté dans un char à quatre chevaux, précédé par plusieurs soldats posés sur différens plans, avec les dégradations convenables à leur éloignement ; enfin un médaillon de Commode, avec la légende *vota publica*, et une médaille d'Alexandre Sévère, avec la légende *felicitas temporum*, où l'on peut découvrir d'un coup d'œil la preuve que les anciens connaissaient les règles de la perspective tout aussi bien que nous les connaissons, quoiqu'il ait plu à quelques modernes d'avancer le contraire sans aucun examen.

Les anciens avaient tous les moyens d'exprimer la perspective aérienne, puisque tout peintre peut faire sentir, avec le simple crayon, la rondeur des corps, simple apparence qui n'est produite que par la place des ombres. Quant aux règles de la perspective, elles ne sont que des pratiques que la connaissance de l'optique présente naturellement à l'esprit du peintre, et dont elle démontre la vérité et même la nécessité dans les productions de son art. Il est certain que les anciens ont connu l'optique dans toute l'étendue que demande la perspective ; du moins il est aisé qu'elle était nécessaire aux peintres, puisqu'il voulait qu'ils apprissent la géométrie. Nous voyons à Herculanum des fabriques peintes qui sont en perspective. Mais, aucun des tableaux peints sur bois n'ayant pu résister aux injures des siècles, nos regrets ne doivent tomber que sur les fresques exécutées, plus tard, à Rome, par les artistes grecs dont les noms obscurs ne nous sont pas même parvenus. Le temps s'est donc chargé de détruire les plus fortes preuves à l'appui de notre opinion. Si les Grecs n'eussent pas connu la perspective, auraient-ils conduit l'imitation jusqu'à tromper des hommes mêmes? Auraient-ils élevé ces scènes et décoré ces immenses théâtres d'Athènes avec tant de grandeur et de dépense? Un peuple si fier, si délié en toutes choses, aurait-il soutenu la vue d'un amas confus d'arbres, de bâtimens, enfin celle d'un spectacle de désordre tel qu'il aurait été

de s'en convaincre par la lecture de l'ouvrage d'Euclide, traduit en différentes langues, tantôt sous le nom de traité d'optique, tantôt même sous celui de traité de perspective. On sait d'ailleurs que cet auteur vivait près de trois cents ans avant J.-C., et qu'il n'a guères fait autre chose, dans tous ses ouvrages, que de rédiger, dans la forme géométrique, les découvertes mathématiques des siècles qui l'avaient précédé. Pour se faire une idée du progrès que les anciens avaient fait dans la perspective, il faut examiner avec soin plusieurs des peintures trouvées dans le tombeau des Nasons, et principalement une chasse de cerf. (*Voyez* planche CI de notre collection). Les arabesques paraissent à bien des gens n'exiger que peu ou point de parties de la perspective, puisque les figures seules, enlacées et liées à des ornemens légers et délicats, sont ordinairement peintes sur le fond de la muraille, ou sur une couleur qui la suppose. Cependant il y a un grand nombre de ces grotesques où l'on voit des compositions d'architecture dans lesquelles il entre par conséquent des colonnes, des entablemens et d'autres membres d'architecture. Toutes ces parties tendent à un point de vue donné avec autant d'exactitude que pourrait le faire le peintre le plus au fait de la perspective. Ainsi l'on doit en conclure que, si dans des sujets où le désordre semble permis, les anciens ont été si réguliers observateurs de la perspective, on ne peut, sans injustice, leur refuser la même connaissance et la même attention dans des ouvrages plus réfléchis. Faut-il, parce que quelques-unes des peintures antiques que le temps a respectées manquent de perspective, en conclure que les anciens ne la connaissaient pas? Mais n'y a-t il pas plusieurs portraits de nos grands maîtres modernes dont le fond est sacrifié à l'effet de la tête? ne voyons-nous pas plusieurs compositions traitées avec de fortes oppositions, mais où la perspective n'est presque point observée? Il y a même plusieurs tableaux, célèbres d'ailleurs, où l'on croit trouver beaucoup de perspective, parce qu'on est séduit par un grand fracas de fabriques. Ce sont de fausses richesses auxquelles nous n'hésitons pas à préférer la belle simplicité de la perspective qu'on remarque dans la noce aldobrandine.

nécessairement sans ce principe simple dont la nature fournit à chaque instant des exemples si faciles à comparer?

Le paysage, traité isolément, comme un genre de peinture, ne paraît pas avoir occupé une place à part dans les arts des anciens, avant l'époque fixée par Pline sous le règne d'Auguste, où Ludius introduisit à Rome l'usage de décorer les murs de l'intérieur des maisons de scènes champêtres qui étaient, dans toute la rigueur du mot, tel qu'on l'entend aujourd'hui, de véritables paysages. Les descriptions que Pline fait des peintures de Ludius ne laissent aucun doute sur la réalité du genre pris dans son entier, puisqu'il comprenait aussi celui des marines, *maritimas urbes pingere instituit* *. Non que les paroles de cet écrivain indiquent que Ludius ait le premier imaginé de peindre des paysages : cette opinion serait aussi invraisemblable que peu conforme au sens de ses expressions. Ludius fut seulement le premier qui mît le paysage à la mode à Rome, comme objet de décoration, sur les enduits des murailles, des portiques et des rez-de-chaussées. Il traitait, à ce qu'il paraît, ce genre avec la facilité que les décorateurs italiens mettent aujourd'hui dans ce qu'on appelle la peinture *de decore*; et le bon marché, *minimo impendio* **, contribua encore à la vogue qu'il obtint. Beaucoup de peintures arabesques des anciens nous font voir le paysage employé dans les compartimens capricieux dont se compose ce style d'ornement. Il y est traité en petit, touché avec esprit, et composé avec cette facilité qui est fille de l'habitude. Il ne faut pas douter que les peintres grecs, quoiqu'ils ne paraissent point en avoir fait usage à part, n'en aient cultivé beaucoup de parties qui formaient, ou devaient souvent former les fonds de leurs tableaux. Cependant le silence de Pline à cet égard a toujours fait croire que les Grecs avaient ou méconnu ou négligé ce genre.

La noce aldobrandine est considérée comme la meilleure des peintures que le temps a respectées ***. On sait qu'elle fut exécutée à

---

* Pline, lib. XXXV, c. 8.
** *Ibid.*
*** La simplicité et la noblesse de son ordonnance mériteront toujours qu'on en fasse mention.

NOTIONS PRÉLIMINAIRES. 55

Rome, tout au plus tôt du temps d'Auguste, c'est-à-dire à une époque où la peinture était dégénérée. Sous le règne de ce prince, on aimait et l'on estimait beaucoup les ouvrages de l'art, puisqu'on les faisait venir à grands frais de la Grèce; mais on méprisait ceux qui en faisaient leur occupation ou même leur amusement. Etait-ce là le moyen d'avoir de bons peintres? Aussi étaient-ils tous des Grecs réfugiés, ou même des esclaves, sans nom, sans réputation, sans école; élèves eux-mêmes des écoles de la Grèce, ils n'étaient que des copistes plus ou moins adroits, dont tout le mérite consistait à retracer de célèbres originaux avec la facilité de la pratique, mais non avec la liberté du génie.

Tout nous porte à croire que les peintures trouvées dans les fouilles d'Herculanum étaient l'ouvrage de ces copistes qui, incapables de composer, reproduisaient les compositions de leurs maîtres. Le style de ces peintures, le dessin, l'ajustement des figures, l'élégance des draperies attestent un goût peu commun : on y retrouve cette grâce, cette finesse, ce naturel qui n'appartiennent qu'à un talent très-distingué, lorsque la manière dont elles sont généralement exécutées annonce un pinceau plus exercé, plus facile qu'il n'est précis et correct.

Sa couleur est comme celle de toutes les fresques à l'huile; la touche en est libre et pleine d'esprit; les ombres y sont exprimées ; ar des hachures, à-peu-près comme Raphaël a fait dans son grand tableau de l'école d'Athènes; et si l'on ne savait, dit le comte de Caylus, que la noce aldobrandine n'a jamais été vue par ce prince des modernes, on pourrait croire qu'il l'aurait pris pour modèle de la façon de peindre à fresque. Le sujet traité dans un intérieur de maison, représente dix figures sur le même plan; elles sont posées simplement et naturellement, sans aucune attitude forcée, et sans la recherche ni l'affectation d'aucun contraste. Si d'un côté elles ne sont point obligées d'avoir aucune diminution de trait ou de couleur, le peintre n'en a pas moins indiqué la perspective dans toutes les parties où elle était nécessaire, non-seulement par la rondeur des corps et par le sentiment de l'intervalle qui les sépare du fond, par la juste dégradation des corps que son sujet lui demandait, tels que l'autel, le lit, le plancher, etc. Nous ne parlerons point de la manière sage et élégante dont ces figures sont dessinées, et nous ne vanterons point leur concours à l'objet de la composition : cet examen n'est pas ce qui doit nous occuper. Mais si toutes les parties que nous venons de rapporter fidèlement ne sont pas de la perspective aux yeux d'un homme de l'art, nous ne savons où il en faut chercher.

Il faut cependant avouer que, quelque précieux que soient les morceaux de peinture antique qui existent encore en Italie, ils ne présentent pas une idée aussi brillante de leurs auteurs que les descriptions des anciens *. Ce qu'il y a de plus intéressant dans ces morceaux, consiste dans la délicatesse du dessin, la naïveté des expressions, et l'élégance dans les proportions. Le coloris en est d'ailleurs assez médiocre ; ils sont en général d'une sécheresse rebutante, et rarement on y remarque de l'intelligence dans les groupes et dans le clair obscur. Mais ces tableaux n'ont eu pour auteurs ni Apelles, ni Zeuxis, ni Protogènes ; les ouvrages des peintres du siècle de Périclès et d'Alexandre furent enveloppés dans les troubles qui bouleversèrent la république romaine. La plupart de ces chefs-d'œuvre devinrent la proie des flammes qui dévorèrent le palais de César, et quelques autres étaient tellement endommagés, que, sous Auguste, on distinguait à peine ce qu'ils représentaient. Les artistes qui créèrent les peintures que le temps a respectées, étaient bien inférieurs aux hommes dont Pline nous a conservé les noms. Quelques-uns même étaient des Romains, tels que Fabius, Timomachus, Pirrichus et Ludius, et l'on sait que les Romains n'ont jamais atteint à la perfection des Grecs en ce genre. L'empire en déclinant entraînait les arts dans sa décadence. Des barbares, sortis d'une région où l'on ne connaissait que la bêche et la charrue, détruisirent tous ceux des chefs-d'œuvre qui tombèrent entre leurs mains.

L'esprit humain, enchaîné alors par ces dévastateurs, n'enfanta plus en Italie que des ouvrages grossiers et d'un goût mesquin. Depuis que l'amour du beau et le goût des bonnes études ont fait

---

* Les observations présentées à l'Institut par feu M. Delaporte Dutheil, sur la vraie époque où Pompéia, Herculanum et Stabia furent détruites (en l'an 471, après la naissance de J.-C.), sont bien faites pour refroidir le zèle d'un amateur à la vue des tableaux et des autres antiques du Musée de Portici, où était rassemblé ce que l'on a découvert dans les ruines de ces villes, objets pour lesquels on avait poussé le fanatisme de l'admiration presque jusqu'au ridicule ; mais elles ne peuvent regarder les quatre tableaux encadrés qui sont bien antérieurs à cette époque, et qui ont été enlevés de quelques murs d'un autre pays, pour être transportés à l'endroit où on les a trouvés.

chercher dans les entrailles de la terre les précieux restes de l'antiquité, que l'ignorance, la barbarie et les évènemens qu'amène nécessairement une longue succession de siècles y avaient enfouis, plusieurs de ces morceaux de peinture ont été découverts en différens temps. Exécutés chez les Romains, et presque tous dans des siècles où l'art n'avait plus cet éclat dont il avait brillé dans la Grèce, ils ne peuvent être considérés que comme les faibles restes de cet art expirant. En supposant même que la peinture fût encore dans toute sa splendeur, la qualité de ces ouvrages et les places qu'ils occupaient, ne fournissent pas un préjugé assez avantageux pour les proposer comme des modèles. Adhérens à des murailles, où ils tenaient lieu de nos lambris et de nos tapisseries, ils dépendaient souvent ou faisaient partie de compositions d'ornemens, et, de l'aveu même des anciens, ce genre de peinture n'occupait ordinairement que les artistes du second ordre. D'ailleurs, quels sont les endroits où l'on a trouvé des peintures antiques? ce sont de simples corridors; ce sont des salles de bains, des chambres basses et éloignées des plus beaux appartemens. Le plus grand nombre a été découvert dans l'intérieur des tombeaux, où l'on entrait rarement, et où ces morceaux privés de lumière étaient perdus pour le public, pour ceux qui étaient en état d'en juger. On sait que le luxe des Romains et la vénération qu'ils avaient pour leurs morts les engageaient à de grandes dépenses toutes les fois qu'ils construisaient quelque nouvelle sépulture; mais il eût été inutile d'y employer les plus habiles peintres; et, ce qu'il y a de certain, c'est qu'ils ne le firent jamais. Nous n'avons donc aucune peinture antique qui soit digne d'être mise sur le compte de ces grands artistes dont les noms célèbres sont venus jusqu'à nous. Cependant, quelque médiocres que soient celles qui ont été conservées, elles ont un caractère qui les rapproche, à beaucoup d'égards, des tableaux exécutés dans les meilleurs siècles; et nous pensons qu'après les avoir considérées et étudiées avec attention, elles peuvent nous laisser une assez juste idée de ce qu'étaient ces merveilles de l'art, qui ont fait le plus de bruit. La distance qui les sépare n'est pas plus grande que celle qui distingue le bien d'avec le mieux. Ceux qui ont fait du caractère des Romains une étude attentive, savent combien ce peuple fut constant dans ses usages et dans ses goûts, et qu'avouant sans peine son peu d'aptitude dans la pratique des arts, il n'oublia jamais que les Grecs étaient, en cette partie, ses maîtres et ses modèles. C'était chez cette nation savante qu'ils avaient appris à aimer la peinture; c'était d'elle qu'ils en avaient reçu l'enseignement et les règles. Simples imitateurs, il n'y a pas d'apparence qu'ils aient rien innové dans la distribution des figures, et ce qu'on appelle la composition du tableau; encore moins dans l'emploi et la distribution générale des couleurs. Si, moins heureux que leurs guides, ils ne manièrent pas le pinceau avec le même succès; si, plus faibles dans la science des contours, et n'ayant pas fait les mêmes progrès dans l'art de bien exprimer les passions, ils ne nous ont pas laissé de ces chefs-d'œuvre qui captivent l'âme, l'élèvent, et produisent sur elle une illusion complète, l'on ne voit pas sans plaisir régner dans leurs productions un beau choix d'attitudes, une touche aimable et facile, des couleurs simples, mais agréables, et surtout un naturel et une naïveté qui nous charment : toutes parties qui, portées à leur perfection, ne permettent pas de douter des effets surprenans que la peinture ancienne a faits tant de fois sur des esprits sensibles. C'en est assez pour nous rendre infiniment précieux le petit nombre de peintures antiques que le temps a épargnées, et nous ne pouvons trop nous féliciter quand il se fait quelque nouvelle découverte en ce genre. Raphaël fut témoin des premières qui se firent au commencement du XVIe siècle. Les ruines du superbe et vaste palais que l'empereur Titus avait fait construire sur le mont Esquilin, étaient plus considérables et moins délabrées qu'elles ne le paraissent aujourd'hui : on découvrit, en les fouillant, une suite de chambres assez entières, dont les plafonds, ainsi que les murailles, conservaient encore quelques-unes des peintures dont elles avaient été décorées anciennement. Les décombres sous lesquels ces chambres étaient ensevelies, avaient empêché l'air d'y pénétrer; et, comme il n'avait pu mordre sur les couleurs, elles parurent dans leur ancien éclat, et s'y conservèrent pendant quelque temps *. L'amour de l'antiquité, l'utilité que Raphaël avait retirée de cette étude, conduisirent ce grand peintre dans ces souterrains. Il fit copier par ses élèves tout ce qui lui parut capable d'améliorer ses idées, ou pouvait lui en suggérer de nouvelles. Personne n'ignore combien il fut particulièrement charmé de la façon dont il vit les ornemens traités; il admira le mélange des feuillages, des fleurs, des animaux, des figures humaines, et de cent autres objets qui, sans avoir aucun rapport entr'eux, soutenaient en quelques endroits de petits bas-reliefs de stuc ingénieusement enlacés, formaient l'ensemble le plus agréable, et présentaient un tout sur lequel l'œil se promenait avec d'autant plus de satisfaction, que les couleurs les plus riches et les plus brillantes en augmentaient l'agrément. Raphaël, frappé d'une nouveauté si piquante, résolut d'en profiter; et, pour travailler avec plus de certitude, il sentit la nécessité, non-seulement de s'assurer des formes, mais de connaître encore la distribution et l'arrangement singulier des couleurs qui donnaient le jeu à toute l'ordonnance. Les ornemens connus sous le nom de grotesques, dont les loges du Vatican sont enrichies, furent le fruit du parti que Raphaël sut tirer de ces études; et s'il était permis de douter de la fécondité et de la richesse de son heureux génie, on serait tenté de croire qu'il n'aurait fait que copier ce qu'il avait vu dans les thermes de Titus, tant il y a de conformité entre ses gracieuses compositions et ce que les anciens ont fait dans le même genre.

* De tous les monumens, les thermes de Titus sont, sous le rapport de l'art, celui qui peut offrir le plus de ressources aux artistes; ses peintures, très-supérieures à celles d'Herculanum, offrent, surtout dans le genre des arabesques, les dessins les plus précieux. Ces peintures, encombrées pendant des siècles, par suite des calamités qui bouleversèrent tant de fois l'Italie, découvertes sous le pontificat de Léon X, pendant lequel Raphaël y puisa presque toutes les beautés qu'on admire dans ses arabesques, furent ensevelies de nouveau pendant plus de deux siècles. Ce fut sous le pontificat de Clément XIII, que Ch. Cameron, architecte, obtint la permission de faire des fouilles dans ce monument, et en donna une idée dans son ouvrage sur les bains romains; mais ce ne fut que sous le règne de Pie VI, en 1775, que ces fouilles furent poussées avec activité, et que les peintures de seize pièces furent rendues aux arts.

En 1674, des ouvriers qui travaillaient à la réparation de l'ancienne voie Flaminienne, découvrirent, par un pur hasard, à un mille au-dessus du Ponte-Molle, un tombeau qui était caché depuis très-long-temps sous terre, et dont tout l'intérieur se trouve rempli de peintures exécutées à fresque. Ces peintures, tout au plus du temps des Antonius, et qui même étaient l'ouvrage d'un peintre assez médiocre, furent, dans le premier moment de la découverte, vues du même œil qu'on aurait envisagé un tableau de Zeuxis ou d'Apelles. Une inscription qui fut trouvée dans le même lieu, et où se lisait le nom de Nason, en apprenant que le tombeau avait appartenu à cette famille romaine, rendit la découverte encore plus intéressante : on publia que cette famille était la même que celle d'Ovide, et que le portrait de ce poëte célèbre se trouvait dans une des peintures. (*Voyez* la planche LXXXIX de cette collection).

On fit, au mois de juillet 1668, la découverte d'un édifice qui faisait partie des thermes de Titus, à la distance de deux cent cinquante palmes du Colisée. Ce bâtiment, qu'on estima être un ouvrage de Trajan ou d'Adrien, consistait en plusieurs chambres à la suite l'une de l'autre, sans aucune communication, et toutes égales en grandeur. La voûte d'une seule de ces chambres était demeurée entière. Celles de toutes les autres chambres et de la plus grande partie du corridor voisin étaient tombées de vétusté. On trouva sur les murs de plusieurs de ces chambres divers morceaux de peinture à fresque dont quelques-unes font partie de cette collection. (*Voyez* les planches I, II, III, IV, V, VI, VII, VIII, IX, X, XI, XII, XIII, XIV, XV, XVI, XVII, XVIII, XIX, XXI). Chaque chambre était éclairée par une fenêtre percée dans le mur extérieur, et l'on y entrait par une porte qui faisait face à la fenêtre, et qui avait son issue dans un long corridor voûté, de seize palmes de largeur. Les murailles de ce corridor étaient anciennement couvertes, à droite et à gauche, de peintures à fresque représentant des paysages dont on apercevait encore une portion assez bien conservée.

Un autre édifice, dépendant aussi des thermes de Titus, fut dé-

NOTIONS PRÉLIMINAIRES. 61

couvert en 1683 sous les décombres dont il était enveloppé de toutes parts. Il était voisin d'un grand réservoir qui fournissait les eaux aux thermes de Titus, et qu'on connaît sous le nom des SEPT SALLES. Les plafonds de quelques-unes des chambres de cet édifice étaient ornés de peintures. Nous avons reproduit les meilleures. (*Voyez* les planches LXXIII, LXXIV, LXXV, LXXVI, LXXVII, LXXVIII, LXXX).

Le tombeau de Caius Cestius occupe une place distinguée dans les annales des arts. Ce monument, construit en forme de pyramide haute de cent pieds, et large à sa base de quatre-vingt-dix sur toutes ses faces, s'est conservé en son entier, malgré les atteintes qu'il a reçues et de la révolution des siècles, et de la fureur destructive des hommes. On le voit encore tel qu'il fut construit lorsque le pape Alexandre VI le fit restaurer. La masse intérieure du bâtiment est en brique. Dans le milieu est une salle voûtée dont les murs ont de tous côtés plus de vingt-quatre pieds d'épaisseur. Six peintures à fresque décorent ces murs, et sont remarquables par divers genres de mérite : nous avons cru devoir les reproduire. (*Voyez* les planches LXXXI, LXXXII, LXXXIII).

Constantin avait fait construire des bains publics à Rome ; Victor et Ammien Marcellin en font mention. Au commencement du XVIIe siècle, on voyait encore des restes considérables de ce monument sur le côté septentrional du mont Esquilin. Nous avons enrichi notre collection de quelques-unes des peintures que ces débris avaient conservées *voyez* les pl. LXXXIII, LXXXIV, LXXXV, LXXXVI, LXXXVII, LXXXVIII) ; mais c'est dans les fouilles d'Herculanum que nous avons fait la plus abondante récolte.

Les peintures qui décoraient les maisons d'Herculanum ne peuvent avoir été comparables aux peintures qui faisaient l'ornement des villes capitales où régnaient les beaux arts *. Herculanum ne fut jamais

---

* Les peintures conservées au Musée de Portici sont au nombre de plus de mille, tant grandes que petites. Elles sont toutes encadrées sous des verres, et quelques-unes des plus grandes sont enfermées sous des châssis vitrés. La plupart sont exécutées en détrempe, et un petit nombre à fresque ; mais, comme on croyait dans le commencement que toutes les peintures sur les

qu'une petite ville de province dont le commerce n'a même pas été célèbre. Si les tableaux qu'on y a trouvés étaient portatifs, cette

murailles étaient exécutées de cette dernière manière ; c'est-à-dire à fresque, et que personne n'avait mis la chose en doute, on n'examina point les différences qui se trouvaient dans leur exécution. Un homme se présenta avec un vernis qui devait, disait-il, conserver ces peintures : on en couvrit toutes celles qui avaient été découvertes, de sorte qu'il n'est plus possible de distinguer la manière et les procédés que les anciens artistes ont employés en les exécutant. Les plus belles de ces peintures représentent des centaures et des danseuses. Leur proportion est d'environ un empan ; elles sont peintes sur un fond noir, et doivent être la copie de quelques ouvrages d'un bon maître grec, car elles sont aussi légères que la pensée, belles comme si elles avaient été tracées par la main des grâces. Si dans une ville telle qu'Herculanum, sur les murailles des maisons, il y avait des morceaux de cette distinction, nous pouvons nous faire une idée de la perfection que l'art avait pu atteindre dans les temps brillans de la Grèce. Quatre tableaux qui, à la vérité, ont été découverts à *Stabia*, mais qui n'ont pas été peints sur le lieu, nous en fournissent une preuve convaincante. Comme ils furent trouvés posés deux à deux, l'un contre l'autre, la face en dedans, et appuyés contre le mur, sur le plancher d'un appartement d'une maison de campagne, on peut conjecturer qu'ils avaient été coupés et enlevés d'ailleurs, peut-être de la Grèce, pour être encadrés dans les murs de cet appartement ; ce qui aurait été fait si l'éruption du Vésuve n'y eût mis empêchement. Cette importante découverte fut faite vers la fin de l'année 1761. Malheureusement deux de ces tableaux étaient brisés et par conséquent un peu endommagés. Winckelmann les a décrits et en a donné le détail dans son *Histoire de l'art chez les anciens*. Tous les tableaux peints sur des parties de murs, qui, de l'Italie, ont passé au-delà des Alpes, soit en Angleterre, soit en France ou en Allemagne, ne doivent être regardés que comme des pièces supposées. Ces tableaux ont été faits à Rome, par Joseph Guerra, peintre vénitien, très-médiocre dans son art, qui mourut en 1763. Il n'est pas étonnant, du reste, que des étrangers aient été séduits par ces peintures, puisqu'un très-habile antiquaire, dont le savoir était fort étendu, le P. Contucci, jésuite, directeur des études et du cabinet dans le collège romain, avait acheté plus de quarante de ces morceaux, qu'il regardait comme des trésors apportés de Sicile, et même de Palmyre : on avait même eu le soin d'envoyer plusieurs de ces tableaux à Naples, d'où on les avait fait venir à Rome. Pour accréditer davantage la fourberie, on avait apposé, sur quelques-uns de ces morceaux, des caractères qui n'avaient de conformité avec aucune langue connue : on aurait peut-être trouvé un second Kirker pour les expliquer, si l'imposture n'eût pas été découverte. Les gens de goût, instruits dans l'art, et versés dans les antiquités, qui examinent avec attention ces tableaux, reconnaissent aisément la supposition ; car Joseph Guerra n'a pas montré la moindre connaissance des usages, des coutumes, ni des manières des anciens ; on s'aperçoit facilement que ces tableaux sont l'ouvrage d'un ignorant qui a tout tiré de sa tête. Si un seul de ses sujets avait pu être antique, tout le système des connaissances de l'antiquité eût été renversé. Dans le nombre de ces tableaux, on voit Epaminondas emporté de la bataille de Mantinée ; Guerra a représenté ce général avec une armure de fer complète, et telle que nos chevaliers la portaient dans les tournois. Dans un autre tableau,

objection serait sans force ; car, de même qu'il est possible de trouver un tableau de Raphaël ou du Corrège dans une ville sans illustration, Herculanum aurait pu posséder des ouvrages de Zeuxis et de Polygnote ; mais tous ceux qu'on y voyait sont peints à fresque, c'est-à-dire sur le mur. Il faut donc nécessairement que les artistes soient venus les exécuter sur les lieux ; et l'on se persuade facilement que les grands peintres de l'antiquité ne sont pas venus de la Grèce à Herculanum, pour exécuter les peintures que le temps a conservées. Encore ces peintures ne sont-elles pas ce que nous les voyons dans la collection qui a été gravée aux frais du roi de Naples ; les auteurs de ces gravures ont corrigé les défauts de perspective qui se trouvent dans les originaux, ont donné à leurs copies des effets de lumière que les anciens n'ont point du tout indiqués. Cette licence et d'autres inexactitudes ont causé bien des erreurs. Le nombre des peintures qu'on a tirées d'Herculanum est considérable ; on ne peut rien ajouter au soin et au ménagement avec lesquels on les a déplacées et transportées ; on ne peut même attribuer au temps aucune altération dans leur conservation, d'autant que l'espèce de vernis qu'on y a appliqué paraît leur avoir rendu leur premier éclat, sans leur avoir fait aucun tort. Il y en a six ou sept dans ce nombre, dont les figures sont grandes comme nature ; les autres sont de toutes proportions, depuis cette grandeur jusqu'à celle de trois ou quatre pouces. Il n'est pas douteux que ce ne soit sur les grands morceaux qu'on doive fixer son jugement et ses réflexions, non-seulement parce que la manœuvre y est plus développée, mais parce que les sujets concourant à une même action, et se trouvant composés de plusieurs figures, exigent la

on voit un combat d'animaux représenté dans un amphithéâtre, et le préteur, ou empereur qui y préside, a le bras appuyé sur la garde d'une épée nue, semblable à celles qui étaient en usage lors de la guerre de trente ans, guerre qui a été terminée par la paix de Westphalie en 1648. Ce faussaire, dit Winckelmann, faisait consister le génie dans la représentation de Priapes d'une grosseur énorme, et l'expression de la beauté dans un allongement qu'il donnait à ses figures, et qui les rendait comparables à des fuseaux. Ce travail fut reconnu généralement à Rome pour ce qu'il était. Cependant plus d'un étranger y fut trompé. Winckelmann parle d'un Anglais qui, en 1762, donna six cents écus de quelques-unes de ces peintures.

réunion de plusieurs parties de l'art, qu'il n'est pas toujours facile d'allier pour en former un tout. Tous ces tableaux prouvent que ceux qui les ont faits n'étaient pas de grands peintres, qu'ils ne connaissaient que l'effet naturel de la vision, et qu'ils n'étaient point instruits des règles de la perspective. Nous savons cependant par les auteurs anciens qu'elle leur était connue. Vitruve, dans sa préface du livre VII, dit positivement que Démocrite et Anaxagore avaient parlé de la perspective dans leurs traités sur la scène des Grecs. Quand même nous serions privés d'une preuve aussi convaincante et aussi précise, on ne pourrait se persuader que les Grecs eussent soutenu la représentation d'une chose destinée à leur faire illusion, si elle était aussi défectueuse que le sera toujours une décoration qui n'est point en perspective. Il en faut nécessairement conclure que les peintres qui ont travaillé à Herculanum étaient des artistes obscurs, puisqu'ils n'étaient pas instruits de toutes les parties de leur art. Cette critique est d'autant plus juste, qu'elle tombe principalement sur le grand nombre de tableaux d'architecture que l'on a tirés de cette ancienne ville, et qui sont conservés dans le cabinet du roi des Deux-Siciles. Ces morceaux ne présentent aucune perspective, et sont fort éloignés de rendre et de faire sentir avec exactitude les finesses et les différens aspects de l'architecture. Cependant, elle florissait si bien alors, que tous les monumens de cette ville fournissent des preuves, jusques dans les plus petites parties, de son élégance et de sa délicatesse. Quant au dessin, la manière de ces artistes est sèche et ne s'écarte presque jamais du goût des peintres qui ont abusé de l'étude des statues. La cause de cette sécheresse dans les contours, communique nécessairement un désagrément pareil à la composition; car les statues qui ont été destinées en premier lieu à être vues seules et isolées, peuvent difficilement entrer dans un groupe, si l'on ne trouve le moyen d'y faire quelque changement. Les demi-teintes sont d'un gris olivâtre, jaunâtre, ou roussâtre, et les ombres d'un rouge mêlé de noir. Le plus grand nombre des draperies est traité avec de petits plis, formés par des étoffes légères, et dans le goût de la sculpture romaine.

Quoiqu'on ne voie rien dans les peintures d'Herculanum qui prouve que les écoles grecques aient jamais exprimé la diversité des étoffes, on aurait tort d'en conclure qu'ils ont négligé une partie aussi importante de la vérité pittoresque. On peut dire en général que, comme il n'y a point ou qu'il n'y a que fort peu de groupes dans ces tableaux, il n'y a point aussi de clair-obscur, et par conséquent point de ce que nous appelons harmonie et accord : chaque figure a, pour ainsi dire, sa lumière et son ombre, en sorte qu'elle est comme isolée; il n'y en a aucune qui porte ombre sur l'autre, et les reflets ne sont point exprimés; de plus, les ombres sont également fortes depuis le haut jusqu'au bas d'une figure, et ne sont jamais rompues, c'est-à-dire qu'elles sont faites avec la même couleur que les demi-teintes, et qu'il y entre seulement un peu moins de blanc. L'art de faire fuir les objets était donc, en quelque façon, inconnu aux peintres d'Herculanum. Le seul moyen qu'ils aient employé à cet effet, a été de tenir les corps qu'ils mettaient sur les premiers plans, plus forts que ceux qu'ils destinaient aux plus éloignés. Au reste, ces peintures sont faites facilement, on y trouve une touche hardie, et un pinceau manié librement, quelquefois haché, quelquefois fondu; en un mot, un faire léger, et le même à-peu-près que celui de nos décorations de théâtre : tout, dans ces ouvrages, indique une grande pratique; mais il nous semble que l'on peut reprocher à leurs auteurs une grande ignorance dans l'art de rendre les carnations et les détails de la nature. Il y a beaucoup de compositions de petites figures : ces morceaux sont presque tous d'une couleur de chair nuancée et placée sur différens fonds; non-seulement l'ordonnance en est mieux entendue que celle des grands morceaux, mais ils sont touchés avec esprit, le dessin en est correct, et la couleur très-bonne. Les fruits, les fleurs et les vases de verre sont bien rendus; ils ont de la vérité, mais ils sont faibles de teintes et d'effet. L'on peut encore reprocher à ces petits ouvrages le défaut de plan; car la perspective s'y trouve souvent mal observée, et le haut des vases ne tend point au même horizon que le bas. Que faut-il conclure de ces diverses observations? Que les artistes qui ont exécuté les peintures trouvées à Herculanum, étaient faibles en comparaison de ceux qui, dans le même temps, brillaient dans les grandes villes.

Parmi les ouvrages de l'art que le temps ne nous a pas ravis, il en est peu qui soient aussi dignes de notre attention que les vases de terre peints. Les anciens ont en général montré, dès les temps les plus reculés, beaucoup de goût et une grande magnificence pour ces sortes de vases *. Nous avons pris dans ces précieux monumens de l'art les peintures les plus remarquables **. Ces vases sont faits d'une terre plus ou moins fine et légère, selon les fabriques d'où ils sortent. Leur couverte, jaune ou rougeâtre, ne paraît contenir aucune substance métallique; elle est composée d'une terre particulière,

---

* La dénomination d'Etrusque a été appliquée aux vases antiques en général par l'effet de plusieurs causes dont nous ne rendrons pas compte ici; mais la plus générale de ces causes fut l'habitude qu'eurent les premiers antiquaires d'expliquer par les mœurs, l'histoire et la religion des Romains, tout ce qu'on trouvait d'antiquités en Italie. Cette erreur se trouve toujours entretenue dans l'opinion vulgaire, par le nom impropre que la routine n'a pas cessé de donner aux vases antiques. Winckelmann cependant avait été presque jusqu'à nier qu'aucun de ces vases fût dû à l'Etrurie. La similitude qui règne sur quelques points entre les vases grecs et ceux de l'Etrurie, aura probablement été une des causes de la méprise générale. Les vases étrusques sont d'une seule couleur noire, sans figure, ou avec des figures noires fort grossières, sur un fond rouge. La correspondance du goût de l'Etrurie avec celui du plus ancien style grec, correspondance si bien constatée sur d'autres points, fit croire naturellement que les vases grecs, d'ancienne origine, étaient des ouvrages étrusques. Cette confusion eut d'autant plus de facilité à s'introduire dans cette partie de l'histoire de l'art, que les fouilles auxquelles on doit le plus grand nombre des vases que nous possédons, ont toujours été faites, surtout dans les commencemens, par hasard, sans méthode, et sans qu'aucun esprit observateur se soit avisé de lier ces recherches à l'histoire des temps et des lieux. Devenus bientôt objets de commerce et de curiosité, les vases prétendus étrusques ont circulé entre les mains des marchands et des amateurs, sans qu'aucun renseignement indiquât le lieu précis de leur découverte. Considérés particulièrement, isolément et sans rapport, avec leur universalité et la généralité de leur emploi, ils conservèrent, dans les premières collections et dans les cabinets des curieux, le nom que le préjugé leur avait d'abord assigné.

** On voit beaucoup de toilettes de noces sur les peintures des vases grecs; et il paraît qu'on choisissait ce sujet de préférence lorsque le vase était destiné à un présent pour cette occasion. Voye, par exemple, Tischbein, *Recueil de Gravures d'après les vases antiques*, t. I, pl. 3, 47; t. II, pl. 34, 36; *Explication des vases*, par Boettiger, 1er cahier, pl. 140 et suiv.

que quelques savans croient être de la manganèse, mais qui semble être une espèce d'ocre jaune ou rouge réduite par le broiement en une pâte très-fine, mêlée avec un corps gommeux ou huileux, et appliquée au pinceau ; mais la couverte noire a un éclat qui la rend semblable à l'émail. Les couleurs sont appliquées de différentes manières ; les plus anciens vases ont un vernis noir, et quelques figures tracées avec le même noir que le vernis, et formant une espèce de silhouette sur le fond jaune ou rouge qui a été épargné dans le lieu où l'on a placé la peinture ou les ornemens. Il paraît qu'on a regardé comme un perfectionnement de couvrir tout le vase d'un vernis noir, en épargnant seulement la place des figures qui sont de la couleur de la pâte du vase : les contours, les traits nécessaires pour exprimer les cheveux, les vêtemens, etc. sont de la même teinte que le vernis. Quelques parties sont peintes d'un rouge foncé ; très-souvent les vêtemens, les accessoires sont touchés de blanc : on trouve quelquefois du bleu dans les ornemens. Les artistes qui ont peint ces vases n'étaient pas tous d'un grand mérite ; mais si l'on réfléchit aux difficultés que leur opposait la masse sur laquelle ils opéraient, on admirera davantage la hardiesse de ces élégans contours. Il est certain que l'artiste devait les faire avec précision et promptitude d'un seul trait ; mais, pour diriger sa main, il commençait par tracer grossièrement ces mêmes contours avec une pointe sur la terre encore molle : les marques de cette pointe subsistent sur un grand nombre de vases. L'artiste, muni d'un roseau ou d'un léger pinceau, faisait ensuite le véritable contour avec du noir, sans s'astreindre à suivre servilement le premier. On trouve des vases dont chaque côté offre également un sujet tiré de la mythologie ou de l'histoire héroïque. La composition entoure quelquefois le vase entier : le col même de quelques-uns est orné de peintures. Les anses portent aussi des figures peintes qui sont relatives à l'objet pour lequel le vase a été fait, et qui forment, avec les sujets principaux et les autres accessoires, un système complet. Ces peintures paraissent avoir été exécutées par de bons artistes relativement au temps où elles ont été faites, et même par d'habiles maîtres. Nous n'avons malheureusement point le nom de leurs auteurs ; aucun n'est cité par Pline, ni par les écrivains qui ont parlé des arts. Quelques-uns seulement sont inscrits sur les vases : on y lit ceux de Alsimos, Taléides, Astéas et Kalliphon ; mais il faudrait avoir les noms de ceux qui ont fait les magnifiques peintures dont quelques vases sont décorés, pour connaître les plus habiles artistes en ce genre.

Lorsqu'on retire les vases des fouilles, ils sont couverts d'une couche de terre blanchâtre qui ressemble à du tartre, et qui est de nature calcaire, puisqu'elle disparaît avec l'eau forte. Quelques vases sont aussi bien conservés que s'ils sortaient des mains du potier ; d'autres ont été endommagés par les sels terreux avec lesquels ils ont été en contact ; d'autres même sont brisés.

Quelques modernes se sont attachés à imiter les vases antiques, mais la grossièreté de la terre qui rend leurs vases plus pesans, et l'éclat métallique du vernis, décèlent la supercherie. Quelquefois les vases sont antiques, mais une main moderne y a placé des peintures pour en rehausser le prix. Les figures sont faites en enlevant la couche noire pour laisser paraître la couleur du vase, ou en peignant dessus avec une couleur à l'huile. Il suffit d'examiner attentivement la couleur, pour s'en apercevoir. Si le peintre s'est servi d'une couleur détrempée avec de la gomme, ou de l'alcohol, il ne faut passer dessus que de l'eau ou de l'esprit-de-vin, pour la faire disparaître, tandis que la couleur antique qui a été cuite avec le vase, résisterait à ces épreuves.

Pline, ni aucun des auteurs grecs ou romains qui ont traité des arts, n'ont parlé des vases peints : ainsi on ne peut dire si les anciens en ont fait des collections, et s'ils les ont placés dans leurs galeries. On lit seulement dans Suétone, que les Colons établis par César dans la ville de Capoue, en vertu de la loi Julia, détruisaient, pour bâtir des maisons de campagne, les plus anciens tombeaux, et qu'ils le faisaient avec d'autant plus d'ardeur, qu'en les fouillant ils trouvaient des vases antiques.

NOTIONS PRÉLIMINAIRES.

Nous avons cru faire quelque chose d'agréable aux amateurs, en faisant précéder le recueil de ces peintures, d'un catalogue de tous les peintres de l'antiquité, dont il est fait une mention quelconque dans les auteurs grecs et romains, laissant à nos lecteurs le soin d'attribuer les sujets dont nous leur mettons le trait sous les yeux, à ceux de ces artistes dont ils croiront reconnaître le genre de composition, d'après ce que les auteurs grecs et romains en auront dit. Nous avons puisé à toutes les sources pour rendre ce catalogue complet. Puisse la critique n'avoir à nous reprocher que des omissions ! Nous avions d'abord formé le projet de le disposer par ordre chronologique ; mais l'impossibilité où nous nous sommes trouvés d'indiquer d'une manière précise, pour quelques-uns, et approximative pour le plus grand nombre, l'époque où ils ont vécu, nous a déterminé à suivre de préférence l'ordre alphabétique.

C'est à Pline que nous sommes redevables des notions les plus détaillées sur les anciens artistes et sur leurs productions. Il rapporte les dates de la vie de quelques peintres, et même de plusieurs autres qu'il place dans la même époque ; il détermine le tout par les olympiades ; et, de cette manière, il a fixé une suite d'époques d'après lesquelles le temps où les artistes célèbres ont vécu, peut être fixé ou comparé avec celui qui en a vu naître d'autres. On s'imagine communément, et Winckelmann même paraît l'insinuer partout, que ces époques sont de l'invention de Pline. On ne réfléchit pas qu'ici Pline est seulement compilateur, et ne fait que prendre ces notions de plusieurs auteurs grecs et latins. Mais ces mêmes auteurs grecs, que Pline a consultés, quelle raison pouvaient-ils avoir de déterminer la vie d'un ou de plusieurs artistes, d'après une certaine olympiade ? La vie d'un artiste, même cette partie de sa vie où il possède le plus haut degré de talent, comprend plus d'une olympiade. Bayle, avec sa sagacité ordinaire, avait déjà remarqué (dans son article Zeuxis) que la manière dont les anciens ont établi la chronologie de leurs hommes célèbres, était bien faite pour causer des doutes, mais non pas pour les lever. Le temps de la plus grande force d'un artiste n'est rien moins que fixe ; tantôt il avance, tantôt il recule, et tel à sa trentième année est déjà arrivé à un degré de talent et de célébrité, qu'un autre atteint à peine dans la soixantième année de sa vie. Cependant, lorsque Bayle ajoute que les anciens auraient mieux fait d'indiquer les jours de naissance et de mort, il ne réfléchit pas que cela n'aurait pas été une chose facile pour beaucoup d'hommes illustres ; car ce n'a été qu'après leur mort (temps ou de pareilles déterminations se constatent très-difficilement) qu'on s'est occupé à recueillir leurs faits et leurs belles actions. Si l'on suit les propres recherches de Pline, et si on l'étudie attentivement et sans prévention, on trouvera qu'en travaillant il avait sous les yeux des renseignemens très-différens, qu'il a cherché quelquefois à accorder entre eux, et que souvent aussi il a placés l'un à la suite de l'autre. Par exemple, en parlant des artistes qui ont travaillé en bronze, il les nomme d'abord en général, ensuite il les rapporte de nouveau séparément, avec la nomenclature de leurs ouvrages, depuis Phidias jusqu'à Praxitèle et Calamis. Une table alphabétique vient ensuite (*voyez* lib. XXXIV, sect. 19), après quoi suit la liste des artistes de Pergame, et une nouvelle table alphabétique des artistes qui ont traité les mêmes sujets, où dont le genre était le même. Comment un certain nombre d'artistes peuvent-ils paraître à-la-fois, après des intervalles plus ou moins grands, et, pour ainsi dire, par bonds, tandis que l'on voit toujours le disciple succéder au maître, et former à son tour de nouveaux élèves ? Cependant, en suivant les époques de Pline, il faudrait regarder comme possible cette production subite, par laquelle on aurait des enfans sans pères, et des élèves sans maîtres.

Il y eut chez les Grecs plusieurs chroniques dans lesquelles on consignait les principaux évènemens suivant leurs dates, en y ajoutant de temps en temps les noms des personnages illustres qui avaient vécu dans ces différentes périodes de l'histoire. Il est à présumer que, dans de pareils ouvrages, on commença d'abord par le récit suivi des évènemens, et qu'on n'ajouta les noms des hommes

NOTIONS PRÉLIMINAIRES.

célèbres que lorsque la suite des choses offrirait des points de repos. Les années dans lesquelles tombait cette liste des grands hommes, ne pouvaient pas être regardées comme l'époque précise de leurs belles actions, de leur célébrité, et de leur plus grande gloire ; mais ce ne fut que l'époque la plus commode pour l'historien qui voulait faire mention de ces hommes illustres. De pareilles dates n'offrent donc que de simples époques dans l'histoire d'une nation, ou la suite des évènemens finit ou commence, par exemple, une guerre, un traité de paix, ou d'autres faits de ce genre. Tout ceci se trouve constaté dans Pline ; ainsi donc, les olympiades que cet écrivain a empruntées d'autres auteurs, ne sont pas des époques proprement dites de l'art, mais seulement des époques historiques, des sections dans la série des évènemens, où d'autres historiens avaient rapporté les noms des hommes illustres, qu'il a recueillis pour les réunir dans un seul endroit de son ouvrage.

La première époque des peintres, que Pline a trouvée dans les auteurs grécs, c'est l'olympiade XC. Dans ce temps vivaient Aglaophon, Céphissodore, Phrylus et Evenor. On peut indiquer le motif de cette époque, d'une manière très-satisfaisante : dans l'année précédente fut conclue la fameuse paix de cinquante ans, qui interrompit pour quelques années la guerre du Péloponnèse entre Lacédémone et Athènes. Ce fut une époque où les historiens pouvaient respirer, et rapporter, avec d'autres évènemens du temps, les noms des hommes célèbres qui vivaient alors. Seize ans plus tard, il est fait mention d'Apollodore, olympiade XCIV : voici encore une époque pour l'histoire, et qui l'est aussi peu pour l'art que pour les artistes. Dans cette année, Athènes fut forcée de se rendre à Lysandre, et la guerre du Péloponnèse se termina d'une manière désavantageuse pour cette république. C'est donc avec raison qu'on prend pour cela l'olympiade XCIV, plutôt que l'olympiade XCIII, comme plus propre à faire époque.

Les époques suivantes indiquées par Pline, sont l'olympiade CVII, dans laquelle florissaient Echion, Thérimaque. Le motif qui a fait placer le nom de ces deux peintres dans cette olympiade, est, à ce que nous présumons, le récit de quelque historien de la construction du fameux mausolée. L'indication des artistes du temps fut une digression naturelle. La seconde année de l'olympiade CXII mit fin à l'empire des Perses. Après la bataille d'Arbelles, Alexandre s'empara du trône de Darius, fugitif. Apelles était déjà célèbre vers ce temps-là : ainsi l'époque de cet artiste pouvait très-bien être placée dans une année si mémorable pour l'histoire. Mais il survécut long-temps à Alexandre; ce qui, d'un côté, est prouvé, parce qu'il a fait le portrait du roi Antigone, et, de l'autre, par l'anecdote qui dit qu'il s'est présenté à la table du roi Ptolémée, à Alexandrie, sans y avoir été invité.

On peut se faire une idée de l'étendue donnée à de pareilles époques, par l'exemple suivant. Nous savons que, pendant le siège de Rhodes, Protogènes ne cessa point de travailler tranquillement dans le faubourg de cette ville, au milieu des troupes de Démétrius, par conséquent dans l'olympiade CXIX. Ceci fait une différence de vingt-huit ans, au temps où il est fait mention d'Apelles, qui cependant fut son contemporain.

Le reste des artistes de ce genre sont rapportés par Pline, comme contemporains des premiers ou de leurs élèves. Euphranor seul est relégué dans la CIV^e olympiade ; mais ce n'est là qu'une simple répétition prise des époques des statuaires en bronze, parmi lesquels Euphranor avait déjà été cité.

Ainsi donc, les notions que nous trouvons dans Pline, dont le témoignage est, d'ailleurs, d'un si grand poids, laissent encore beaucoup à désirer sur le temps précis où ont vécu certains artistes de l'antiquité. Il est probable que cet écrivain avait fait par lui-même peu de recherches de ce genre, et que quelques-unes de ses citations chronologiques pourraient avoir besoin d'être confirmées.

NOTICE

DES PEINTRES

DE L'ANTIQUITÉ,

Dont il est fait une mention quelconque dans les Auteurs Grecs et Romains.

Accius Priscus vivait du temps de Vespasien, et était compté au nombre des bons peintres de cette époque. Il approchait, selon Pline, de la manière antique. Il avait peint, avec Cornélius Pinus, le temple de l'Honneur et celui de la Vertu, rebâtis par l'empereur Vespasien.

Aëtion fut-il contemporain d'Apelles, de Protogènes et de Nicomaque? Nous n'avons, pour l'affirmer, qu'un passage de Cicéron qui le nomme avec ces artistes, sans dire cependant qu'il ait vécu dans le même temps. Ce que ce passage permet de soutenir avec plus d'assurance, c'est que, s'il ne fut pas leur contemporain, il fut du moins leur égal; et le témoignage de Cicéron est appuyé de celui de Lucien. Du temps de celui-ci, on voyait encore en Italie un tableau d'Aëtion qui représentait les noces d'Alexandre et de Roxane. L'appartement était de la plus grande beauté, ainsi que le lit sur lequel Roxane était assise, tenant les yeux fixés sur la terre : cette expression peignait en même temps la pudeur de la jeune épouse et le respect que lui inspirait le héros. Un Amour placé derrière Roxane lui enlevait en riant son voile et la montrait à son époux; un autre ôtait une des sandales du prince, comme pour l'inviter à prendre place sur le lit; un autre le prenait par son manteau et le tirait vers Roxane. Alexandre présentait une couronne à la princesse. Hephestion tenait le flambeau nuptial et s'appuyait sur un adolescent d'une grande beauté qui représentait l'Hymen. Toute la scène inspirait la gaieté, tous les Amours étaient rians; ils se jouaient avec les armes d'Alexandre : on en voyait deux qui portaient sa lance; ils pliaient sous le poids comme des ouvriers qui portent une poutre; deux autres en tiraient un troisième qui était couché sur le bouclier, comme s'ils eussent traîné en triomphe le héros lui-même; un autre encore, pour les effrayer quand ils passeraient près de lui, s'était caché dans la cuirasse. Aëtion exposa ce tableau aux jeux olympiques, et Proxenidès, qui cette année était le juge des jeux, fut si charmé de l'ouvrage, qu'il donna sa fille à l'auteur. Lucien ne dit que par conjecture que l'enfant sur lequel s'appuyait Hephestion était un hyménée, et il remarque que le nom de cette figure n'était point écrit. Les Grecs avaient donc conservé, même dans les beaux siècles de l'art, la coutume barbare d'écrire sur les tableaux les noms des personnages qui y étaient représentés. On retrouve encore cet usage dans un tableau d'Herculanum, ouvrage d'Alexandre d'Athènes. Lucien avait vu en Italie le tableau d'Aëtion qui représente les noces d'Alexandre et de Roxane; il en fait une description brillante, d'après laquelle Raphaël a tracé une de ses plus riches compositions.

AGATHARQUE, de Samos, était fils d'Eudême, et fut un peintre célèbre. Nous voyons par une réponse que lui fit Zeuxis, et qui est rapportée par Plutarque dans la vie de Périclès, qu'il était le contemporain de ce grand artiste. Plutarque, dit ailleurs qu'Alcibiade fit emprisonner Agatharque, mais n'en fait pas connaître le motif; il ajoute que plus tard le peintre peignit sa maison, et fut comblé de présens. Vitruve raconte qu'Agatharque fut le premier qui fit à Athènes, par les conseils d'OEschyle, une scène tragique, et qu'à son exemple, Démocrite et Anaxagoras firent un traité sur la perspective théâtrale.

AGLAOPHON, qu'il ne faut pas confondre avec le père de Polygnote, est honorablement mentionné par Pline, qui le fait vivre dans la XC^e olympiade, et par Quintilien qui le met sur le même rang que Polygnote. Ses tableaux ont un autre mérite que celui de l'antiquité; ces premiers essais, ces premières ébauches de l'art ont conservé, dit-il, dans l'estime des connaisseurs, le même rang que les ouvrages plus achevés qui sont venus après eux.

AGLAOPHON, de Thasos, eut la gloire de former par ses leçons le célèbre Polygnote. Alcibiade, revenu d'Olympie à Athènes, exposa en public deux tableaux d'Aglaophon : dans l'un, le peintre l'avait représenté couronné par Pythias et Olympias; dans l'autre, il était sur les genoux de Némée assise; les traits de sa figure étaient plus fins et plus délicats que ceux d'une femme. Plutarque, dans la vie d'Alcibiade, attribue ce second tableau à Aristophon; Athénée dit au contraire qu'il est d'Aglaophon; Grégoire de Naziance met cet artiste au rang des peintres les plus distingués.

ALCIMAQUE peignit l'athlète Dioxippe, qui fut vainqueur sans poussière et à toutes sortes de luttes, aux olympiques, et vainqueur également à toutes sortes de combats, mais avec poussière aux jeux Néméens. Pour bien comprendre ces mots, il faut se rappeler que vaincre de prime abord et sans exciter de poussière, ainsi que nous l'apprend Elien, était la suprême gloire de ces jeux. Athénée parle quelque part de ce Dioxippe.

ALCISTHÈNE avait peint un danseur; il est mis par Pline au nombre des peintres du troisième ordre qui avaient acquis une juste réputation.

AMPHION fut un peintre très-habile; Apelles se reconnaissait inférieur à lui pour l'ordonnance. Amphion florissait dans la CVIII^e olympiade.

AMULIUS vivait sous Néron. La gravité de ce peintre, qui ne quittait pas même la toge pour travailler, peut faire croire qu'il n'était pas d'une condition commune. La même décence qu'il observait sur sa personne, se remarquait dans ses ouvrages : C'était un peintre à-la-fois sévère et brillant. Je ne sais pourquoi Pline l'appelle peintre de sujets communs, *humilis rei pictor*, lorsqu'entre ses ouvrages, il fait mention d'une Minerve qui regardait le spectateur de quelque côté qu'on l'examinât Ce n'est point sans doute un sujet humble et commun que la représentation de la plus sage, la plus imposante, et l'une des plus belles des déesses. Amulius ne donnait chaque jour que quelques heures à la peinture. On voyait peu de ses tableaux, parce que, occupé constamment par Néron, la maison dorée de ce prince fut la prison du talent de l'artiste. Isaac Vossius veut que ce peintre se soit appelé Fabullus, et que ce soit par erreur que dans quelques manuscrits de Pline on ait écrit Amulius.

ANAXANDER, peintre du troisième rang, cité par Pline, comme ayant eu de la réputation.

ANAXANDRA était fille du peintre Néalcès. On ne sait rien de plus sur cette femme artiste. Didyme et Clément d'Alexandrie n'en parlent qu'en passant.

ANDRÉAS, peintre du bas empire, cité par Cedrenus.

ANDROBIUS peignit Scyllis coupant les ancres des câbles de la flotte des Perses. Ce Scyllis était un excellent plongeur, dont il est fait mention dans Pausanias et dans Strabon, et qu'Apollonidas a loué dans une épigramme qu'on lit dans l'anthologie grecque.

ANDROCIDES, de Cyzique, était contemporain de Zeuxis; il se fit une réputation dans ce que nous appelons peinture de genre. On parlait avec éloge des monstres marins qu'il avait peints autour de Sylla. Il y a tout lieu de soupçonner que l'art avait fait encore de bien faibles progrès dans la couleur et dans ce maniement du pinceau et qu'Androcydes ne méritait pas la réputation qu'il a obtenue; car ce sont ces deux parties de l'art qui donnent de la valeur au genre qu'il exerçait. Un autre peintre du même nom, peignit, à Thèbes, un tableau de bataille qu'il fut obligé d'abandonner, sans le finir, lors de la révolte des Thébains contre Sparte. Ce tableau fut ensuite consacré dans un temple par le conseil de Ménéclyde, orateur, ennemi de Pélopidas, qu'il croyait humilier par-là ; car la victoire que le peintre avait représentée avait été remportée par un autre général.

Antidote, disciple d'Euphranor, et, selon Pline, de Cydias, vivait dans la CIV^e olympiade, 364 ans avant J.-C. Ce peintre paraît avoir eu plus d'exactitude que de fécondité. Sa couleur était sévère. Il avait peint, à Athènes, un guerrier qui se servait de son bouclier pour combattre, un lutteur et un joueur de flute. Les Grecs louaient ce dernier tableau comme une des meilleurs productions de l'art; mais ils regardaient comme un titre plus glorieux encore pour Antidote, d'avoir été le maître de Nicias d'Athènes.

Antigone, mentionné par Pline, avait cultivé la peinture.

Antiphile, né en Egypte, avait travaillé en grand et en petit. On cite de lui des sujets qui, s'ils étaient traités d'une manière conforme à sa réputation, exigeaient de la beauté, tels que son Hésione, sa Minerve, son Bacchus; d'autres, qui demandaient de l'expression, tels que Hippolyte saisi d'effroi à la vue du taureau envoyé contre lui. Il avait peint une figure ridicule qu'il appelait en riant *gryllos*, le pourceau : c'est de là que les anciens ont nommé grylles les peintures comiques que les modernes appellent bambochades. Pline, livre XXXV, chap. 10, Théon le sophiste et Varron placent cet artiste dans la première classe, ce qui a engagé Falconet à faire un autre Antiphile de celui que Pline, chap. 11, a nommé entre les peintres qui ont approché des plus grands maîtres : mais on peut supposer à Pline une distraction dont Falconet ne devait pas le croire incapable. Comme Antiphile approchait beaucoup des plus grands maîtres par le talent, Pline l'aura placé avec eux ; et, dans un autre chapitre, songeant qu'il leur était cependant inférieur, il aura pu le mettre dans la seconde classe, et oublier de rectifier ce qu'il avait déjà écrit. Ce qui ferait présumer que l'Antiphile des deux chapitres est un même homme, c'est que celui que Pline a placé dans la première classe était d'Egypte, et que celui qu'il range ensuite dans la seconde, a peint Ptolémée, roi d'Egypte, chassant; d'où l'on peut conclure qu'il est encore le même que le peintre Antiphile dont parle Lucien, qui était attaché au roi Ptolémée, et qui, jaloux d'Apelles, osa l'accuser d'être entré dans une conspiration : calomnie qui aurait coûté la vie au peintre chéri d'Alexandre, s'il n'avait été justifié par la déposition des conjurés. On distinguait entre les ouvrages du second, ou du seul Antiphile, un très-beau Satyre couvert d'une peau de panthère, et un jeune homme soufflant un feu qui éclairait en même temps sa bouche et l'appartement. Il avait peint Alexandre et Philippe avec une Minerve; ce tableau, ainsi que celui d'Hésione, était à Rome, dans l'école publique qui faisait partie des portiques qu'Auguste avait fait construire sous le nom de sa sœur Octavie. On voyait pareillement de lui, dans le portique de Philippe, un Bacchus, un Alexandre enfant; et, dans le portique de Pompée, un Cadmus et une Europe. Antiphile s'était formé sous Ctésidème.

Antistius Labeo avait été préteur et même proconsul de la province narbonnaise. Il se faisait gloire des petits tableaux qu'il peignait : mais ce talent, dont il tirait vanité, et qui paraît n'avoir été que très-médiocre, ne lui attirait que des risées et du mépris. Il mourut fort âgé sous Vespasien.

Antobule fut élève d'Olympias. Le maître et le disciple ne sont connus que par leur nom que Pline nous a conservé.

Antonin reçut des leçons de peinture de Diognète. Julius Capitolinus rapporte que cet empereur employait ses loisirs à peindre.

Antorides est mis au nombre des meilleurs élèves d'Aristide, de Thèbes. Un autre peintre de ce nom avait été élève de Persée.

Apaturius peignit des projets d'édifices. Vitruve donne la description d'un de ses ouvrages qu'il censure avec raison.

Apelles, né à Ephèse, mais originaire de Colophon, était fils de Pythius et frère de Ctésiochus. De tous les peintres de l'antiquité ce fut celui qui jouit de la plus grande célébrité. Pline et Ovide lui donnent pour patrie l'ile de Cos. Par les livres qu'il écrivit sur son art, et qu'il adressa à son élève Persée, il contribua aux progrès de la peinture. Pamphile, son maître, avait aussi écrit sur l'art de peindre et sur les peintres. Jamais artiste n'étudia son art avec autant de soin qu'Apelles. Quelqu'affaire dont il pût être occupé, il ne laissait passer aucun jour sans faire quelques études. Il avait eu d'abord pour maître Ephore d'Ephèse : curieux de se former à une plus grande école, il entra dans celle de Pamphile. Après y avoir passé dix années entières, et jouissant déjà de l'admiration des connaisseurs, il ne put être satisfait qu'il n'eût visité l'école de Sicyone qui se soutenait encore, et qui passait même pour conserver seule les grands principes de la beauté. Malgré la réputation qu'il s'était déjà faite par ses ouvrages, il ne crut pas s'humilier en donnant un talent aux peintres de cette école, pour en recevoir des leçons. Plutarque ajoute, il est vrai, qu'il songeait plutôt à partager leur gloire que leurs lumières, dont il n'avait pas grand besoin. Il fallait alors, pour imposer silence aux malveillans, avoir fréquenté l'école de Sicyone, comme, à présent, il faut avoir été à Rome. Quand il avait terminé un ouvrage, il l'exposait en public, non pour respirer la fumée des éloges, mais pour écouter la critique, et profiter de ses observations. Il avait même soin de se tenir caché derrière le panneau, pour que sa présence ne gênât pas les propos des spectateurs. Critiqué un jour par un cordonnier parce qu'il avait mis une courroie de moins qu'il n'en fallait à une chaussure, il corrigea le tableau, et l'exposa le lendemain. Le cordonnier, fier de s'être montré si bon juge, s'avisa de critiquer la jambe ; mais alors Apelles se montra, et lui dit : cordonnier, ne montez pas plus haut que la chaussure. Ce bon mot est passé en proverbe. Quoiqu'il ne craignît pas, et que même il cherchât la critique, et que d'ailleurs il fût de la plus grande politesse, il se permettait quelquefois de railler ces hommes qui croient devoir être connaisseurs dans les arts, parce qu'ils sont riches et placés aux premiers rangs dans la société. Un jour qu'un prêtre du temple de Diane, à Ephèse, se trouvait dans l'atelier du peintre, il s'avisa de raisonner sur la peinture. Prenez-garde, Mégabize, lui dit Apelles, il y a là de petits broyeurs de couleurs qui vous entendent et se moquent de vous. Pline prétend que ce mot fut adressé à Alexandre : c'est faire l'éloge du prince qui ne s'en offensa pas. Apelles aimait à railler. Un de ses élèves lui montra un jour une Hélène qu'il avait chargée d'or : « Jeune homme, lui dit-il, ne pouvant la faire belle, tu l'as faite riche. » Un peintre lui faisait voir un méchant tableau, et se vantant de n'avoir mis que peu de temps à le faire : « Je le crois bien, lui dit Apelles, et tout ce qui m'étonne, c'est que, dans le même temps, vous n'ayez pas fait encore plus d'ouvrage. Le cheval d'Alexandre hennît par hasard devant un portrait de ce prince, fait par Apelles, et dont le héros n'était pas content. « Votre cheval, lui dit le peintre, se connaît mieux que vous en peinture. » On a beaucoup parlé de son voyage à Rhodes, de sa visite au peintre Protogènes qui y demeurait et qu'il ne trouva pas ; de la ligne fine qu'il traça sur un panneau que Protogènes, de retour, fendit par une ligne encore plus fine, et qu'Apelles refendit par une ligne plus subtile encore. Voici comment Pline raconte le fait. « Apelles étant abordé à Rhodes, avide de connaître par ses ouvrages un homme qu'il ne connaissait que par sa réputation, alla d'abord à l'atelier de Protogènes. Celui-ci était absent ; mais une vieille gardait seule un fort grand panneau, disposé sur le chevalet, pour être peint. Elle lui dit que Protogènes était sorti, et lui demanda son nom. Le voici, dit Apelles, et, prenant un pinceau, il conduisit avec de la couleur, sur le champ du tableau, une ligne d'une extrême ténuité, *arreptoque penicillo, lineam ex colore duxit summæ tenuitatis per tabulam.* Protogènes de retour, la vieille lui dit ce qui s'était passé. On rapporte que l'artiste, ayant d'abord observé la subtilité du trait, dit que c'était Apelles qui était venu ; que nul autre n'était capable de rien faire d'aussi parfait, et que lui-même en conduisit un encore plus délié, avec une autre couleur : *ipsumque alio colore tenuiorem lineam in illá ipsá duxisse,* et dit à la vieille que, si cet homme revenait, elle lui fit voir cette ligne, en ajoutant que c'était là celui qu'il cherchait. La chose arriva : Apelles revint, et, honteux de se voir surpassé, il refendit les deux lignes avec une troisième couleur, ne laissant plus rien à faire à la subtilité, *vinci erubescens, tertio colore lineas secuit, nullum relinquens ampliùs subtilitati locum.* Protogènes, s'avouant vaincu, courut en diligence au port chercher son hôte. » Pline ajoute : on a jugé à propos de conserver à la postérité cette planche qui fit l'admiration de tout le monde, mais particulièrement des artistes. Il est certain qu'elle fut consumée dans le dernier incendie du palais de César, au mont Palatin. Je l'avais auparavant considérée avec avidité, quoiqu'elle ne contînt, dans sa plus spacieuse largeur, que des lignes qui échappaient à la vue, et qu'elle parût comme vide au milieu d'excellens ouvrages d'un grand nombre d'artistes, *nihil aliud continentem quàm lineas visum effugientes, inter egregia multorum opera inani similem.* Pline avait donc vu lui-même le tableau ou plutôt le panneau : le fait s'était conservé avec l'ouvrage dont il pouvait seul fournir l'explication, et s'était transmis d'âge en âge. Ce serait une critique téméraire, que de vouloir le révoquer en doute aujourd'hui. Il peut d'abord sembler frivole, et il est en effet précieux, puisqu'il nous éclaire sur l'histoire de l'art au temps d'Apelles. On voit que sa lutte avec Protogènes n'était qu'un combat d'adresse. C'était un défi à qui tracerait le trait le plus subtil, et celui qui fit un trait assez fin pour qu'il fût impossible de le refendre, fut déclaré vainqueur. Les deux rivaux s'admirèrent mutuellement, et se reconnurent mutuellement pour de grands maîtres, sans avoir d'autre base de leur jugement que l'extrême finesse du pinceau qu'ils possédaient tous deux, et que tous deux regardaient sans doute comme une partie très-importante de l'art. Que devons-nous inférer de ce fait? Que, du temps d'Apelles et de Protogènes, on faisait autant de cas de la finesse du pinceau, qu'on en estime aujourd'hui la largeur ; que les peintres de cet âge, qui possédaient sans doute les grandes parties de l'art qui leur étaient communes avec les sculpteurs, étaient secs, durs et mesquins dans la partie du métier, et qu'enfin leur manœuvre devait avoir beaucoup de rapport avec celle de nos peintres gothiques. C'était avec le pinceau le plus fin, c'était avec les traits les plus subtils, qu'ils rendaient certaines parties que, depuis la perfection du mécanisme de la peinture, on exprime bien mieux par masses et par touches. Aussi ne trouve-t-on dans Pline aucune expression qui réponde à celle qu'emploient les historiens de l'art moderne en Italie, lorsqu'ils appellent une barbe bien peinte, *una bella machia* (une belle tache). Jamais dans Pline, on ne trouve aucun terme qui réponde à celui de largeur de pinceau, de faire large, de large exécution; et, lorsqu'il loue des peintres pour avoir bien rendu les cheveux et les poils, je ne serais pas éloigné de croire qu'il entend que ces peintres rendaient toute la finesse des cheveux, et que, d'un pinceau subtil, ils en comptaient, en quelque sorte, tous les poils. Les contemporains d'Apelles étaient donc grands de dessin et d'expression, mais petits d'exécution. C'est ce que prouve le terme de sept années entières qu'employa Protogènes à faire un tableau d'une seule figure. Il est vrai qu'Apelles lui reprochait ce fini excessif. Mais les artistes tiennent toujours plus ou moins à leur siècle, et tout ce qu'ils peuvent faire, c'est d'outrer ce qui est en usage. Le fini excessif de Protogènes semble prouver qu'un fini froid était d'usage de son temps. Il fut enfin regardé comme un des plus grands peintres de son siècle. Apelles était modeste, mais il n'avait pas la modestie affectée dont on se pare sans tromper personne. Il reconnaissait, il célébrait les talens de ses rivaux; il avouait que les plus habiles d'entre eux possédaient, aussi bien que lui, toutes les parties de l'art, excepté une seule, la grâce. Ce mérite qu'il s'attribuait, lui a été accordé par tous ceux qui ont pu voir ses ouvrages. Il serait difficile de refuser aux Grecs d'avoir été de bons juges dans cette partie. Loin d'être jaloux de ses émules et d'employer pour leur nuire ces cabales, ces démarches sourdes, trop familières aux hommes à talens, lui-même travaillait à leur réputation. Protogènes était pauvre ; ses concitoyens le récompensaient mal, parce qu'ils ne sentaient pas son mérite ; Apelles lui offrit cinquante talens de ses ouvrages, et dès-lors on reconnut le mérite d'un artiste qu'un artiste celèbre payait si chèrement : il fallut, pour avoir de ses ouvrages, renchérir sur le prix qu'Apelles avait fixé. Il réussissait parfaitement dans le portrait, et a fait nombre de fois celui d'Alexandre. Des écrivains qui ont vécu long-temps après cet artiste, ont assuré que lui seul avait la permission de peindre ce conquérant. Les plus estimés de ses tableaux étaient le roi Antigone à cheval, et Diane au milieu d'un chœur de vierge, qui lui sacrifiaient. C'est le seul de ses ouvrages, de ceux du moins dont on a conservé le nom, qui exigeât un grand nombre de figures. Je crois que les anciens qui ne traitaient que des compositions fort simples, ne cherchaient pas à briller en affectant la science des raccourcis; cependant ils ne les évitaient pas toujours. Pline parle d'un tableau d'Apelles placé dans le temple de Diane d'Ephèse; il représentait Alexandre tenant un foudre ; les doigts semblaient avancer, et le foudre sortir du tableau : ce qui suppose un raccourci capable de faire la plus grande illusion. On célébrait encore, entre les ouvrages d'Apelles, la Vénus sortant des eaux, qu'on appellait Vénus Anadyomène. La partie inférieure de ce tableau fut gâtée par le temps, et il ne se présenta aucun peintre qui osât tenter de la raccommoder. Il travaillait, lorsqu'il mourut, à une autre Vénus destinée pour l'île de Cos, et voulait, par cet ouvrage, surpasser sa première Vénus : la mort ne lui permit pas de le finir, et personne n'osa le terminer en suivant son ébauche; l'extrême beauté de la tête ôtait l'espérance de faire un corps qui méritât de lui être associé. Apelles, comme les peintres qui l'avaient précédé, travaillait à l'encoustique, et n'employait que quatre couleurs, dont Pline indique les bases et la composition; cependant avec ces quatre seules couleurs il représenta l'éclair et le tonnerre, avec assez de succès, au moins pour que les anciens aient vanté cet effort de l'art. C'est que le clair-obscur a bien autant de part à ces grands effets que l'extrême variété des teintes. On connaît dans cette partie les succès de la gravure qui n'a d'autres ressources que l'opposition du noir et du blanc. On raconte qu'Apelles devint amoureux de Campaspe ou Pancaste, en faisant le portrait de cette maîtresse d'Alexandre qui le lui avait demandé, et que le héros sacrifia son amour au bonheur de l'artiste. Bayle et Falconet répandent sur la vérité de ce récit un doute que nous partageons. La douceur et la noblesse des manières et du langage d'Apelles le faisaient chérir de ses rivaux comme de ses élèves. Admirateur de la beauté, il en cherchait les plus rares modèles; ce fut lui qui distingua la fameuse Laïs, qui, jeune encore et ignorée, puisait de l'eau à une fontaine. Apelles l'engagea à le suivre; et, comme ses amis se moquaient de son choix : « Avant trois ans, dit-il, elle n'aura plus rien à apprendre dans l'art de la volupté. » On croit aussi que la belle Phryné lui servit de modèle, et que ce fut après l'avoir vue dans le bain, qu'il fit sa Vénus Anadyomène, qu'Auguste plaça depuis dans le temple de César. La gloire et le talent d'Apelles étaient à leur comble vers la CXII^e olympiade, 332 ans avant Jésus-Christ. On le nommait le prince des peintres, et, depuis, la peinture fut appelée par excellence l'art d'Apelles. Alexandre le combla de ses faveurs; il lui permettait de l'entretenir familièrement. Après la mort de ce prince, Apelles se rendit à Alexandrie, à la cour de Ptolomée, près duquel il ne trouva pas le même appui. On chercha d'abord à le compromettre vis-à-vis de ce prince, en le faisant venir, par un faux avis, au milieu d'un festin qui se donnait à la cour : comme le roi paraissait irrité de la hardiesse du peintre, celui-ci, ne connaissant pas le nom de l'homme qui lui avait tendu ce piège, prit le parti d'en dessiner la figure sur la muraille; chacun le reconnut, et il fut puni. Peu de temps après, Apelles fut accusé par le peintre Antiphile d'avoir trempé dans une conjuration. Plusieurs auteurs ont désigné cette conjuration comme celle de Théodote, gouverneur de Tyr; mais cette dernière n'eut lieu que sous le règne de Ptolomée Philopator, cent ans après la mort d'Alexandre. Quoi qu'il en soit, Apelles vit ses jours menacés et fut chargé de fers; mais un des coupables le justifia. De retour dans sa patrie, il peignit, en mémoire de cet évènement, son fameux tableau de la Calomnie. On y voyait un roi avec des oreilles énormes; à ses côtés se tenaient le Soupçon et l'Ignorance. La Calomnie, sous la figure d'une femme superbe, richement vêtue, tenant une torche à la main, amenait devant lui un jeune homme qu'elle traînait par les cheveux, et qui semblait prendre le ciel à témoin de son innocence; la Fraude et la Perfidie suivaient la Calomnie; et, derrière ce groupe, on voyait le Repentir en habit de deuil, qui montrait plus loin la Vérité, sous les traits d'une femme belle et modeste. On raconte que, en peignant un autre tableau, Apelles essayait vainement de représenter l'écume qui sortait de la bouche d'un coursier fougueux; impatienté de la faiblesse de son imitation, il saisit une éponge qu'il jeta sur cet ouvrage imparfait, et le hasard lui fit obtenir l'effet qu'il n'avait pu rendre. On ignore le temps et le lieu de la mort d'Apelles; il avait écrit, sur les secrets de son art, trois traités, qui existaient encore du temps de Pline; il avait inventé un vernis qui donnait de l'accord à ses tableaux et les garantissaient de la poussière; lui seul en avait le secret. Les villes de la Grèce, de l'Archipel, de l'Asie, de l'Egypte se décoraient et s'honoraient de ses nombreux chefs-d'œuvre; Pline et Pausanias en citent un très-grand nombre. Apelles imagina de faire du noir avec de l'ivoire brûlée; il le nomma en conséquence noir d'ivoire. On en fait aujourd'hui tant avec de l'ivoire et des os, qu'avec des noyaux de pêches brûlés.

Apollodore fut le premier qui sut bien rendre l'apparence des objets; il florissait vers la XCIV^e olympiade, 408 ans avant Jésus-Christ; le premier il connut l'art de fondre et de dégrader les couleurs et d'imiter l'effet exact des ombres. Pline en fait le plus grand éloge. Selon lui, il n'était point de tableau, avant ceux d'Apollodore, qui méritât d'arrêter les regards : le clair-obscur avait été inconnu jusqu'à lui ; il fut le premier qui en fit usage. On lisait au bas de ses ouvrages : « il sera plus facile de les critiquer que de les imiter. » Ses tableaux les plus remarquables étaient : un prêtre en prière devant une idole, et un Ajax frappé de la foudre. Du temps de Pline, ces deux chefs-d'œuvre existaient encore à Pergame, et excitaient la plus vive admiration. Mais, quelque grand qu'ait été le mérite d'Apollodore, sa vanité paraît avoir été plus grande encore ; il se regardait comme le prince des peintres ; quand il se montrait en public, il portait sur la tête une tiare, à la manière des Mèdes ; mais il trouva dans Zeuxis un rival qui ne tarda pas à l'éclipser. Zeuxis perfectionna, du vivant même d'Apollodore, toutes les découvertes que celui-ci avait faites. Aussi Apollodore exhala-t-il son chagrin dans des vers où il disait qu'il avait trouvé, pour la distribution des ombres, des secrets inconnus jusqu'à lui, qu'on les lui avait ravis, et que l'art était entre les mains de Zeuxis. Avant Apollodore, Polygnote, le premier, s'était écarté de la roideur des anciens peintres ; il avait su vêtir, il avait su coïffer les femmes mieux que ses prédécesseurs ; il avait donné un grand caractère à ses figures ; il s'était distingué par l'expression ; mais Pline nous apprend qu'Apollodore montra plus d'art dans le maniement du pinceau, et, comme le dit Plutarque, il inventa la fonte des couleurs et le véritable caractère des ombres. Le premier, il exprima la belle nature, dit Pline, et fut digne par là de rendre immortelle la gloire du pinceau.

Arcesilas, fils de Tisicrate, est mis au nombre des peintres du troisième ordre, qui avaient conservé de la réputation.

Arcesilas de Paros est regardé comme l'un des inventeurs de la peinture à l'encaustique.

Ardius de Corinthe est le premier qui ait cultivé la peinture linéaire, ou au simple trait, relevée seulement de quelques coups de pinceau,

ARCHÉLAUS, ancien peintre à l'encaustique. Il avait peint, dans le Pyrée, dit Pausanias, Léoshène et ses enfans.

ARÉGON avait peint dans le temple de Diane, à l'embouchure de l'Alphée, une figure de cette déesse.

ARELLIUS fut célèbre à Rome, peu de temps avant Auguste. Son nom semble indiquer qu'il était Romain, et sa profession qu'il était d'une naissance obscure. La célébrité que Pline lui accorde, prouve qu'il avait du talent, ou qu'il passait pour en avoir. Le même écrivain lui fait un dur reproche d'avoir représenté les déesses d'après les objets passagers de ses amours, et d'avoir fait autant de portraits de courtisanes que de tableaux : pourquoi Pline n'avait-il pas fait le même reproche aux plus grands artistes de la Grèce? Arellius avait peint, dans plusieurs temples, des tableaux représentant des déesses; et le sénat, ayant appris qu'en effet il avait retracé, sous les attributs divins, des courtisanes qu'il aimait avec passion, fit détruire ces ouvrages, malgré leur rare beauté, comme profanant, par leur origine, la sainteté des lieux qu'ils décoraient.

On attribue à Arelius, les six peintures qui décorent la pyramide de C. Cestius. Elles ne le cèdent ni par la correction du dessin, ni par la hardiesse de l'expression, aux figures célèbres de la noce Aldobrandine. Ce n'est donc pas sans quelque raison que nous avons pu dire que quelques-unes des peintures qui faisaient partie de notre collection, pouvaient bien être l'ouvrage de quelqu'un des artistes Grecs ou Romains dont Pline nous avait fait connaître les noms (1).

ARIMNA est mis par Varron au nombre des peintres qui avaient précédé Apelles et Protogènes, que ceux-ci prirent d'abord pour modèles, mais qu'ils ne tardèrent pas à abandonner pour suivre une meilleure manière de peindre.

(1) Voyez les Planches LXXXI et LXXXII.

ARISTARÈTE était fille et élève d'un peintre nommé Néarque, qui n'est connu que par elle. On sait qu'elle a peint un Esculape. On la met au nombre des artistes du troisième ordre qui avaient acquis une juste réputation.

ARISTIDE de Thèbes, élève d'Euxénidas, devait être à peu près de l'âge de Pamphile, et vécut assez pour être témoin des succès d'Apelles. Il se distingua par l'expression, et fut le premier de tous les artistes qui sut bien peindre les affections et les troubles de l'âme. Il représenta, dans le sac d'une ville, un enfant qui se traînait vers la mamelle ensanglantée de sa mère expirante. Il restait encore à la mère assez de sentiment pour qu'on s'aperçût de la crainte qu'elle éprouvait que l'enfant ne suçât du sang au lieu de lait. Alexandre, après la prise de Thèbes, fit transporter ce tableau à Pella, sa patrie. Aristide avait peint un suppliant à qui il ne manquait que de pouvoir faire entendre sa voix, un malade sur l'éloge du quel on ne pouvait tarir. Il travaillait à l'encaustique, et fit de tres-grands tableaux, entre autres, un combat contre les Perses, dans lequel il n'y avait pas moins de cent personnages. Chaque figure lui était payée dix mines, ou neuf cents francs de notre monnaie : ainsi le tableau de cent figures lui rapporta quatre-vingt-dix mille francs qui lui furent payés par Mnason, tyran d'Elatée. On vantait encore un tableau où il avait représenté des chasseurs avec leur gibier, le portrait qu'il fit du peintre Léontion, Biblis morte d'amour pour son frère Caunus, son Bacchus et son Arcadus, qui se voyaient à Rome, au temple de Cérès, du temps de Pline ; son tragédien accompagné d'un jeune garçon. Ce tableau se voyait au temple d'Apollon ; mais il avait été entièrement gâté par l'impéritie du peintre à qui le préteur Marcus Junius l'avait donné à nétoyer, vers l'époque des jeux Apollinaires. On voyait aussi dans le temple de la Foi, au Capitole, son vieillard qui montre un enfant à jouer de la lyre. Il peignit aussi des quadriges en course. On lui reprochait de la dureté dans le coloris. Les Romains avaient si peu de connaissance des arts lorsqu'ils prirent Corinthe, que le consul Mummius, voyant le roi Attale acheter six mille sesterces un tableau d'Aristide, se figura qu'il y avait, dans cette peinture, quelque vertu secrète qu'il ne connaissait pas, malgré les plaintes d'Attale. Les Romains sentaient alors si peu le prix de la peinture, qu'à la prise de cette ville, les tableaux furent jetés confusément par terre, et les soldats s'en servaient comme de tables pour jouer aux dez. Aristide vécut vers la CX.^{e} olympiade, 340 ans avant J.-C. On rapporte qu'il laissa imparfaite, en mourant, une Iris que personne n'osa terminer. Ses principaux élèves furent Euphranor, Antorides, et ses propres enfans, Nicéros et Aristippe.

ARISTIDE fut le contemporain de Timanthe et de Parrhasius. Il est mis au nombre des peintres les plus célèbres de cette époque : il sortait de l'école d'Euxénidas.

ARISTIDE était le frère et fut le disciple du peintre Nicomaque.

ARISTIPPE, fils et élève d'Aristide de Thèbes. On citait avec éloge un tableau d'Aristippe représentant un satyre avec une coupe sur la tête.

ARISTOBULE le Syrien, cité comme un peintre du troisième rang, qui avait conservé de la réputation.

ARISTOCLÈS, fils et élève de Nicomaque.

ARISTOCLIDE peignit le temple d'Apollon Delphique.

ARISTODÈME, de Carie, fut élève d'Eumelus; mais ses ouvrages avaient beaucoup plus de grâce que ceux de son maître. Aristodème avait fait des recherches, dit Philostrate, sur les villes et les princes qui avaient protégé d'une maniere particuliere la peinture.

ARISTOLAUS, fils et élève de Pausias, vivait environ 325 ans avant J.-C.; il était compté au nombre des peintres les plus sévères ; ce qui suppose qu'il joignait à la pureté des formes une grande simplicité de composition : aussi ne choisissait-il de préférence pour ses sujets que des représentations de personnages héroïques qui avaient laissé un souvenir précieux à la patrie; tels que Thésée, Epaminondas, Périclès. Ses tableaux, qui n'étaient ordinairement que d'une seule figure, se faisaient remarquer par la correction du dessin. Dans l'un il avait représenté le peuple athénien personnifié, sujet qui exerçait assez souvent le génie des artistes grecs; dans un autre, il avait peint un sacrifice de bœufs.

Aristomènes n'était point un peintre sans talent, dit Vitruve; mais sa mauvaise fortune l'empêcha de travailler pour la postérité.

Ariston, fils et élève de Persée, avait peint un satyre couronné, tenant une coupe.

Aristonidès, peintre du troisième ordre, cité par Pline, comme ayant eu de la réputation.

Aristophon peignit Ancée, blessé par le sanglier de Calydon, avec Astypale, compagne de sa douleur; un autre tableau tres-nombreux en figures, où l'on voyait représentés, d'une part, Priam, Hélène et la Crédulité; de l'autre, Ulysse, Deiphobe, et la Ruse. Aristophon était fils d'Aglaophon, et frère du célèbre Polygnote.

Artemon. Il est probable que ce peintre vivait à-peu-près 300 ans avant notre ère. Pline nous apprend qu'il avait peint la reine Stratonice. Nous supposons qu'il l'a peinte de son vivant, et que cette Stratonice était celle que Séleucus épousa trois cents ans avant notre ère. On la voyait dans le tableau d'Artemon, entourée de pêcheurs qui l'admiraient (1). Ce même artiste avait peint Danaé, Hercule et Déjanire; mais les plus célebres de ses ouvrages furent ceux qui furent apportés à Rome, et placés dans le portique d'Octavie. Ils repré-

---

(1) Si l'on suit la ponctuation des éditions de Pline, il faudra dire que c'était Danaé qui était admirée par les pêcheurs, *piscatoribus*, ou même par des brigands, *praedonibus*, comme on lit dans la plupart des éditions. Il n'est pas aisé de comprendre pourquoi le peintre aurait choisi des pêcheurs ou des brigands pour admirateurs de Danaé. Mais, en changeant la ponctuation, et rapportant l'admiration des pêcheurs à Stratonice, ce trait aura rapport à une aventure de cette reine qui a été représentée, comme nous allons le voir, par le peintre Clésidès. Alors il faudra lire et ponctuer ainsi le passage de Pline : *Artemon Pinxit Danaëm; Mirantibuz eam piscatoribus reginam Stratonicem, Herculem et Dejaniram*. La leçon *piscatoribus* est fondée sur des manuscrits, et le changement de la ponctuation est nécessaire pour donner un sens raisonnable à la phrase.

sentaient Hercule qui, ayant dépouillé sur le Mont-OEta ce qu'il avait de mortel, entrait dans le ciel, du consentement des Dieux, et l'histoire de Laomédon avec Neptune et Hercule. Pline ne fait point mention d'Apollon, adjoint de Neptune dans l'entreprise des murs de Troye. Peut-être le peintre avait-il écarté Apollon de son sujet pour ne point compliquer le tableau.

Asclépiodore, contemporain d'Apelles, était admiré de ce peintre pour son exactitude dans les proportions. On peut juger non du mérite des artistes, mais de l'opinion que leurs contemporains avaient de leur mérite, par le prix qu'on mettait à leurs ouvrages. Le tyran Mnason fit peindre les douze Dieux par Asclépiodore, et lui donna de chaque figure trente mines, 2700 fr. de notre monnaie. Apelles convenait que, pour les mesures, c'est-à-dire pour la distance technique et optique des objets, il était inférieur à Asclépiodore.

Asinius Pollion fut le premier Romain qui eût l'idée de rassembler les portraits des grands hommes, et de les exposer, dans les édifices publics, aux regards du peuple, comme un objet d'émulation. Ce même Asinius Pollion avait le premier dédié à l'état une bibliothèque. On représentait d'imagination ceux des grands hommes dont on n'avait pas conservé la ressemblance, c'est ce qu'on fit à l'égard d'Homère, dont il paraît qu'au temps d'Asinius Pollion, il n'existait pas de portrait.

Athenion, de Maronée, ville de Thrace, fut élève de Glaucion de Corinthe. On ignore dans quel temps il vivait, ainsi que son maître. On le nomme après Nicias auquel il était comparé, et même préféré quelquefois : austère dans son coloris, il plaisait par cette austérité même, parce qu'elle faisait briller davantage la profonde connaissance de l'art. Il peignit dans le temple d'Eleusis un Phylarque ou chef des tribus, et à Athènes une assemblée de femmes qu'on appela polygynœon. Il représenta aussi Ulysse découvrant Achille caché sous des habits de femme. Mais celui de tous ses ouvrages qui lui fit le plus d'honneur, fut un palefrenier avec un cheval. Si cet artiste n'était pas mort fort jeune, aucun autre, selon Pline, ne lui serait comparé.

Briès ou Briélès etait père de Pausias, et fut son premier maître.

Bularque peignit une bataille où les Magnètes avaient été vaincus avant la XVIe olympiade, c'est-à-dire plus de sept cent quinze ans avant Jésus-Christ. Candaule, roi de Lydie, acheta ce tableau au poids de l'or, ce qui nous fait présumer que déjà Bularque était mort ; car il n'est pas vraisemblable que Candaule eût acheté si cher l'ouvrage d'un de ses contemporains. Après Bularque, il se trouve dans l'histoire des peintres de l'antiquité une lacune de deux siècles et demi. Nous savons seulement que du temps d'Anacréon, plus de cinq cents ans avant notre ère, la peinture florissait à Rhodes, et qu'on y peignait à l'encaustique. Bularque employait des couleurs propres à imiter les teintes de la nature. Les peintres monochrômates étaient connus dans des temps plus anciens.

Calaces ou Calades vivait dans le IVe siècle avant Jésus-Christ. On croit qu'il était d'Athènes. Il excellait à représenter des sujets comiques dans de petits tableaux, *in comicis tabellis :* la traduction littérale du mot *comicis* semblerait indiquer que ces tableaux servaient sur la scène, dans les comédies. Ce point fort obscur a été discuté, plutôt que décidé par Caylus, dans un mémoire imprimé dans le XXIIIe volume du Recueil de l'Académie des inscriptions et belles-lettres. Quelqu'habile qu'ait pu avoir été le peintre Calaces, ce serait tomber dans une grande erreur que de supposer, ainsi que l'ont fait quelques savans, que c'était en son honneur que les Athéniens avaient érigé une statue placée dans le Céramique, près du temple de Mars. On conjecture avec plus de raison que cette statue fut élevée à Calliades qui, au rapport d'Hérodote, était Archonte à Athènes, lors de l'invasion de Xercès.

Calliades, peintre cité par Lucien dans un de ses dialogues. Pline compte un artiste de ce nom au nombre des auteurs d'ouvrages en airain, du second ordre, et ajoute que ces mêmes fondeurs du second rang étaient des peintres du premier ordre.

CALLICLÈS florissait trois cent vingt ans avant Jésus-Christ. Il ne peignait que de petits tableaux de trois pouces de circonférence ; mais il aurait pu, suivant Varron, s'élever, dans de plus grandes compositions, au même rang qu'Euphranor. Il composait avec une grande facilité, selon Quintilien.

CALLICRATES est mentionné par Théophilacte de Simocate.

CALLIMAQUE qui aurait pris place à côté de Phidias, comme statuaire, si, moins difficile sur les ouvrages, il n'en eût pas détruit la beauté en croyant les rendre plus parfaits, était aussi peintre; mais Pausanias qui donne le dénombrement de ses statues, et Pline qui en fait l'éloge, ne disent pas s'il était aussi difficile pour ses tableaux que pour ses statues. Les Grecs l'avaient surnommé Cacizoteknos, ou *gâte chef-d'œuvre*. Eternel détracteur de lui-même, et mémorable exemple de l'abus du travail et de l'exactitude poussés à l'excès, il avait ciselé en argent un groupe représentant les Lacédémoniennes dansantes, ouvrage où l'on ne surprenait pas un défaut, mais d'où une correction trop sévère avait fait fuir toutes les Grâces.

CALLIPHON de Samos, ou Callyphon, avait représenté dans le temple de Diane, à Ephèse, des femmes attachant les courroies de la cuirasse de Patrocle. Pausanias parle d'un autre tableau où il avait représenté Ajax provoquant Hector à un combat singulier. La Discorde, sous la forme d'une femme hideuse, paraissait au milieu, tandis que la bataille avait lieu auprès des vaisseaux des Grecs.

CALYPSO avait peint un vieillard et un charlatan nommé Théodore. Elle est au nombre des peintres du troisième ordre qui, du temps de Pline, avaient conservé de la réputation.

CANTHARE, de Sicyone, est nommé, en plusieurs endroits, par Pausanias, comme l'auteur de différens ouvrages en airain. Fondeur du second rang, il était peintre du premier ordre.

CAREPTIUS, de Pergame, est indiqué, par le Scholiaste d'Aristophane, comme un des premiers qui représenterent la Victoire avec des ailes.

CARMANIDE, élève d'Euphranor, est au rang des peintres du troisième ordre, qui ont conservé de la réputation.

CARTERIUS, mentionné par Porphyre comme un peintre tres-célèbre du temps de Plotin, avait fait le portrait de ce philosophe, pour complaire à Amelius.

CÉPHISSODORE, qui vivait dans la XC° olympiade, est mis au nombre des peintres célebres de cette époque.

CHOEREPHANES, dit Plutarque dans son *Traité de la lecture des Poètes*, avait représenté des femmes se livrant avec des hommes à des habitudes honteuses.

CHARMADAS, un des plus anciens peintres qu'ait eu la Grèce.

CIMON le Cléonien, ancien peintre grec, dont on lit l'éloge dans une épigramme de l'anthologie. OElien fait mention d'un Conon également Cléonien et peintre. Le P. Hardouin prétend qu'OElien a écrit, par inadvertance ou laps de mémoire, Conon pour Cimon. Il fut l'imitateur et le propagateur des inventions d'Eumare d'Athènes, qui avait osé ébaucher toutes sortes de figures, et avait le premier distingué dans ses tableaux un homme d'avec une femme. Cimon inventa les catagraphes, c'est-à-dire les figures obliques ou de profil. Il passe encore pour avoir imaginé les diverses attitudes de têtes, selon que la personne représentée est censée regarder ou derrière elle, ou au-dessus, ou au-dessous : il marqua les articulations des membres, il exprima les veines, et rendit le premier les plis et les sinuosités des vêtemens.

CLEANTHE, de Corinthe, est un de ceux auxquels les Grecs attribuaient l'invention de la peinture linéale, ou dessin au simple trait. Il avait peint dans le temple de Diane Aphionie, à l'embouchure de l'Alphée, deux tableaux dont l'un représentait le sac de Troie, et l'autre la naissance de Minerve.

Cléon fit un tableau représentant Cadmus.

Cléophante, de Corinthe, fut le premier qui fit des dessins coloriés : il s'imagina à cet effet de faire des crayons d'une pâte composée de tessons de terre de couleur, broyés et réduits en poudre. Au rapport de Cornélius Népos, c'était ce Cléophante qui avait suivi en Italie Démarate, père de Tarquin l'ancien, lorsqu'il s'enfuit de Corinthe pour se dérober à l'inimitié du tyran Cypselus; mais Pline dit qu'il est en état de démontrer que ce fut un autre artiste du même nom.

Clésides florissait à Éphèse 294 ans avant Jésus-Christ. Ce n'était pas un peintre de la première classe ; mais on a lieu de croire qu'il n'était pas dépourvu de talent. Il se rendit célèbre par l'insulte qu'il osa faire à la reine Stratonice. Piqué de n'avoir pas été accueilli par cette princesse avec la distinction qu'il croyait mériter, il la peignit se prostituant à un pêcheur que la voix publique lui donnait pour amant. Il exposa ce tableau dans le port d'Éphèse, et s'embarqua aussitôt. La reine ne voulut pas que ce tableau fût enlevé, parce qu'elle se trouva merveilleusement ressemblante ainsi que l'objet de son amour. C'est à cette aventure, que le peintre Arthémon, dont nous avons parlé, faisait allusion, quand il représenta Stratonice admirée par des pêcheurs.

Colotès dut être un peintre célèbre de son temps, puisqu'un tableau de sa composition, dont Quintilien fait mention, fut mis en parallèle avec un tableau de Timanthe. Il est vrai que celui de Timanthe fut préféré ; mais il fallait être arrivé à un haut degré de réputation pour oser entrer en concurrence avec un peintre du mérite de Timanthe.

Constantin. Sigebert et Luithprandt disent que cet empereur gagnait sa vie (*victum sibi quæsivit*), en cultivant la peinture.

Cornelius Pinus peignit dans le temple de l'Honneur et de la Vertu que Vespasien fit rétablir.

Corybas, élève de Nicomaque, est mis au nombre des peintres du troisième ordre, qui ont conservé de la réputation.

CRATÈRE ou CRATERUS peignit les comédiens qui se voyaient à Athènes, au lieu nommé Pompéion, c'est-à-dire l'édifice où se préparaient les pompes solennelles. Irène, sa fille, avait été son élève.

CRATO, de Sicyone, fut, selon Athenagoras, le premier inventeur du dessin ; le premier il sut fixer sur une tablette blanchie les ombres d'un homme ou d'une femme. Dedale et Théodore de Milet ne firent que perfectionner cette invention.

CLÉSIAS, mentionné par Tatien, paraît avoir été un peintre du premier ordre, et un fondeur du second.

CLÉSIDÊME fut le maître d'Antiphile d'Egypte. Il peignit le siège d'Æchalie et une Laodamie.

CTÉSILOQUE doit être le même que Ctésiochus, frère et disciple d'Apelles : il a vécu par conséquent vers la CXIII[e] olympiade, 328 ans avant Jésus-Christ. Il se rendit célèbre par un tableau dont la composition singulière mérita d'être répétée sur plusieurs monumens. On la trouve encore sur des marbres et des patères antiques. Jupiter y paraît accouchant de Bacchus. Le Dieu semblait gémir comme une femme dans les douleurs de l'enfantement, et les déesses qui l'entouraient faisaient l'office de sages-femmes.

CYDIAS florissait dans la CIV[e] olympiade, environ 364 ans avant J.-C. Il était de Cythnos, l'une des Cyclades. On ne peut apprécier son talent que par le haut prix qu'Hortensius mit à l'un des tableaux de ce peintre. Il l'acheta cent quarante-quatre mille sesterces (quatorze mille quatre cents francs de notre monnaie), et fit construire dans sa maison de Tusculum une salle pour le recevoir. Ce tableau représentait le départ des Argonautes pour la Colchyde. Il fut transporté depuis par M. Agrippa dans un portique dédié à Neptune. Les peintres durent à Cydias une nouvelle couleur rouge : cette découverte lui fut suggérée par l'ochre demi-brûlée qu'il trouva dans une boutique consumée par le feu.

DE L'ANTIQUITÉ.

Damophile était peintre et l'un des statuaires en plastique les plus renommés ; il fit une partie des ornemens de peinture et de plastique du temple de Cérès, au grand Cirque de Rome. On voyait dans ce temple une inscription en vers grecs, qui apprenait que tous les ouvrages de la droite étaient de Damophile.

Démétrius, surnommé le Graphique, fut peintre, selon Diogène Laërce.

Démophile. Ce peintre passe pour avoir enseigné Zeuxis.

Déliade fut peintre du premier ordre, et fondeur du second rang.

Dibutade, potier de terre de Sicyone, établi à Corinthe, avait une fille éprise d'un jeune homme qui partait pour un long voyage. Voulant conserver l'image de celui dont elle allait être séparée, elle traça le contour de l'ombre du profil de son amant sur la muraille, à la lueur d'une lampe. Dibutade exécuta, sur le dessin tracé, cette image en relief, en y plaquant de l'argile; puis, faisant durcir cette même argile au four avec ses autres poteries, il eut ainsi le premier type en terre cuite. Pline nous apprend qu'on voulait que ce premier type eût été gardé à Corinthe dans le temple des Nymphes, jusqu'au temps où Mummius prit et démolit cette ville. Comme l'idée qu'on prête à la fille de Dibutade d'avoir tracé sur le mur le profil de son amant, appartient au dessin ou à la peinture linéaire, nous avons pensé qu'elle devait trouver place dans un catalogue des peintres de l'antiquité. Quant à Dibutade, on lui accorde l'invention d'avoir ajouté de la terre rouge dans ses ouvrages de plastique, ou même d'avoir fait de tels ouvrages uniquement pétris de terre rubrique. Il inventa aussi les masques des édifices ; il les plaça sur le bord des toits, et les appela d'abord *protypes*, ou *ébauches*; ce qui le mit sur la voie d'inventer les utypes ou figures perfectionnées. De là l'origine du nom de plastes, donné aux ornemens qui couronnent les bords des couvertures des temples, la plastique étant l'art qui les a fournis.

Dimarate, obligé de s'éloigner de Corinthe, se réfugia en Etrurie où il vint s'établir avec deux artistes qui l'avaient accompagné dans sa fuite, et où il devint pere de Tarquin l'ancien. Il introduisit en Etrurie la plastique qui était inconnue avant lui dans cette contrée.

Dinias, mentionné par Pline comme un de ceux qui les premiers cultivèrent la peinture en Grèce.

Dinokharès ou Dinocharès fut peintre et architecte; il avait commencé à construire en pierre d'aimant la route du temple d'Arsinoé à Alexandrie, afin que le simulacre en fer de cette princesse parût suspendu en l'air sans aucun soutien. La mort de Dinokharès et celle de Ptolémée, qui avait commandé ce monument pour honorer sa sœur, furent cause que ce projet n'eut pas sa pleine exécution.

Diodore était un peintre de portraits qui ne saisissait pas heureusement les traits de ceux qu'il voulait peindre, si l'on en croit une épigramme faite sur son compte, qu'on lit dans l'Anthologie grecque. « Diodore a voulu peindre Ménodote; mais ce portrait ressemble à tout le monde, excepté à Ménodote. »

Diogène, mis au nombre des peintres du troisieme ordre, vivait dans la familiarité du roi Démétrius Poliorcète.

Diognetus enseigna la peinture à l'empereur Antonin. C'est Julius Capitolin qui nous l'apprend.

Dionysiodore, de Colophon, était un des peintres du troisième ordre qui avaient conservé de la réputation au temps où Pline écrivait.

Dionysius ou Denys, de Colophon, florissait vers la XCII[e] olympiade, 412 ans avant Jésus-Christ. Contemporain et imitateur de Polygnote, il s'était pour ainsi dire approprié la manière de peindre de ce grand artiste; mais ses ouvrages étaient de moindre proportion : on y retrouvait d'ailleurs, dit OElien, la même expression, la même observation des convenances, le même choix des attitudes, le même éclat dans les draperies. Ce passage d'OElien pourrait servir de commentaire; et alors le philosophe aurait dit seulement que Polygnote faisait ses figures plus grandes que nature, Pauson plus petites, et Dionysius égales; ce qui est en effet la traduction littérale de la phrase d'Aristote. Si l'on en croit Plutarque, on sentait la peine et le travail dans les tableaux de Dionysius. Nous ne sommes pas de l'avis des savans qui ont pensé que c'était ce même Dionysius qui avait été disciple du poëte tragique Aristarque, et qu'on avait surnommé le Thrace, à cause de la dureté de son organe. Il nous semble que cette assertion est une conséquence au moins hasardée de ce que Dionysius avait peint Aristarque portant sur sa poitrine l'image de la tragédie, comme pour faire entendre que ce poëte la produisait sans efforts; il serait encore plus ridicule de le confondre avec un autre peintre du même nom, qui eut à Rome une grande réputation. Celui-ci était surnommé l'anthropographe, et non pas l'anthropophage, comme on l'a imprimé dans certain Dictionnaire historique, parce qu'il ne peignait que des hommes. La Grèce a compté à diverses époques plusieurs sculpteurs du nom de Dionysius.

DIONYSIUS ou DENYS, peintre en petit, dont les ouvrages faisaient l'ornement et la richesse des cabinets de tableaux, ne peignait que des portraits d'homme, et vivait dans le dernier siècle avant l'ère vulgaire. Il eut la douleur de voir des portraits peints par une femme, être payés beaucoup plus cher que les siens. Il paraît cependant qu'il fut fort employé, car Pline dit, en parlant de lui et de Sopolis, qu'ils avaient rempli les galeries de portraits de leur façon.

DIONYSODORE, élève de Critias, considéré par quelques auteurs comme artiste du second rang, et selon d'autres, comme un peintre du premier ordre.

DIORÈS, ancien peintre grec mentionné par Varron qui ne veut pas qu'on fasse un reproche à Apelles et à Protogènes de ne l'avoir pas pris pour modèle dans leurs tableaux, ce qui suppose que Diorès avait encore conservé, au temps de Varron, des admirateurs qui auraient voulu qu'Apelles et Protogènes n'eussent pas peint autrement que lui.

DOROTHÉE peignit pour Néron une Vénus Anadyomène destinée à à remplacer le chef-d'œuvre d'Apelles, que la carie avait détruit. Le choix qui fut fait de cet artiste pour une aussi difficile entreprise, suppose qu'il était un des peintres les plus célèbres de son temps.

EKHION ou ECHION, que Pline et Cicéron ont mis au nombre des meilleurs peintres de l'antiquité. Chacun de ses tableaux était évalué le revenu d'une ville. Il avait représenté Bacchus, la Tragédie, la Comédie personnifiées. Ces ouvrages étaient fort admirés, ainsi que ceux où il avait peint Sémiramis qui, de servante, devint reine ; une vieille portant deux lampes devant une nouvelle mariée.

EPHORE, d'Éphèse, fut d'abord le maître d'Apelles, et devint ensuite son disciple.

ERIGONUS était un simple broyeur de couleurs chez Néalcès. Il fit dans l'art assez de progrès pour laisser un disciple qui fut célèbre dans son temps, quoique le titre de ses ouvrages soit entièrement perdu. Cet élève se nommait Pasias. L'exemple d'Erigonus est remarquable en ce qu'il prouve que le talent pouvait faire taire la loi qui ne permettait, chez les Grecs, qu'aux hommes d'une condition distinguée de se livrer à la peinture, tandis qu'à Rome c'était tout le contraire. La loi grecque était sage en elle-même ; elle aurait été barbare, si elle n'eût été susceptible d'exception.

EUANTHÈS avait peint deux tableaux représentant Andromède et Prométhée, attachés chacun sur un rocher. Achillès Tatius fait une ample description de ces deux tableaux dans le troisième livre des amours de Leucippe et Clitophon.

EUCHIR ou EUKHIR apporta de Corinthe la plastique en Italie.

EUCHIR, parent de Dédale, fut l'inventeur de la peinture en Grèce, selon Aristote.

EUDORE peignit une scène ou décoration de théâtre. Il fut aussi statuaire en airain.

EVENOR ou EUENOR, père de Parrhasius, eut la gloire de former le premier peintre du monde, selon l'expression de Pline; il est placé lui-même par cet écrivain au nombre des artistes célèbres qui florissaient en Grèce dans la XC⁰ olympiade.

EUGRAMMUS, venu en Etrurie avec Euchir, lorsque Dimarate, chassé de Corinthe, vint chercher un asile dans cette contrée, contribua avec ses compagnons à faire connaître la plastique aux Etrusques.

EUMARUS, un des plus anciens peintres de la Grèce.

EUMELUS avait peint une Hélène qui aurait mérité, dit Philostrate, d'être exposée dans le Forum de Rome. Ce peintre avait été imité dans sa manière de peindre, par Aristodême de Carie.

EUNIQUE fut peintre, fondeur et ciseleur en argent; comme peintre, il est au premier rang; comme fondeur et ciseleur, il tient le second.

EUPHORION, que Pline ne nomme qu'en passant, aurait été, selon lui, et peintre et auteur d'ouvrages en airain. Comme peintre, il tiendrait le premier rang, et comme fondeur, il serait rangé au second. Théocrite vante les coupes ciselées par cet artiste.

EUPHRANOR, de l'Isthme de Corinthe, est placé au rang des peintres qui fleurirent après Pausias. Quintilien, après avoir parlé des plus grands peintres de l'antiquité, et d'Apelles lui-même, nomme enfin Eupranor, qu'il regarde comme ayant porté l'art au plus haut degré de perfection; il entre ensuite dans le détail des orateurs romains, et finit par nommer Cicéron qui parvint à la perfection de l'art oratoire, et qu'il compare à Euphranor. Il résulte de ce passage, que l'art de peindre n'était pas encore parfait du temps d'Apelles, et que c'est Euphranor qui, le premier, a réuni toutes les parties qui complètent sa perfection, comme Cicéron a réuni le premier, chez les Romains, toutes les parties qui complètent l'éloquence. *At M. Tullium non illum habemus Euphranorem circà plurium artium species præstantem, sed in omnibus quæ in quoque laudantur, eminentissimum?* (Inst. Orat. l. XII, c. 10). Jamais artiste ne fut plus docile ni plus laborieux qu'Euphranor. Peintre et statuaire, il excellait dans tous les genres, et était toujours égal à lui-même. Il paraissait avoir exprimé le premier la dignité des héros, et avoir atteint à l'entière perfection. C'est au moins ce que dit Pline, s'il faut entendre par le mot *symmetria* qu'il emploie, ce que nous entendons par proportion; mais on peut croire qu'il y a dans la signification de ce mot *symmetria* une légère nuance qui nous échappe, et qui le distingue des mots *commensus, proportio,* etc. Les nuances entre le sens des mots qui paraissent synonymes seront toujours, dans les langues anciennes, le désespoir des savans. Euphranor faisait les corps un peu trop sveltes, et les têtes un peu trop fortes, ce qui serait un vice contre la proportion. Il est vrai que, si l'on osait retrancher du texte le mot *sed*, on pourrait entendre qu'Euphranor donnait de la légèreté à ses figures, et de la grandiosité à ses têtes; ce qui serait un éloge. Il avait écrit sur la symétrie et sur les couleurs. Les ouvrages d'Euphranor, dont les sujets nous ont été conservés, étaient les douze Dieux ; des tableaux célèbres à Éphèse, représentant Ulysse qui contrefaisait l'homme en démence, et qui attelait à la charrue un bœuf et un cheval; des hommes en manteau, plongés dans la méditation; un guerrier qui remettait son épée dans le fourreau. Il avait peint aussi les exploits des Athéniens à Mantinée, ouvrage plein d'enthousiasme; une Junon dont on admirait la chevelure, et, sous un portique d'Athènes, la Démocratie, le peuple et Thésée. Euphranor fut élève de Persée. Il sculpta aussi des marbres, cisela des coupes et fit des colosses; enfin il eut le talent le plus docile, soutenu de la plus constante application au travail; et, dans quelque genre qu'il ait travaillé, il excella toujours, et fut égal à lui-même. Il avait écrit sur les couleurs.

EUPOMPE eut une grande célébrité, et fut le chef de l'école de Sicyone, sa patrie. Il avait eu pour disciple Pamphile, maître d'Apelles. On vantait beaucoup un tableau de lui qui représentait un vainqueur au combat gymnique, tenant une palme à la main. Ce peintre eut une telle vogue, qu'il ajouta un troisième style, ou genre, à la peinture; car on n'en connaissait avant lui que deux ; savoir, le style helladique et le style asiatique. Mais Eupompe fut cause qu'on divisa le genre helladique en attique et en sicyonien, d'autant que cet artiste était de Sicyone. Il y eut donc, par ce moyen, trois genres, l'ionique, le sicyonien et l'attique. Eupompe répondit à quelqu'un qui lui demandait lequel des anciens maîtres il était à propos de suivre pour devenir habile, en montrant de la main une multitude de personnes, et disant que c'était la nature, et non aucun artiste qu'il fallait imiter. Ce fut sur cette réponse que Lysippe conçut l'audace de s'élever à la perfection de l'art du statuaire, et que, de simple ouvrier vulgaire en airain qu'il était, il devint le plus fécond de tous les statuaires.

EURIPIDE était peintre avant qu'il composât ses tragédies, dit son biographe Moschopulus. Suidas confirme le fait.

EUTIKHIDE, ou EUTICHIDE, ou EUCLIDES, représenta un char à deux chevaux, conduit par une Victoire.

EUTYCHUS. Ce peintre n'est connu que par une épigramme grecque assez insignifiante, qui est dirigée contre lui, et qu'on lit dans l'Anthologie.

EUTYMÈDE fut élève d'Héraclide, de Macédoine. Pline le met au nombre des peintres du troisième ordre qui ont mérité de conserver de la réputation.

EUXÉNIDAS paraît avoir dû sa réputation moins à lui-même qu'à son disciple Aristide, de Thèbes. Les Béotiens passaient pour avoir l'esprit lourd ; et cependant la Béotie a produit de grands hommes dans tous les genres ; elle fut la patrie de Pindare, d'Épaminondas, de Plutarque.

FABIUS PICTOR. Si les anciens romains employaient des artistes, ils n'estimaient pas assez les arts pour s'en occuper eux-mêmes. Ils demandaient alors des artistes aux Etrusques et aux Latins ; mais, en conquérant toute l'Italie, ils la rendirent barbare comme eux. Dès l'an 259 de Rome, 494 ans avant notre ère, Appius Claudius avait consacré dans le temple de Bellone des écussons (clypeos), chargés des portraits de sa famille. Cet exemple trouva des imitateurs; il se trouva même des Romains qui placèrent de semblables images dans leurs maisons. Ces écussons n'étaient pas peints, mais sculptés en bas-reliefs. Quand on peut faire des bas-reliefs, on peut faire aussi des peintures, au moins des peintures d'une seule couleur. L'an de Rome 450 et 303 ans avant notre ère, un Fabius ne crut pas dégrader la noblesse de sa race en exerçant la peinture, ce qui lui fit donner le surnom de *Pictor*, qui resta à sa maison. Il peignit le temple du Salut, et ses ouvrages subsistèrent jusqu'à ce que le temple eût été détruit par un incendie, sous le règne de Claude. C'est une chose remarquable, que le même homme ait été le premier peintre et le premier historien de son pays. Les peintures de Fabius étaient des ouvrages ou plutôt des récréations de sa jeunesse. Soit qu'il eût pris le surnom de Pictor, soit qu'on le lui eût donné, c'est à tort qu'on croirait que ce surnom ait pu être pour lui un titre de gloire : peut-être même lui fut-il donné comme un sobriquet, comme une sorte de reproche; c'est ce qu'on peut inférer d'un passage de Cicéron, où ce grand orateur dit : « Croirons-nous que, si l'on eût fait un titre de gloire à Fabius, homme d'une famille très-illustre, de s'être livré à la peinture, il ne se serait pas élevé parmi nous un grand nombre de Polyctètes et de Parrhasius ? L'honneur nourrit les arts ; tout le monde est excité par la gloire à s'y exercer, mais ils languissent chez tous les peuples qui les dédaignent. (Tuscul. lib. I.) » Peut-on faire entendre plus clairement que les artistes étaient dédaignés chez les Romains ?

FULVIUS paraît avoir été un mauvais peintre du siècle d'Auguste, dont Horace se moque dans sa septième satire.

GALATON avait représenté les poëtes, dit OElien, recueillant de la bouche d'Homère les paroles qui en sortaient. Lucien parle aussi de ce tableau auquel Manilius et Ovide font allusion.

GIGÈS, de Lydie, passe pour l'inventeur de la peinture en Egypte.

GLAUCION, de Corinthe, fut le maître d'Athénion de Maronée.

GORGASE fut un peintre habile pour son temps, et l'un des statuaires en plastique les plus renommés. Il fit, avec Damophile, les ornemens de plastique et de peinture du temple de Cérès, au grand Cirque de Rome. On voyait dans ce même temple une inscription, en vers grecs, qui apprenait que tous les ouvrages de la gauche étaient de Gorgase.

HABRON peignit l'Amitié et la Concorde, et représenta les différens Dieux.

HADRIEN. Cet empereur s'exerça dans la peinture; mais il ne réussit que dans des petits sujets, tels que les fruits et les plantes. C'est pourquoi, ayant voulu critiquer un ouvrage du fameux architecte Apollodore, cet artiste lui dit : Allez peindre des citrouilles, en quoi Hadrien se vantait de réussir. Nos mœurs influent toujours sur nos goûts; Hadrien avait celui des tableaux obscènes. Il en fit quelques-uns, qu'on voyait sans doute parmi ceux des grands maîtres, qu'il avait rassemblés dans sa maison de Tibur. Si l'on pouvait ajouter foi au récit d'Aurélius Victor, ce prince fondait lui-même des statues de bronze peu inférieures aux chefs-d'œuvre de Polyclète et d'Euphranor; mais ce n'est qu'une hyperbole. On attribue à Hadrien une statue équestre haute de douze pieds, conservée dans la Villa Mattei, et qui mérite à peine d'être citée. Le fait suivant décèle encore moins un habile artiste. Dans un temple élevé à Vénus et à la déesse Roma, leurs statues se trouvèrent beaucoup trop grandes pour l'endroit où ils les avait fait placer, et Apollodore osa lui dire : Si elles veulent se tenir droites et sortir, elles ne le pourront pas. Hadrien fut tellement irrité de ce propos, qu'il fit mourir ce grand architecte auquel on devait de beaux monumens et d'excellens écrits sur son art.

HÉCATÉE, peintre, fondeur et ciseleur en argent. Comme peintre, il mérita d'être placé au premier rang; comme fondeur et ciseleur, il a été rangé dans la seconde classe.

HÉLÈNE, fille de Timon l'Egyptien, peignit la bataille d'Issus qui s'était donnée de son temps. Ce tableau fut mis dans le temple de la Paix par Vespasien, selon Ptolémée Hephestion, cité par Photius.

Héraclide, de Macédoine, avait commencé, comme Protogènes, par peindre des vaisseaux, et, s'il ne parvint pas au talent de Protogènes, il s'éleva du moins au rang des peintres qui méritaient d'être cités. Tout ce que l'on sait de lui, c'est qu'après la captivité de Persée, il chercha un asile à Athènes.

Hermogènes abandonna la peinture pour se faire le champion des erreurs des Stoïciens, dit Tertullien, qui composa un ouvrage en réponse à celui d'Hermogènes.

Hilarius, de Bithynie, vivait sous l'empereur Valens; il cultiva la peinture, à Athènes, avec beaucoup de succès; il excellait à rendre l'expression de la physionomie, dit Eunappe qui le compare à Euphranor. Ce peintre périt de la main des barbares qui le massacrèrent lui et sa famille, à sa campagne.

Hilpius, qui était venu peindre dans les Gaules, est mentionné par un certain Lupus, abbé de Ferrare, et par les anciens annalistes de France.

Hippias avait peint deux tableaux qui furent admirés; l'un représentait Neptune, et l'autre une Victoire.

Hygiémon, cité par Pline qui le désigne comme un de ceux qui commençaient à cultiver la peinture en Grèce.

Hypsicrate est cité par Diogène Laërce, comme ayant écrit sur la peinture.

Idoeus ornait les carquois de peintures fort soignées; Xénophon en fait l'éloge en parlant d'un carquois qu'Agelaüs donna au fils de Pharnabaze en échange d'un très-beau javelot dont il lui avait fait présent.

Irènes, fille de Cratinus, peintre et comédien, dont l'âge est inconnu. Pline parle d'une jeune fille qu'elle avait peinte à Éleusis ; mais peut-être n'a-t-il pas traduit avec exactitude l'auteur grec qu'il suivait. On sait qu'Eleusis était un lieu consacré aux mystères de Cérès : ce qui peut faire soupçonner qu'Irène y avait peint Proserpine, que les Grecs désignaient souvent par le mot Κόρη, qui signifiait aussi une jeune fille, une vierge. Le lieu où se trouvait l'ouvrage d'Irène, semble indiquer qu'elle avait de la réputation. On ne choisit guère des artistes obscurs pour décorer des temples célèbres.

IPHION fut un peintre habile dont on lit l'éloge dans une épigramme de l'Anthologie grecque.

IPHIS est mentionné pour avoir peint Neptune et une Victoire.

LALA florissait dans la jeunesse de Varron, et par conséquent au commencement du dernier siècle avant notre ère. Elle était de Cyzique ; jamais elle ne se maria, et Pline l'appelle vierge perpétuelle. Elle peignait au pinceau, et travaillait aussi sur l'ivoire au poinçon. Il paraît qu'elle ne peignait que le portrait, et elle réussissait principalement à ceux de femmes : elle fit le sien au miroir. Personne ne peignait avec plus de promptitude, et elle joignait tant d'art à une extrême facilité, que ses ouvrages étaient payés plus cher que ceux de tous les peintres de son temps. Elle fit à Naples un grand tableau représentant une Vieille.

LAZARE, moine qui peignait à Constantinople, sous le règne de l'empereur Théophile, eut beaucoup à souffrir de la fureur des Iconoclastes. Les historiens Zonare et Cedrenus en donnent le détail dans leurs Annales.

LÉON, contemporain du poète Alcée, peignit le portrait de Sapho ; il vécut, vers la XLVe olympiade, avec cette femme célèbre par ses poésies et ses amours. Ce portrait, conservé jusqu'au temps des empereurs, dut sans doute être recouvert d'une couche très-légère de cire pour en garantir les couleurs contre les injures de l'air.

Léonides fut le maître d'Euphranor ; il est mentionné par Etienne de Byzance et par Eustathe.

Léontion ne nous est connu que par son portrait qui fut peint par Aristide le Thébain, mais cette circonstance suppose que Léontion dut être lui-même un artiste de quelque mérite : Aristide, peintre célèbre, n'aurait pas employé son talent à faire le portrait d'un homme qui n'aurait pas cultivé son art avec distinction.

Léontisque n'est connu que par les sujets de deux de ses tableaux, l'un représentant une joueuse de harpe, et l'autre Aratus victorieux avec un trophée. On suppose qu'il vivait à-peu-près dans le même temps que celui dont il célébrait les victoires, c'est-à-dire environ deux siècles et demi avant l'ère vulgaire.

Lesboclès. Pline dit de cet artiste que, fondeur du second ordre, il était peintre du premier.

Lucas était originaire d'Antioche, dit Nicéphore Calliste ; il était peintre et médecin ; il fit la rencontre de Paul à Thèbes aux Sept-Portes, se convertit à Jésus-Christ et abandonna la médecine du corps, pour pratiquer la médecine de l'âme. On prétendait, du temps de Nicéphore Calliste, que Lucas avait su le premier donner au Christ la majesté qui caractérise la Divinité ; il avait fait aussi le portrait des apôtres, et ces portraits étaient en grande vénération par toute la terre. C'était moins sans doute comme ouvrages de l'art qu'ils étaient vénérés, que parce qu'ils présentaient les images de ceux que la religion avait sanctifiés.

Ludius. *Voyez* Marcus.

Lucillus est loué dans les lettres de Symmaque.

Lucius Mallius était regardé comme le meilleur peintre de son temps. Macrobe raconte que Servilius Geminius, soupant un jour chez lui et apercevant ses enfans qui étaient contrefaits, lui dit : Tu ne les fais pas comme tu les peins. C'est, répondit-il, parce que je fais les uns dans l'ombre, et les autres à la lumière.

Lysippe d'Œgine, ancien peintre à l'encaustique, fut un des pères de l'art de peindre dans la Grèce. Lysistrate de Sicyone, son frère, accoutuma les artistes à saisir la ressemblance. Jusqu'alors on avait cru remplir le vœu de l'art, lorsqu'on avait fait un simulacre le plus flatté et le plus beau possible. Lysistrate fut encore l'inventeur de l'art de multiplier un simulacre par lui-même, en prenant l'empreinte de ce simulacre dans un creux composé d'une pâte propre à calquer fidèlement l'effigie, et qui, en se séchant, formait un moule. Cette invention fut tellement goûtée, que les statuaires s'accoutumèrent à ne plus faire aucun ouvrage en matière dure, sans en tirer, par cette voie, la copie exacte en argile : d'où il reste démontré que les statues d'argile ou de plâtre, jetées en moule, sont antérieures aux statues d'airain jetées en fonte.

Marcus Ludius, contemporain d'Auguste, était un peintre de vues, de marines, et de paysages, qu'il accompagnait de figures; il imagina le premier de peindre sur les murailles des maisons de campagne, des portiques, des bois sacrés, des forêts, des collines, des étangs, des cascades, des fleuves, des rivages. Il y représentait des gens qui se promenaient, d'autres qui naviguaient, d'autres qui, sur des ânes ou des voitures, se rendaient à des maisons de campagne. Il peignait des pêcheurs, des oiseleurs, des chasseurs, des gens occupés de la vendange ; on voyait dans ses tableaux des hommes porter des femmes sur leurs épaules dans des avenues marécageuses qui conduisaient à des maisons de campagne. Il peignait aussi des ports de mer. En général, ses inventions étaient fines et agréables. Marcus Ludius avait peint le temple des Ardéates, qui furent si contens de son travail qu'ils lui donnèrent le droit de bourgeoisie dans leurs villes et firent en son honneur l'inscription suivante :

> Dignis digna loca picturis condecoravit,
> Reginæ junoni' supremi conjugi' templum,
> Marcus Ludius Helotas AEtolia oriundus,
> Quem nùnc et post semper ob artem hanc Ardea laudat.

Auguste fut le premier qui eut l'idée de faire revêtir les murailles des appartemens de peintures représentant des métairies, des porticques, des boulingrins, des bois, des bosquets, des viviers, des euripes, des fleuves, des rivages, etc., et de faire représenter des villes maritimes sur les murailles extérieures qui sont exposées aux injures du temps. La dépense de ces peintures de marine était très-peu considérable. Junius, dans son catalogue des peintres anciens, veut qu'il y ait eu deux Ludius; mais sans motiver son opinion.

MARCUS VARRON orna de sept cents portraits un ouvrage qu'il avait composé sur la vie des hommes illustres, invention digne, selon Pline, de rendre les Dieux même jaloux de Varron, qui, par un tel moyen, n'immortalisa pas seulement ces grands personnages, mais multiplia encore leur immortalité, les dissémina sur toute la terre, les rendit présens dans tous les lieux, et donna à tous les hommes la faculté d'avoir à toute heure leurs portraits sous l'enveloppe d'un livre. Ces sortes de portraits étaient sans doute de petites médailles dont l'assemblage composait un médailler. Car comment expliquer d'une autre manière ce que Pline entend par *aliquo modo imagines*, et ce qu'il dit que Varron dissémina ces images par toute la terre, *in omnes terras misit ut præsentes essent ubique*. Comment ces indications pourraient-elles convenir à des figures simplement dessinées à l'encre ? La multiplicité des copies ne devait-elle pas en rendre la ressemblance bien difficile et même impossible à observer dans un grand nombre d'exemplaires, l'art de la gravure n'étant point encore inventé et ne l'ayant été que bien postérieurement à Varron, l'an de l'ère chrétienne 1460, par Maso Finiguerra, orfèvre de Florence?

MÉCHOPHANES ou MÉCHOPANES était élève de Pausias. On lui reprochait de la dureté dans la couleur; l'ocre y dominait trop; mais il réparait ce défaut par une exactitude qui ne pouvait être bien appréciée que par les artistes.

MÉLANTHIUS ou MÉLANTHUS était, ainsi qu'Apelles, élève de Pamphile. Il s'est distingué par le même caractère de talent que son maître. Il composait ses tableaux avec sagesse, et les exécutait avec soin.

Mélanthius avait écrit sur la peinture. Ses élèves avaient représenté Aristrate, tyran du Sicyone, assis dans un char de triomphe avec une Victoire; ce tableau fut fort célèbre dans l'antiquité. Plutarque rapporte qu'Apelles passait pour y avoir mis la main. Mélanthius avait écrit sur la peinture. Il disait que, dans ses ouvrages comme dans ses habitudes, il fallait concilier la rudesse avec la politesse, mais que le mélange était nécessaire.

MENESTRATE n'était pas un peintre fort habile si nous prenons à la lettre l'épigramme faite sur son compte, que nous lisons dans l'anthologie grecque; il avait peint Deucalion et Phaëton : Tu demandes, dit l'auteur de l'épigramme, quelle récompense méritent tes deux tableaux? pour que chacun ait celle qui lui appartient, que Phaëton ait les flammes et Deucalion la mer.

MENIPPE. Diogènes Laërce fait mention de deux peintres de ce nom.

MESTRIUS a le titre de peintre dans une inscription qu'on trouve dans le recueil de Gruter.

MÉTHODIUS ne nous est connu que par ce que Cedrenus nous raconte de lui. Il était de Rome, moine, et avait la réputation d'être un peintre habile. Mandé par Bogoris, roi des Bulgares, il reçut l'ordre d'orner de peintures l'appartement le plus vaste du palais de ce prince. Le peintre devait représenter des sujets dignes de fixer l'attention; mais Bogoris lui en laissa le choix, demandant seulement qu'à l'aspect de ces peintures les spectateurs fussent frappés de terreur. Méthodius peignit le second avènement de notre Seigneur, lorsqu'après la destruction des mondes, il viendra donner la béatitude aux uns, et de terribles châtimens aux autres. Bogoris, à l'aspect de cette peinture, comprit pourquoi les uns goûtaient les joies célestes, et pourquoi les autres étaient livrés aux durs châtimens des enfers; il s'arrêta, et ne put proférer une seule parole, attéré et presque mort devant le tableau de Méthodius; il revient enfin à lui pour abjurer la superstition des gentils, et il se donna lui et sa nation à ce Christ par l'ablution mystique de l'eau lustrale. A juger du mérite de ce tableau par l'effet qu'il produisit, Apelles, Zeuxis et Parrhasius n'auraient rien fait qui lui fût comparable ; mais chacun sait que Cedrenus, de qui ce récit est emprunté, était un historien fort crédule, et qu'il y a beaucoup à rabattre sur ce qu'il raconte.

MÉTRODORE vivait à Athènes dans le même temps qu'Héraclide. Il était à la fois peintre et philosophe, et jouissait, à ce double titre, d'une grande considération. C'est le témoignage que Pline lui a rendu, et lui seul l'a fait connaître à la postérité. Lorsque Lucius Paulus, après avoir vaincu Persée, demanda à la ville d'Athènes de lui envoyer un philosophe du premier mérite, pour l'éducation de ses enfans, et en même temps un peintre du premier talent, pour l'employer à peindre les diverses décorations de son triomphe, les Athéniens firent choix du seul Métrodore, assurant Lucius Paulus que ce choix répondait dignement à ses désirs ; et ce général lui-même en jugea ainsi. Métrodore avait appris la philosophie de Carnéade, à Athènes ; il avait écrit sur l'architecture et sur les poètes.

MICCION est mentionné par Lucien comme ayant été élève de Zeuxis.

MICON était contemporain de Polygnote. Les travaux du Pœcile lui furent adjugés ; mais Polygnote en fit généreusement une partie considérable, sans demander, ni recevoir aucun salaire. Les Amphictyons, qui étaient les états-généraux de la Grèce, ne furent pas insensibles au procédé du peintre de Thasos, et, pour lui en témoigner leur reconnaissance, ils ordonnèrent qu'il aurait partout un logement gratuit. Indépendamment de ses tableaux du Pœcile, Micon fit des ouvrages dans le temple de Thésée. Pausanias remarque que l'une de ces peintures n'était pas entièrement de sa main. Ainsi les peintres, dès-lors, se faisaient aider dans leurs entreprises considérables, à moins que Micon ne soit mort avant d'avoir fini son tableau. Micon et Polygnote composaient leur noir avec du marc de raisin, d'où cette sorte de noir s'appelait *tryginon*. Il y eut un autre Micon surnommé le jeune, dont la fille, nommée Timarète, exerça l'art de la peinture.

MNASITIME, fils et élève du statuaire Aristonidas, est mis au nombre des peintres du troisième ordre.

MNÉSITHÉE, de Sicyone, est du nombre des peintres du troisième ordre cités comme ayant conservé de la réputation.

MYDON DE SOLES, peintre du troisième ordre, était élève du statuaire Pyromaque.

NÉALCÈS, contemporain et ami d'Aratus, chef de la ligue achéenne, florissait à-peu-près deux siècles et demi avant l'ère vulgaire. Une Vénus était du nombre des tableaux les plus remarquables de cet artiste. C'était un peintre ingénieux. Ayant à représenter un combat naval des Égyptiens contre les Perses, et craignant qu'on ne prît le Nil pour la mer, il représenta sur le rivage un âne qui se désaltérait, et un crocodile qui se disposait à l'attaquer. Par cet épisode, il montrait que le combat se donnait sur l'eau douce, puisqu'un quadrupède s'y abreuvait, et que ce fleuve était le Nil qui nourrit des crocodiles.

NÉARQUE, père d'Aristarète, fut aussi son maître.

NÉOCLÈS eut Xénon pour disciple.

NÉRON. Suétone rapporte que cet empereur cultivait la peinture et la plastique avec beaucoup de succès. Il avait fait enlever du temple d'Apollon, à Delphes, cinquante statues. Il avait tant de goût pour les statues, dit Dion Chrisostôme, qu'il prit la plupart de celles qui étaient à Olympie, à Athènes et à Pergame ; il ne respecta que celles de Rhodes. Craton qu'il avait chargé de visiter toutes les villes pour lui chercher les plus belles statues, s'étant aperçu que son arrivée à Rhodes avait mis tout le monde dans la consternation, déclara qu'il n'avait point d'ordre pour toucher à ce qui faisait l'ornement de cette île.

NÉSÉAS vivait dans la XCIVᵉ olympiade : Pline ne craint pas d'affirmer qu'il fut le maître de Zeuxis.

NESSUS était fils d'Habron, et fut probablement son élève : il est au rang des peintres du troisième ordre.

NICŒUS paraît avoir été un peintre habile ; il était de Byzance. Pline rapporte, au sujet de ce peintre, un fait bien remarquable. Sa mère était la fille adultérine d'un Ethiopien dont elle n'avait point la couleur, tandis que lui fut Ethiopien comme son grand-père.

Nicanor, ancien peintre à l'encaustique; on ne cite aucun de ses ouvrages.

Nicéarque peignit Vénus entre les Grâces et les Amours, Hercule triste et en proie aux regrets des actes de cruauté qu'il a commis dans ses accès de fureurs.

Nicéros, fils et élève d'Aristide de Thèbes.

Nicéros, fils et élève de Persée.

Nicias, fils de Nicomède, reçut les leçons d'Antidote, qui fut encore plus honoré par les talens d'un tel disciple que par ses ouvrages. Il peignait les femmes avec beaucoup de soin; il observa les effets de l'ombre et de la lumière, ce qui constitue le clair-obscur. Il faudrait voir ses ouvrages, pour savoir s'il les porta jusqu'à l'idéal que les artistes appellent la magie de cette partie de l'art; il sut aussi donner du relief aux objets et les faire sortir du tableau, talent qui tient encore au clair-obscur. Il s'appliquait au travail avec tant d'opiniâtreté, qu'on l'entendait souvent demander à ses esclaves s'il avait été au bain, ou s'il avait dîné. C'est ce qui lui arriva plusieurs fois lorsqu'il peignait le tableau qui représentait Ulysse évoquant les ombres des morts. Le roi Attale en offrit soixante talens (270 mille francs de notre monnaie); et le peintre, qui était extrêmement riche, aima mieux le donner à sa patrie. Un de ses ouvrages, représentant Némée assise sur un lion, fut apporté d'Asie à Rome par Syllanus. On voyait aussi de lui à Rome un Bacchus dans le temple de la Concorde, et un Hyacinthe. Auguste aimait tant ce tableau, qu'il le fit apporter à Rome, après s'être rendu maître d'Alexandrie, et Tibère le consacra dans le temple d'Auguste. La Calypso de Nicias, son Io, son Alexandre étaient des figures de très-grande proportion. Pausanias raconte qu'à l'entrée de Tritia était un tombeau de marbre blanc, digne d'ailleurs d'attacher les regards, mais surtout par les peintures qui le décoraient, et qui étaient de la main de Nicias. On voyait assise sur un trône d'ivoire une jeune femme d'une grande beauté ; une esclave qui était auprès d'elle tenant un parasol ; un jeune homme, encore sans barbe, était debout, vêtu d'une tunique que recouvrait une chlamyde de pourpre : à côté de lui, une esclave tenait des javelots, et conduisait des chiens de chasse. On ignore si c'est ce Nicias ou un autre peintre du même nom qui vivait dans la CXII^e olympiade : on prétend que Nicias, contemporain d'Attale, enduisait d'un vernis les statues de marbre de Praxitèle ; mais comment aurait-il pu être à la fois contemporain de Praxitèle et d'Attale ? Un peintre comme Nicias, qui refusait soixante talens d'un de ses tableaux, aurait été d'une bien rare complaisance s'il s'était fait le vernisseur des statues de Praxitèle. Il faut donc convenir qu'il y eut au moins deux peintres nommés Nicias ; l'un distingué par le talent, et l'autre inférieur, mais qui excellait à vernir les statues, en sorte que Praxitèle disait que ceux de ses ouvrages en marbre qui lui plaisaient le plus, étaient ceux qui avaient été vernis par Nicias. Nicias avait sa sépulture à Athènes entre les monumens de ceux que la république avait jugés dignes de cet honneur. Ce peintre, dit Pausanias, l'emportait sur tous ceux de son temps par son habileté à peindre des animaux. Aussi voyons-nous qu'il avait peint Némée assise sur un lion ; que, sur le monument qu'il avait décoré de peintures près de Tritia, il avait représenté des chiens de chasse ; et un passage de Démétrius de Phalère nous apprend qu'il aimait à représenter des combats de cavalerie ; il peignait à l'encaustique, et ce fut dans ce genre de peinture qu'il fit le tableau de Némée. Suivant Plutarque, ce ne fut pas Attale, mais Ptolémée qui voulut acheter soixante talens le tableau représentant Ulysse évoquant les ombres des morts. Alors ce peintre pouvait être le même que Pline trouvait sous la CXII^e olympiade. Mais Euphranor aurait donc été plus ancien qu'Apelles, ce que le passage de Quintilien que nous avons rapporté, ne permet pas d'admettre ; Pline dit lui-même qu'Euphanor n'a paru qu'après Pausias. Au rapport de Pline, Nicias fut le premier qui fit usage dans les tableaux de céruse brûlée. C'est ce que nous nommons aujourd'hui minium ou mine de plomb, dénominations trop souvent équivoques. L'invention de cette substance colorante est due à l'évènement fortuit de l'incendie du Pirée, après lequel on trouva de la céruse qui avait été brûlée dans des boîtes. Celle qu'on tirait d'Asie, et que les Romains appelaient *cerussa purpurea*, était préférée. On en composait à Rome avec du silis marbré; mais celle-ci était moins recherchée.

NICOMAQUE, fils et élève d'un peintre nommé Aristodême, est mis sur la même ligne qu'Apelles, Protogènes et Asclépiodore. Plutarque compare sa manière facile de peindre à celle dont Homère faisait des vers. Nicomaque se distinguait de tous ses contemporains par cette facilité qui ne semble pas avoir nui à son talent. Aristrate, tyran de Sycion, le manda pour peindre un monument qu'il voulait consacrer à la mémoire du poète Télestus. Le jour où l'ouvrage devait être fini était fixé. Nicomaque ne vint que quelques jours plus tôt. Le tyran irrité voulait le faire punir; mais le peintre eut fini son travail au temps marqué, et avec autant d'art que de finesse. Cet artiste était l'opposé de Protogènes pour l'exécution. Quelqu'un critiquait devant lui l'Hélène de Zeuxis, et ne la trouvait pas belle. « Prends mes yeux, lui dit Nicomaque, et elle te paraîtra une déesse. » On pourrait souvent répondre à ceux qui critiquent les chefs-d'œuvre de l'art : « Prends les yeux d'un artiste, et et tu en reconnaîtras les beautés. » Pline dit, comme une chose remarquable, que Nicomaque et Parrhasius faisaient usage de la terre érétrienne dans la composition de leurs couleurs. Cette terre était ainsi nommée d'Erétrie, ville de l'Eubée. Nicomaque avait peint l'enlèvement de Proserpine, tableau qui était, du temps de Pline, au Capitole, dans le temple de Minerve, au-dessus de la chapelle de la Jeunesse; une Victoire s'élevant dans les airs sur un char attelé de quatre chevaux, tableau qui avait été placé au Capitole par Lucius Munacius Plancus. Nicomaque était le premier qui s'était avisé de coiffer Ulysse d'un pileum. On admirait encore de lui, au temps où Pline écrivait, un Apollon, une Diane, une Mère des dieux, assise sur un lion, et un tableau plus célèbre encore, représentant des Bacchantes suivies de satyres enivrés qui, dans cet état, se traînaient sur leurs pas. Nicomaque eut pour élèves Aristide, son frère, Aristoclès, son propre fils, et Philoxènes d'Erétrie. Il mourut sans avoir eu le temps d'achever son tableau des Tyndarides. Pline n'hésite pas à mettre cet ouvrage au nombre des chefs-d'œuvre de la peinture antique, quoiqu'il ne fût pas terminé.

NICON ne peignait que des chevaux, et cependant OElien lui reproche de ne pas avoir bien connu la structure de cet animal. Nicon avait représenté sur le Pœcile le chien qu'un Athénien avait avec lui à la bataille de Marathon. On voyait ce courageux animal au milieu des combattans qui étaient aux côtés de Cynœgire, d'Epizèle et de Callimaque.

NICOPHANES était mis au nombre des meilleurs artistes de son temps : on aimait surtout l'élégance et l'agrément de ses ouvrages. Il avait une grande vivacité d'exécution et de conception. On lui reprochait, comme à Aristide, de peindre de préférence des courtisannes. Il est du nombre des artistes que les anciens appelaient *pornographes*.

NICOSTRATES, dit OElien, fut tellement saisi d'admiration à la vue de la Vénus que Zeuxis avait peinte pour les Héracléens, qu'il resta immobile devant ce tableau. Quelqu'un, s'approchant de lui, lui demanda ce qui pouvait tant exciter son admiration : Tu ne me ferais pas cette question, lui répondit Nicostrates, si tu avais mes yeux. Plutarque met la même réponse dans la bouche de Nicomaque. Il y a deux espèces d'illusion dans la peinture, dit Diogène Laërce ; les unes sont artificielles, les autres ne le sont pas. Un artiste et un homme qui ne l'est pas ne voient pas un tableau des mêmes yeux.

NOTKERUS fut, comme Lucas, médecin et peintre. Il devint aveugle dans sa vieillesse ; l'empereur Othon Ier, voulant rendre hommage à son mérite, alla le visiter.

Œnias peignit une parenté, ou assemblée de femmes.

Olympias. Tout ce qu'on sait d'elle, c'est qu'elle eut un élève nommé Autobule : la maîtresse et l'élève nous sont connus seulement par leurs noms que Pline a conservés.

Onasias ou Onatas peignit pour les Platœens Euryganée dont l'air égaré exprimait la douleur que lui causait la défaite de ses enfans.

Onatas peignit pour les Platœens, sur un côté du vestibule du temple de Minerve Area, la première expédition des Grecs contre Thèbes. Pausanias parle de cette peinture.

Omphalion avait été esclave de Nicias. Voilà, contre l'assertion trop générale de Pline, un esclave qui exerça la peinture, et qui s'y distingua. Cet exemple prouve que le talent faisait taire la loi. On voyait à Messine un grand nombre d'ouvrages d'Omphalion : la plupart représentaient des souverains qui avaient régné dans la Messénie.

Ophélion est nommé dans deux épigrammes qui font partie de l'anthologie grecque.

Pacuvius. L'exemple de Fabius Pictor n'avait point engagé ses concitoyens à l'imiter. Un siècle et demi s'écoula sans qu'on vît aucun romain s'occuper de la peinture. Enfin le poète tragique Pacuvius, neveu d'Ennius par sa mère, peignit le temple d'Hercule dans le forum Boarium. La gloire qu'il avait acquise par ses ouvrages dramatiques répandit quelque lustre sur l'art qu'il n'avait pas dédaigné d'exercer, mais ne lui donna pas cependant assez de considération, pour que des mains honnêtes (c'est l'expression de Pline) voulussent s'y livrer. Ce qui donnerait à penser que, s'il y eut de temps en temps quelques peintres romains, ce furent ou des esclaves ou des hommes de basse condition. Les peintures de Pacuvius étaient les amusemens de sa vieillesse : la peinture est un art difficile qui demande l'homme tout entier. Elle peut procurer des instans agréables; mais non de grands succès à l'amateur qui s'en occupe en passant. Il est probable que Pacuvius connaissait mieux l'art dramatique. Il s'acquit dans cette autre carrière une très-grande réputation, et la mérita en partie. Toutefois les anciens lui préfèrent Accius pour la force du style, l'élévation des sentimens et la variété des caractères. Pacuvius était né à Brindes, et il mourut à Tarente, âgé de plus de quatre vingt-dix ans, l'an 54 avant J.-C.

PAMPHYLE fut le premier des peintres de l'antiquité qui cultiva toutes les parties des belles lettres, et surtout les mathématiques et la géométrie, sans lesquelles il soutenait que l'art ne pouvait se perfectionner : ce qui prouve que les peintres de ce temps n'étaient pas aussi ignorans en perspective que le supposent les modernes. Pamphyle était d'Amphipolis en Macédoine : peintre très-célèbre par son talent, il eut encore la gloire d'avoir Apelles pour disciple. Il prenait des élèves pour dix ans, et en exigeait un talent qui faisait 5400 francs de notre monnaie. Il donna tant de lustre à la peinture, que, d'abord à Sicyone, et ensuite dans toute la Grèce, elle fut mise au premier rang, entre les arts libéraux, et que tous les jeunes gens bien nés apprirent à dessiner. On se servait, pour ces dessins élémentaires, de tablettes de buis; après avoir tracé un dessin sur la tablette, on la nétoyait pour y faire un dessin nouveau, car les élèves n'avaient pas là facilité de garder leurs études, comme ils peuvent le faire depuis l'invention du papier. L'art de la peinture conserva la gloire que Pamphyle lui avait acquise; il n'y eut que des ingénus qui pussent l'exercer, et ensuite que des gens de la condition la plus honnête; il fut toujours interdit aux esclaves : il était réservé aux Romains de le dégrader en le faisant exercer par des mains serviles. Cet usage fit perdre, sans doute, quelques bons artistes, qu'auraient pu fournir les dernières classes de la société; mais il en résulta un avantage, c'est que la peinture n'étant une profession honorable et lucrative que pour ceux qui l'exercent avec distinction, cet art ne fut pas dégradé chez les Grecs par la misère d'une foule de peintres sans talens. Ceux qui avaient fait sans succès les premières études de cet art, l'abandonnaient, parce qu'il n'était pas leur seule ressource. Pamphyle traita des sujets de grande machine, tels que le combat de Phliunte et la victoire des Athéniens. Il se distingua entre les peintres de l'antiquité par la bonne entente de sa composition. Il peignait à l'encaustique. Il vivait dans la CVIII^e olympiade.

PAMPHYLE paraît avoir été un peintre sans talent, que Cicéron tourne en ridicule dans son traité de l'orateur.

PANOENUS ou PANOEUS était frère de Phidias. Il associa ses travaux à ceux de l'immortel statuaire dans le temple de Jupiter Olympien. Il y peignit Atlas qui supporte le ciel et la terre, et Hercule qui se prépare à le soulager de ce fardeau : le fils d'Alcmène est accompagné de Thésée et de Pirithoüs. L'artiste avait représenté dans cette peinture la Grèce et Salamine personnifiées: celle-ci tenait dans ses mains un ornement, composé de restes de navires, symbole qui rappelait aux Athéniens des idées capables de flatter leur orgueil. Il avait peint aussi le combat d'Hercule contre le lion de Némée ; l'injure qu'Ajax fit éprouver à Cassandre ; Hippodamie, fille d'Œnomaüs, avec sa mère ; Prométhée chargé de chaînes et qu'Hercule regarde, prêt à le délivrer ; Penthésilée rendant le dernier soupir dans les bras d'Achille ; enfin deux Hespérides portant les pommes dont la garde leur était confiée. Il représenta dans Athènes la bataille de Marathon ; et les Athéniens croyaient reconnaître dans ce tableau leurs propres chefs et ceux des ennemis ; de leur côté Miltiade, Callimaque, Cynégire, et du côté des Perses, Datis et Artapherne. Il peignit en Elide, dans l'intérieur du bouclier de la Minerve sculptée par Colotès, le combat des Athéniens contre les Amazones. Plutarque nomme Plisténete le frère de Phidias ; mais les autorités réunies de Pline, de Strabon et de Pausanias doivent l'emporter sur la sienne. Du temps même de Panœnus furent instituées les disputes de prix entre les peintres, tant à Delphes qu'à Corinthe ; témoin le concours ou combat de talens qu'il soutint le premier de tous contre Timagoras de Chalcis, par qui il fut vaincu aux jeux pythiens. Ce fait était constaté par des vers que Pline avait lus, et qui étaient, assure-t-on, de Timagoras lui-même, vers, ajoute-t-il, qui démontraient l'anachronisme des historiens sur l'époque des commencemens de l'art.

PARRHASIUS, d'Ephèse, fils et disciple d'Evenor, observa le premier la proportion dans la peinture, rendit la finesse du visage, l'élégance des cheveux, les agrémens de la bouche, et, de l'aveu des artistes, il emporta la palme par sa manière de rendre les derniers traits qui terminent les objets. C'est, au rapport de Pline, d'après les écrits de deux peintres, Antigone et Xénocrate, c'est un grand mérite de bien peindre les milieux des corps ; cependant plusieurs ont eu cette gloire ; mais rendre ce qui termine ces corps, ce qui approche des contours, ce qui enveloppe les formes, c'est un succès bien rare ; car les parties voisines des contours doivent s'envelopper elles-mêmes, finir en promettant cependant encore autre chose, et indiquer même ce qu'elles cachent. En effet, si les objets peints, qui dans la nature ont du relief, paraissaient en peinture se terminer avec le contour, ils ne représenteraient que des objets plats et sans rondeur. L'éloge qui est accordé ici à Parrhasius est l'un de ceux qu'a singulièrement mérité le Corrège ; mais le peintre Ephesien, moins heureux que le peintre Lombard, n'était pas égal à lui-même dans l'art de traiter ce que les artistes appellent les milieux. Pline parle d'un tableau de Parrhasius qui représentait le peuple d'Athènes. Il paraît que c'était un tableau d'une seule figure ; et ce sujet fut choisi plusieurs fois par les peintres et les sculpteurs ; entr'autres par Euphranor, Lyson, Léocharès ; mais quand Pline ajoute que le projet de Parrhasius était de représenter le peuple d'Athènes inconstant, colère, injuste et en même temps exorable, clément, compatissant, hautain, féroce, porté à prendre la fuite, on sent qu'un tel dessein ne peut être exécuté dans la représentation d'une seule figure, parce que la peinture ne peut représenter qu'un seul instant, et que l'expression de ces passions diverses exige des instans successifs. Entre les ouvrages célèbres de Parrhasius, on distinguait surtout deux tableaux, chacun représentant un de ces soldats fortement armés que les Grecs appelaient Oplites : l'un paraissait courir au combat avec tant d'ardeur qu'on croyait le voir suer ; l'autre se dépouillait de ses armes, et semblait essoufflé. On peut remarquer que dès-lors on ne traitait plus guère des sujets qui demandaient un grand nombre de personnages, comme du temps de Polygnote. On préférait les tableaux d'une ou de deux figures, et rarement on en introduisait plus de quatre. Parrhasius était fastueux et plein d'orgueil ; il disait qu'il était le prince de l'art et qu'il en avait trouvé la perfection. Il ne se trompait peut-être pas, en se comparant avec les peintres de son temps; mais il fut surpassé dans la suite. Il avait peint, dans ses délassemens, de petits tableaux représentant des sujets obscènes. Sénèque le père a écrit que Parrhasius avait acheté un esclave, et l'avait fait mettre à la torture pour représenter d'après lui les tourmens de Prométhée. C'est une fable, sans doute, mais elle prouve que ce peintre recherchait l'expression ; ce qu'atteste le choix de plusieurs de ses sujets, entre autre celui de Philoctète souffrant. On peut conclure de son entretien avec Socrate, rapporté par Xénophon, qu'il est le premier peintre de la Grèce qui se soit occupé de cette grande partie de l'art, et qu'il ne s'y est livré que par le conseil du philosophe. Mais, si Parrhasius mit le premier de l'expression dans ses tableaux, comment Polygnote avait-il dans cette partie la supériorité qu'Aristote semble lui attribuer ? Peut-être faudra-t-il entendre par le mot ἔθη (les mœurs) qu'emploie Aristote, ce qu'on entend dans les arts par le caractère, et ce qui n'est point encore l'expression des affections de l'âme. Michel-Ange avait un grand caractère; mais il n'avait pas l'expression de Raphaël. Les peintres dessinaient dès-lors des études et peut-être même des esquisses sur des tablettes ou du parchemin. Parrhasius en laissa un grand nombre dont les artistes profitèrent. Il avait peint le Thésée qui était à Rome, au Capitole, du temps de Pline ; un amiral revêtu de sa cuirasse, et, dans un seul tableau qui était à Rhodes, Méléagre, Hercule et Persée, tableau qui fut trois fois frappé de la foudre, sans en être endommagé, ce qui augmentait encore l'admiration pour l'ouvrage ; un archigalle, ou grand prêtre de Cybèle, que l'empereur Tibère avait payé soixante mille sestèrces (6000 francs de notre monnaie) qu'il préférait à toute autre peinture, et qu'il avait fait placer dans sa chambre à coucher. Il peignit aussi une nourrice crétoise, tenant son enfant dans ses bras, un Philisque, et un dieu Bacchus. Suidas parle de ce beau tableau qui donna lieu au proverbe corinthien : *Qu'est-ce cela auprès du Bacchus ?* Deux enfans accompagnés de la Vertu qui est debout, et dans lesquels on remarquait la sécurité et la simplicité de leur âge ; un pontife assisté d'un jeune garçon, qui tenait la boîte d'encens, et qui avait une couronne de fleurs sur sa tête. On vantait encore son Enée, ainsi que ses Dioscures, peints dans un même tableau, son Téléphe, son Achille, son Agamemnon, et son Ulysse, tous ouvrages qui avaient la plus grande célébrité. Parrhasius se donnait le le surnom d'Abrodiætus, ou homme vivant dans les délices ; il poussait la vanité jusqu'à se donner pour descendant d'Apollon : il disait qu'il avait peint l'Hercule Lindos d'après Hercule lui-même qui lui avait souvent, disait-il, apparu en songe. Un tableau, dans lequel il avait représenté Ajax disputant à Ulysse l'armure d'Achille, fut déclaré inférieur à un autre tableau de Timanthe, représentant le même sujet : Ajax est bien à plaindre, s'écria-t-il indigné de ce jugement, d'être une seconde fois vaincu par un rival indigne de lui.

Parrhasius avait écrit sur la peinture.

Pasias dut être un peintre très-habile, puisqu'on a regardé comme un titre de gloire pour Erigonus de l'avoir formé ; il était frère d'Eginète le modeleur.

Pausias de Sicyone fut d'abord élève de Briès, son père, et ensuite de Pamphyle. Nous avons vu qu'Apelles, élève de Pamphyle, crut que, pour acquérir plus de considération, il devait se mettre quelque temps sous la discipline des maîtres de Sicyone, et voilà qu'un peintre de Sicyone entre à grands frais dans l'école de Pamphyle. C'est une de ces nombreuses difficultés qui se trouvent dans l'histoire de l'art des anciens. Pausias peignait à l'encaustique, et il fut le premier qui se distingua par ce talent. Il voulut réparer au pinceau des murailles peintes autrefois par Polygnote à Tespies, et il se montra inférieur à lui-même, parce qu'il n'avait pas travaillé dans son genre. Ce qui semblerait prouver, comme l'a remarqué Scheffer, savant dans les lettres, et instruit dans l'art de peindre, que l'encaustique des anciens ne se peignait pas au pinceau ; que le travail s'établissait comme celui de la mosaïque par pièces de cire rapportées, qu'on les appliquait avec des brochettes de fer, et qu'on faisait ensuite éprouver à l'ouvrage l'effet du feu. Pausias fut le premier qui peignît des plafonds. On n'était pas avant lui dans l'usage d'orner ainsi les appartemens. Quoiqu'il fût au rang des plus grands peintres, il aimait à faire de petits tableaux et y représentait volontiers des enfans. Les envieux prétendirent qu'il prenait ce parti, parce qu'il peignait lentement. Ce reproche le piqua, et, pour montrer qu'il était capable de joindre la promptitude au talent, il fit un tableau qu'il finit en un jour, et qu'on appela *Hémérésios*, c'est-à-dire l'œuvre d'un jour. C'était encore un enfant qu'il représentait. Il aima dans sa jeunesse Glycère qui inventa les couronnes de fleurs, combattit d'émulation avec elle, et porta cet art jusqu'à l'assortiment de la plus grande variété de fleurs. Il peignit Glycère, elle-même assise et ceinte d'une de ces couronnes qu'elle faisait avec tant d'adresse. Ce fut un de ses tableaux les plus célèbres. On nommait ce tableau *Stephaneplocos*, ou *Stephanopolis*, par allusion au talent de Glycère, qui gagnait sa vie au métier de bouquetière. Lucullus en acheta une simple copie deux talens (10,800 francs.) Cette copie était peut-être un double de la main de l'auteur. Pausias avait fait aussi de grands tableaux, au nombre desquels était un sacrifice de bœufs qui fut apporté à Rome et exposé dans le portique de Pompée.

Pausias passa sa vie à Sicyone, qui fut long-temps la patrie de la peinture. Mais cette ville se trouvant obérée de dettes, ses tableaux furent mis publiquement en vente ; ce qui fournit occasion à l'Edile Scaurus de les faire transporter à Rome.

Pausanias excellait à peindre des scènes de Débauches, et fut rival d'Aristide et de Nicomaque dans ce genre de peinture. Athénée le met au nombre des artistes que les anciens appelaient Pornographes.

Pauson ou Passon vivait à-peu-près dans le même temps que Polygnote. Celui-ci fit les hommes meilleurs qu'ils ne sont, dit Aristote; Pauson les fit pires et Dionysius tels qu'ils sont en effet; ce qui semble signifier que Polygnote releva la nature humaine par un caractère idéal; que Pauson ne représenta qu'une nature ignoble et pauvre; et que Dionysius se contenta d'imiter la nature telle qu'elle se présente ordinairement. OElien rapporte qu'on chargea Pauson de représenter un cheval qui se roulait par terre; que le peintre fit un cheval courant, et que celui à qui était destiné l'ouvrage étant mécontent de ce qu'on n'avait pas rendu sa pensée : « Il n'y a qu'à renverser le tableau, lui répondit Pauson, et ce sera un cheval qui se roule. » Si l'on admettait ce conte, il faudrait supposer qu'alors les peintres ne représentaient pas encore les ombres portées, et qu'ils ne faisaient voir aucune différence entre le ciel et le terrain. Cette supposition serait absurde, puisque les tableaux de Polygnote, estimés d'Aristote, l'étaient encore dans le cinquième siècle de notre ère. C'est vainement qu'on objecterait que les tableaux de Pauson étaient inférieurs à ceux de Polygnote. Aristote n'eût pas daigné en faire mention, s'ils eussent été absolument mauvais pour leur temps, et le nom de Pauson aurait été oublié au temps d'OElien.

Persée, élève d'Apelles, serait tombé dans l'oubli, si ce grand peintre ne lui avait pas adressé les écrits qu'il avait composés sur son art. On ne saurait trop regretter que le temps ait détruit tous les livres écrits par des artistes grecs. Il ne se trouva personne qui daignât les transcrire, quand les arts furent tombés dans le mépris chez les Grecs devenus barbares. Persée fut contemporain d'Aristide, l'élève d'Aristide le Thébain. Il laissa deux fils, Nicéros et Ariston. Les élèves de Persée furent Antorides et Euphranor.

Phalerion peignit la Sylla de la fable.

PHASIS fut un peintre de quelque réputation ; on lit dans l'Anthologie grecque une épigramme dont une de ses peintures a fourni le sujet.

PHIDIAS, regardé comme le plus habile des sculpteurs de l'antiquité, cultivait aussi la peinture avec succès. Il florissait du temps de Périclès, vers 445 ans avant notre ère. Il peignit à Athènes ce même Périclès, surnommé l'Olympien, comme l'entendent quelques interprètes, ou plutôt Jupiter Olympien, comme l'entend M. Heyne, qui ne croit pas que, pour nommer Périclès, on ait employé le mot Olympius, sans rien ajouter qui le désignât plus particulièrement. Phidias était d'Athènes ; il reçut des leçons d'Eladas et d'Hippius, et parut dans un temps favorable aux arts ; Périclès le distingua particulièrement, et le fit l'ordonnateur et l'arbitre de ses grandes entreprises. On peut conjecturer de ce que les auteurs ont écrit de Phidias, que le siècle d'Alexandre compta des artistes qui surent donner plus de grâce à leurs ouvrages, mais qu'aucun n'atteignit à ce caractère de grandeur qu'il savait donner à ses compositions. Toute l'antiquité se plut à célébrer son Jupiter Olympien. Il disait lui-même que l'idée de ce chef-d'œuvre lui avait été inspirée par ces vers d'Homère qui représentent le maître des Dieux ébranlant l'Olympe d'un mouvement de ses noirs sourcils. On trouve dans Pausanias la description de cette statue que M. Quatremère de Quincy a rétablie d'une manière fort ingénieuse, d'après cette même description. Cette tentative, dont aucun artiste n'avait eu l'idée avant M. Quatremère, pour aucun des chefs-d'œuvre de l'antiquité qui ne nous sont connus que par ce que nous en disent les auteurs, est un véritable tour de force. La statue de Minerve, dans le Parthenon, à Athènes, était au nombre des ouvrages célèbres de Phidias. Cette statue était d'or et d'ivoire. S'il est vrai, comme dit Pausanias, qu'une Victoire, haute de quatre coudées, était sur sa poitrine, l'ouvrage devait être dans son ensemble d'une grandeur colossale. Phidias fit une autre Minerve en bronze qui fut aussi d'une très-haute proportion, puisque les voyageurs apercevaient de Sunium le cimier de son casque et le fer de sa lance. La Vénus Uranie, exécutée en marbre de Paros, qui était dans le temple de cette déesse, près du temple de Vulcain, la Pallas-Lemnia, ainsi nommée parce qu'elle fut dédiée aux habitans de Lemnos, étaient regardées comme des monumens dignes des divinités qu'ils représentaient. Dans le temple de Némésis, près de Marathon, Phidias avait fait en marbre de Paros la statue de cette divinité vengeresse. Ce marbre, qui servit à consacrer la défaite des Perses, avait été apporté par eux pour élever un monument de leur victoire. A Mégare, dans le temple de Jupiter Olympien, était la statue de ce dieu que Théocosmus de Mégare et Phidias avaient commencée ensemble et n'avaient pas terminée. Phidias avait fait pour les habitans de l'Elide deux statues ; l'une représentait Jupiter, et l'autre un jeune homme ceint d'une bandelette; pour la citadelle d'Elis, une statue de Minerve en or et en ivoire; pour les Platéens, une autre statue de la même déesse. On voyait à Delphes un grand nombre de ses ouvrages. Il réussissait à faire le portrait avec beaucoup de ressemblance. On admirait ceux qu'il avait placés dans les bas-reliefs dont il ornait ses statues. La main qui dessinait les figures colossales de Jupiter et de Pallas s'amusait à donner au marbre la forme d'un poisson, d'une cigale, d'une mouche ; et les délassemens d'un habile homme étaient encore célébrés plusieurs siècles après sa mort. Phidias eut contre lui et les ennemis de son génie, et les ennemis de Périclès qui persécutèrent le protecteur dans la personne du protégé. Ils l'accusèrent d'avoir soustrait une partie de l'or qui était entré dans la statue de Minerve ; mais, par le conseil de Périclès, il l'avait appliqué de manière qu'on pouvait le détacher, et il lui fut aisé de confondre ses accusateurs. Cependant on assure qu'il finit ses jours en prison. On lit dans une déclamation de Sénéque, que les Eléens n'obtinrent des Athéniens la permission d'appeler chez eux Phidias pour faire le Jupiter Olympien qu'à condition qu'ils leur rendraient ou cet artiste lui-même, ou cent talens : mais que, l'ouvrage fait, ils l'accusèrent d'avoir soustrait une partie de l'or qu'ils lui avaient confié, lui coupèrent les mains et le renvoyèrent aux Athéniens ainsi mutilé. Ce conte n'est qu'une narration falsifiée du traitement que lui firent éprouver ses concitoyens eux-mêmes. On voyait à Rome, du temps de Pline, une Vénus en marbre, que l'on regardait comme un ouvrage de Phidias.

PHILISQUE représenta l'atelier d'un peintre, avec un petit garçon qui souffle le feu.

PHILOCLÈS, d'Egypte, était regardé par quelques-uns comme l'inventeur de la peinture linéaire, ou le dessin au simple trait, relevé de quelques hachures.

PHILOKHARÈS ou PHILOTERUS fut un peintre très-habile, dont les ouvrages méritèrent d'être mis à côté des meilleurs tableaux de Nicias. Jules César avait fait placer, dans la salle du sénat, un tableau de Philokharès, qu'on ne pouvait voir sans admiration : il représentait un jeune homme dans l'âge de la puberté, qui ressemblait parfaitement à son père, sauf l'intervalle des âges. Un aigle planant dans les airs, et tenant un serpent dans ses serres, se voyait au-dessus du tableau, et était l'emblême qui attestait que ce chef-d'œuvre était l'ouvrage de Philokharès. On a cité avec des éloges plus grands encore un autre tableau où le même artiste avait représenté ses deux fils, Glaucion et Aristippe, dont les portraits faisaient l'admiration du peuple et du sénat romain, quoique ces jeunes gens n'eussent mérité par eux-mêmes aucune sorte de célébrité. Il est probable que Philokharès n'était qu'une qualification flatteuse donnée par l'admiration générale à Philoterus qui était le véritable nom de l'artiste. Au moins cet aigle chasseur, qui se voyait au-dessus du tableau, le fait présumer. Il est vraisemblable que cet aigle était l'emblême de l'artiste, auteur du tableau, dont le nom signifie ami de la chasse.

PHILOPINAX devint amoureux d'un tableau qu'il avait fait, comme Pygmalion devint amoureux de sa statue ; et ce fut, sans doute, cette passion qui lui fit donner le surnom par lequel seul il nous est connu. Aristénète parle de Philoponax dans sa dixième lettre.

Philoxènes, d'Erétrie, élève de Nicomaque, se distingua par de grandes compositions. On remarquait surtout son combat d'Alexandre contre Darius, tableau qui se soutenait à côté des meilleurs ouvrages de l'art. Il imita la promptitude de son maître; il inventa même des moyens de travailler encore plus vite que Nicomaque, et dans la suite on se piqua d'être encore plus expéditif. Philoxènes devint un peintre du premier ordre, et sur qui nul artiste ne mérite de remporter la palme. Il avait peint un tableau lascif, où l'on voyait trois Silènes en débauche de table.

Phithodicus avait acquis de la réputation; c'était un peintre distingué, mais qu'aucun de ses ouvrages n'a placé au premier rang.

Phrylus est mis au nombre des artistes grecs qui ont cultivé la peinture avec succès dans la XC^e olympiade.

Pisanus fut un peintre et un ciseleur très-habile: pour mieux faire connaître son mérite dans ces deux genres, il prenait dans ses ouvrages ciselés le titre de peintre, et dans ses tableaux le titre de ciseleur. On lit sur une médaille en bronze de l'empereur Jean Paléologue: *Ouvrage du peintre Pisanus*.

Pithagoras, de Paros, avait peint les Grâces. Ce tableau était conservé, dit Pausanias, dans le palais d'Attale, à Pergame.

Placidianus paraît avoir été un mauvais peintre au siècle d'Auguste; Horace le tourne en ridicule dans sa septième satire.

Plisthœnètes, frère de Phidias, fut lui-même un artiste d'un grand renom; Plutarque en parle dans son ouvrage, qui a pour titre: *Si les Athéniens furent plus célèbres par la gloire que par la paix*.

Polémon, d'Alexandrie, est du nombre des peintres du troisième rang que Pline cite avec éloge. Diogène Laërce prétend qu'il avait écrit sur la peinture.

Polyclès fut un peintre qui ne sut pas vaincre sa mauvaise fortune ; s'il n'a pas acquis un nom célèbre, ce n'est pas faute de talent, dit Vitruve, mais parce qu'il était dominé par le besoin.

Polygnote, de Thasos, que Tzetzès appelle Polygnostus, et qu'il prétend avoir été beaucoup plus connu sous ce nom, vivait-à-peu près 420 ans avant notre ère. Polygnote, selon Pline, est le premier qui ait su draper les femmes d'étoffes brillantes, et varier les couleurs de leurs coiffures. Il est aussi le premier qui ait ouvert la bouche de ses figures, qui ait fait voir les dents, qui ait adouci l'ancienne roideur des visages. Il est probable que les éloges que cet auteur donne à Polygnote sont un peu au détriment des prédécesseurs de ce grand artiste. Car, si toutes les physionomies avaient de la roideur dans les tableaux de Panœnus, s'il n'avait su faire ouvrir la bouche à aucune de ses figures dans son combat de Marathon, ce n'était pas un artiste supérieur à nos peintres gothiques ; et, pendant que la peinture était dans cet état d'enfance, Phydias avait porté la sculpture à sa perfection. Cela n'est pas probable ; à la renaissance des arts, on vit la peinture et la statuaire marcher à-peu-près du même pas. Il serait trop long d'entrer ici dans le détail de deux grands tableaux de Polygnote, décrits par Pausanias. Ils étaient à Delphes ; l'un représentait la prise de Troyes et le départ des Grecs ; l'autre, la descente d'Ulysse aux enfers. Falconet en a fait la critique, d'après le récit du voyageur grec. Sa censure est sévère ; mais, comme elle ne peut porter que sur la composition, on ne saurait la trouver injuste. Peut-être y avait-il dans ces tableaux des beautés de dessin, d'expression, de détail, qui l'auraient désarmé, s'il eût pu les voir. On sait que Polygnote écrivait sur ses tableaux le nom des personnes qui y étaient représentées, et cette pratique prouve qu'il ne connaissait pas l'effet. Aristote, plus voisin du temps de Polygnote et habitant de la ville où étaient la plupart de ses ouvrages, Aristote, plus sensible que Pline et Pausanias, et par conséquent plus connaisseur, accorde à ce peintre d'avoir excellé dans l'expression. C'est en ce sens que nous croyons devoir entendre le mot grec «θ» qui signifie les *mœurs* ; car, par quel autre moyen peut-on peindre les mœurs que par l'expression ? Quintilien lui reproche la faiblesse de coloris ; mais ce défaut était plutôt celui du temps que celui de l'artiste. On voit même qu'il ne négligeait pas la couleur quand elle était relative aux affections de l'âme. Il avait peint Cassandre à l'instant où elle venait d'être outragée par Ajax : on voyait la rougeur sur le front de cette princesse à travers le voile dont elle cachait sa tête. Cette figure était encore admirée du temps de Lucien. Les Grecs faisaient sur Polygnote un conte odieux, mais qui prouve du moins l'idée qu'ils avaient de sa passion violente pour l'étude de l'expression. Ils prétendaient qu'il avait fait appliquer un esclave à la torture pour peindre d'après ce malheureux les tourmens de Prométhée. On a de même accusé plusieurs peintres modernes d'avoir poignardé un homme pour peindre un Christ expirant. Il peignit dans le Pœcile, à Athènes, le combat de Marathon ; sur le devant du tableau, les peuples de l'Attique et les barbares combattaient avec une égale valeur ; mais, en portant la vue au centre de la bataille, on voyait les barbares prendre la fuite, et se précipiter les uns sur les autres dans un marais. Au fond étaient les vaisseaux des Phéniciens ; les barbares voulaient s'y précipiter, et étaient massacrés par les Grecs. Le héros Marathon, qui avait donné son nom à la campagne où s'est livré la bataille, y paraissait, aussi bien que Thésée qui semblait sortir de terre pour protéger le peuple qui avait reçu ses lois. Le peintre avait aussi introduit dans sa composition Pallas, déesse tutélaire des Athéniens, et Hercule, l'un des dieux à qui les Marathoniens accordaient leurs premiers hommages. Entre les combattans se remarquaient Callimaque, premier Polémarque des Athéniens : Miltiade se distinguait entre les chefs, et l'on n'avait pas oublié le héros Echetlus. Voici ce qu'était ce héros : On racontait que, pendant la bataille, on avait vu un homme d'une apparence rustique qui tuait un grand nombre de barbares avec le soc d'une charrue ; il disparut après l'action. Les Athéniens consultèrent l'oracle pour connaître leur bienfaiteur, et reçurent pour réponse d'honorer le héros Echetlaïus ou Echetlus, car on trouve ce nom écrit de deux manières dans Pausanias. On ne peut juger l'ordonnance de ce tableau, il faudrait l'avoir vu; mais l'invention n'en peut être condamnée, et le peu que Pausanias a fait connaître de la disposition, n'en donne point une opinion défavorable. Ce tableau résista, sous un portique découvert, pendant plus de neuf cents ans, aux injures de l'air et des saisons, sans éprouver une dégradation sensible. Au temps de Synésius, c'est-à-dire au commencement du cinquième siècle, il mérita de tenter la cupidité d'un proconsul qui l'enleva aux Athéniens. Il a péri, on ne sait de quelle manière, à Constantinople, ce grand tombeau des ouvrages de l'art. C'est de Pauw qui a découvert ce fait dans la lettre CXXXV^e de Synésius. Polygnote aimait les compositions d'un grand nombre de figures, que nous appelons grandes machines. Il paraît que c'était le goût de son siècle, goût qui changea depuis. Quoiqu'il se plût à traiter des sujets graves et héroïques, il se pliait quelquefois à des sujets agréables. Il représenta, dans le temple des Dioscures, les noces des filles de Leucippe. Il peignait à l'encaustique, comme les maîtres Rhodiens dont parle Anacréon; et peut-être Aglaophon, son père, de qui il avait appris son art, l'avait-il étudié lui-même sous les peintres de Rhodes. De Pauw, dans ses recherches sur les Grecs, ne croit pas que tous les efforts des modernes aient pu faire revivre l'encaustique des anciens, cet encaustique qui bravait les intempéries de l'air, et les injures des siècles; il accuse le comte de Caylus d'avoir même confondu les instrumens que les Grecs employaient à ce procédé, dont le principal était un fer ardent qu'ils appelaient *cauterion*, et auquel on substitua un feu plus actif encore, fait avec des noix de Galle allumées, pour forcer la cire à pénétrer plus profondément dans le fond du tableau. L'ouvrage terminé, on le lissait jusqu'à ce qu'il eût acquis un poli presqu'aussi brillant que celui d'un miroir. En suivant cette méthode, il n'était pas possible, suivant de Pauw, de rompre suffisamment les couleurs, ce qui ne semble rien moins

DE L'ANTIQUITÉ.

que prouvé. En effet, si les couleurs broyées à la cire étaient aussi coulantes que les couleurs broyées à l'huile, les anciens peintres à l'encaustique pouvaient, aussi bien que les peintres modernes à l'huile, mélanger, fondre les couleurs et noyer les teintes; et cette fonte n'aurait pas été détruite par le travail du lissage ; mais de ce qu'ils pouvaient le faire, nous ne conclurons pas qu'ils l'ont fait. Ensuite, ajoute de Pauw, de tels tableaux ne pouvaient être vus que d'un seul côté, suivant la chute de la lumière, qui s'y réflétait tellement que les spectateurs, placés dans un point opposé au jour, ne discernaient exactement aucune partie de l'ouvrage. On peut répondre que cet inconvénient est le même pour les tableaux à l'huile, quand ils sont vernis. Il en résulte qu'il faut les exposer convenablement, ou se mettre soi-même dans une place convenable. Pline compte Polygnote au nombre des fondeurs du second rang.

POLYGNOTE, de Paros, est un de ceux auxquels les Grecs attribuaient l'invention de la peinture à l'encaustique.

POLYGNOTES, d'Athènes, est, selon Théophrastes, l'inventeur de la peinture en Grèce.

PRAXITELLES est le nom d'un des premiers artistes qui peignirent en cire.

PRODORE, fondeur du second rang, et peintre du premier ordre.

PROTOGÈNES était né à Caune, ville soumise aux Rhodiens. On ignore quel fut son maître; l'on peut soupçonner qu'il fut élève de quelque artiste obscur, et qu'il ne dut ses progrès qu'à ses propres études et à sa grande application. En effet, il languit long-temps dans une grande pauvreté, occupé, pour vivre, à peindre des vaisseaux, ce qui probablement ne serait pas arrivé, s'il fût sorti d'une école renommée avec le talent qu'il aurait dû y acquérir. Mais il eut plus de gloire, puisqu'il fut son propre ouvrage, et il le sentait si bien que, dans le temps de sa grande réputation, peignant à Athènes le vestibule du temple de Minerve, il y représenta de petits vaisseaux entre les accessoires, pour faire connaître quels avaient été ses commencemens ; enigme assez obscure par elle-même, mais dont le grand nom de l'artiste fit transmettre d'âge en âge l'explication. Sa première pauvreté lui fit contracter une vie dure qui fut utile à son talent. Pendant tout le temps qu'il employa à peindre son Jalysus, il ne vécut que de lupins détrempés pour satisfaire sa soif et sa faim. Ce Jalysus était un chasseur, comme on peut en juger par le chien qui l'accompagnait. Pline raconte que Protogènes mit à ce tableau quatre couleurs l'une sur l'autre, pour le défendre de l'injure du temps et de la vétusté, afin qu'une couleur venant à tomber, l'autre lui succédât. Falconet, dont nous avons transcrit ici la traduction qui est précise, observe justement toute la froideur du procédé de peindre quatre tableaux l'un sur l'autre. En effet, de la manière dont Pline s'exprime, le quatrième, le troisième et le second tableau n'étaient que des copies scrupuleuses du premier qui devait n'être vu qu'après que les trois autres auraient été détruits par le temps. On sait que, quand un peintre traite deux fois le même sujet de la même manière, on préfère le premier tableau à celui qu'on appelle un double, parce que celui-ci n'a pas toute la chaleur, toute la liberté de la première composition. Que faut-il donc penser de quatre tableaux peints l'un sur l'autre, dans lesquels chaque trait, chaque touche devait être la représentation fidèle de la touche qu'elle couvrait? Pline ajoute que plus le peintre mettait de soin à bien représenter l'écume du chien haletant, et moins il était satisfait de son travail ; qu'enfin, dans un moment d'impatience, il jeta sur cet endroit l'éponge remplie de couleurs avec laquelle il essuyait ses pinceaux, et que le hasard imita parfaitement la nature. Falconet demande si Protogènes jeta quatre fois l'éponge avec le même succès sur les quatre tableaux qui se couvraient l'un l'autre. Tous ces faits, rapportés par des auteurs qui vivaient long-temps après l'artiste, ne méritent aucune confiance. Le conte de l'éponge jetée pour produire de l'écume est rapporté de plusieurs peintres, et peut n'être vrai d'aucun. Il se peut que Protogènes ait peint quatre fois son Jalysus, mettant couleur sur couleur; et ce procédé connu des artistes, mais mal entendu par Pline, aura été mal exprimé par cet écrivain. Que le peintre ait mis sept ans à faire la seule figure de Jalysus, cela est encore peu vraisemblable. C'était un artiste très-soigneux, et incapable de laisser sortir de son atelier un ouvrage dont il n'aurait pas été satisfait. Il devait donc mettre à-peu-près le même soin à tous ses tableaux. Or, on sait qu'il avait peint, dans le vestibule du temple de Minerve, Paralus, inventeur des vaisseaux à trois rangs de rames, et Nausicaa, qu'on appelait la Muletière, parce qu'elle conduisait une voiture tirée par des mulets, sujet fourni par l'Odyssée; qu'il avait peint un satyre en repos, Cydippe, Tlépolème, Philiscus, poète tragique, occupé à composer une tragédie, un Athlète, le roi Antigone, le portrait de la mère d'Aristote, le dieu Pan, Alexandre, plusieurs sujets de la vie de ce conquérant, et, sans doute, d'autres tableaux dont les sujets ne sont point parvenus jusqu'à nous. Mais, comme on sait que Protogènes finissait excessivement ses ouvrages, qu'Apelles même lui reprochait de ne savoir pas s'arrêter, c'est sur ce fondement qu'on aura établi le récit des sept années employées au Jalysus. Le roi Démétrius, qui craignait d'incendier ce tableau en mettant le feu à la ville de Rhodes qu'il assiégeait, s'abstint de recourir à ce moyen pour assurer sa conquête, en sorte que, pour ménager une peinture, il se priva d'une victoire. Protogènes était alors dans son jardin du faubourg de Rhodes, c'est-à-dire au milieu du camp des assiégeans; et les combats qui se donnaient ne firent aucune diversion à ses travaux, jusqu'à ce que, mandé par le roi surpris de la sécurité avec laquelle il travaillait ainsi hors des murs, l'artiste lui répondît qu'il savait bien que Démétrius faisait la guerre aux Rhodiens, et non pas aux arts. Ce prince disposa un corps-de-garde et des sentinelles autour de ce jardin pour servir de sauvegarde à Protogènes, ne se contentant pas d'épargner ses jours, mais prenant encore à cœur d'assurer, contre tout danger, les travaux d'un si grand artiste. Il l'envoyait souvent chercher, et, pour lui causer une moindre perte de temps, il l'allait voir lui-même, quittant, en sa faveur, le personnage d'assiégeant, pour prendre celui d'un amateur et d'un hôte civil; perdant ainsi de vue son grand objet du siège de Rhodes, il interrompit les attaques et les assauts de la place, pour venir admirer Protogènes le pinceau à la main. Ce fut pendant ce même siège de Rhodes que l'artiste peignit un satyre dépérissant d'amour. Ce tableau qu'il avait, pour ainsi dire, composé sous le glaive de l'ennemi, fut admiré de toute l'antiquité. L'artiste avait mis deux flûtes dans la main du satyre, comme pour achever de braver, dit Pline, les dangers du siège de Rhodes. Mais le chef-d'œuvre de Protogènes paraît avoir été son Jalysus, tableau qui fut transporté à Rome, et placé dans le temple de la Paix.

PUBLIUS avait une chienne qu'il aimait beaucoup : de peur que sa dernière heure ne l'enlevât toute entière, dit Martial, Publius en fit le tableau. «Issa, c'était le nom de la chienne, n'était pas plus ressemblante à elle-même que la peinture ; on l'eût prise pour Issa : peinte, elle semblait vivante ; vivante, elle semblait peinte. »

PYREISCUS était un peintre de genre qui n'avait à craindre la concurrence d'aucun artiste. C'était dans la boutique des barbiers, des cordonniers, qu'il prenait de préférence les personnages qu'il représentait dans ses tableaux. On y voyait des ânes, des légumes et autres choses semblables. Pline ne veut pas que Pyreiscus ait dégradé son talent en faisant choix de sujets souvent si bas. Il faut qu'en effet cet artiste ait excellé à les peindre, puisqu'ils lui avaient acquis la plus grande réputation. Ses ouvrages étaient plus recherchés; ils étaient plus chèrement payés que les nobles et grandes productions de beaucoup d'autres. Pyreiscus, par le genre qu'il avait adopté, pourrait être comparé aux peintres hollandais. Ce qui ferait croire que les anciens ne manquaient ni de couleur, ni d'exécution, c'est que ces sortes d'ouvrages ne sont guères susceptibles de plaire, quand ils sont dénués de ces parties de l'art. On voit que les Grecs, ainsi que les modernes, avaient du goût pour ces sujets, et les mettaient souvent à plus haut prix que les compositions historiques. Les tableaux de ce genre dominaient entre ceux qu'on a découverts sous les cendres d'Herculanum. Pyreiscus était surnommé Rhyparographe, ou peintre des choses de rebut.

PYRRHON fut peintre avant de s'adonner à la philosophie. Diogènes Laërce, qui a écrit sa vie, dit que l'on conservait dans le Gymnase d'Elide es tableaux de sa composition, représentant des effets de lumière, qui annonçaient beaucoup de talent. Ce qu'avance Diogènes Laërce est confirmé par Suidas et Lucien.

PYTHAGORAS, de Samos, était peintre et statuaire; il avait orné de ses peintures le temple de la Fortune; on y voyait aussi sept statues de sa composition. Tous ses ouvrages étaient admirés.

PYTHEAS ornait les murailles de ses peintures, dit Philon; il était de Bura, en Achaïe. Il avait peint un éléphant qu'on admirait à Pergame.

PYTHODIQUE. Son nom est dans la liste des fondeurs du second ordre, et des peintres du premier.

QUINTUS-PEDIUS était petit-fils de C. Pedius, homme consulaire et décoré des honneurs du triomphe, le même que Jules-César avait nommé son héritier, conjointement avec Auguste. Voilà du moins un peintre romain d'une naissance très-illustre; mais il était muet de naissance, et Messala, l'orateur, de la même famille que l'aïeul de Quintus-Pedius, avait conseillé de lui enseigner la peinture, comme un moyen de lui rendre son infirmité moins pénible. Ce conseil fut approuvé par Auguste. Quintus-Pedius faisait déjà de grands progrès, lorsqu'il mourut. Cet exemple ne prouve pas que la peinture, considérée comme profession, fût alors estimée à Rome : il s'agissait moins de choisir un état au jeune homme muet et incapable des fonctions de la société, que de lui trouver une occupation dont il pût s'amuser. Cependant, comme l'esprit national changea chez les Romains sous la domination des Empereurs, on peut croire que la profession des artistes acquit alors plus de considération. Les Romains, du temps de la république, n'étaient animés que de l'esprit de liberté et de celui de conquêtes : quand ces deux passions furent affaiblies, celle des arts put trouver place dans leur âme. On n'osait pas, sans doute, mépriser les arts sous le règne de Néron, qui se faisait gloire d'être artiste lui-même.

Rufus paraît avoir été un peintre qui s'était fait une manière très-expéditive. Il est mis en scène d'une manière assez plaisante dans une épigramme de l'anthologie grecque.

Rutuba, mauvais peintre du siècle d'Auguste, dont Horace se moque dans sa septième satire.

Saurias inventa, dit Athenagoras, la sciagraphie, et doit, par conséquent, partager la gloire des premiers inventeurs de la peinture linéaire.

Sérapion faisait de très-grands tableaux ; mais il ne représentait que des décorations, de l'architecture. Un seul de ses tableaux, selon Varron, suffisait pour masquer toute une colonnade avec sa balustrade. Son talent l'abandonnait, quand il fallait peindre des figures.

Sillax avait représenté le combat naval qu'on voyait dans le port de Phliunte. Athénée rapporte que Polémon-Percégète donnait la description de cette peinture dans le livre qu'il avait adressé à Adœe et à Antigone. Simonide et Epicharme, selon le même Athénée, avaient fait l'éloge de Sillax, ce qui fait présumer que c'était un peintre habile.

Simonide avait représenté Agatharque et Mnémosyne. L'Agatharque, peint par Simonide, était, selon quelques-uns, le commandant de la flotte des Syracusains, dont parle Thucydide ; d'autres veulent que ce soit Agatharque qui dressa le premier un théâtre à

Athènes pour les tragédies d'Eschyle, et qui écrivit sur la scène tragique.

Simus représenta un jeune homme qui se reposait dans la boutique d'un foulon; un personnage célébrant la fête des Panathénées, et une Némésis d'une rare beauté.

Socrate avait représenté Esculape avec ses filles Hygia, Eglé, Panacée. On avait aussi de lui un tableau que les Grecs nommaient *Ocnos* et que Pline appelle *le Paresseux*. Il aurait dû plutôt le nommer *le Négligent*, *le Distrait*. Il réprétentait un homme filant une corde qu'un âne rongeait à mesure qu'il la tordait. Cet homme n'était donc pas paresseux, puisqu'il s'occupait; mais il était distrait, puisqu'il ne s'apercevait pas qu'un âne détruisait son ouvrage à mesure qu'il croyait l'avancer. Les ouvrages de Socrate étaient fort recherchés des Grecs. Il est probable que cet artiste avait été disciple de Pausias. Il ne faut pas le confondre avec Socrate le statuaire, quoique plusieurs écrivains aient pensé que le peintre et le statuaire ne faisaient qu'un seul artiste.

Sopolis, Sopylus ou Sopylon, célèbre peintre de portraits, florissait à Rome au commencement du dernier siècle avant notre ère : il était contemporain de Lala dont il eut la douleur de voir les ouvrages payés plus cher que les siens. Il paraît cependant qu'il était très en vogue; car Pline dit de lui et de Denys, qu'ils avaient rempli les galeries de portraits de leur façon.

Stadius ou Sladicus, élève de Nicosthène, est mis au nombre des peintres du troisième ordre.

Symnus. Ce peintre ne nous est connu que par la mention qu'en fait Hippocrate, qui le nomme à propos d'une de ses esclaves dont il parle dans son *Traité des épidémies*.

Syropersa, revêtu de l'habit ecclésiastique, exécuta, par l'ordre de l'empereur Anastase, un tableau dans lequel il avait représenté des figures monstrueuses, et tout à fait différentes des images que les ecclésiastiques faisaient peindre. Anastase trouvait plaisant de faire exécuter de ces sortes de caricatures dans son palais. Mais, pour cette fois, les figures peintes par Syropersa excitèrent un violent mouvement parmi le peuple de Constantinople.

Taurisque avait peint un Discobole, une Clytemnestre, un Panisque ou petit Pan, Polynice redemandant le trône, et Capanée.

Téléphanès, de Sicyone, se bornait à tracer au pinceau de simples contours, au milieu desquels il jetait d'autres traits, mais avec si peu d'art, qu'il était obligé d'écrire à côté de chaque portrait le nom de la personne qu'il avait voulu représenter.

Thalès. Diogènes Laërce, dans la vie du philosophe de ce nom, passe en revue cinq Thalès, parmi lesquels se trouve le peintre que nous plaçons ici. Laërce dit qu'il était de Sicyone, et lui donne la qualification de Magnanime.

Théodore était contemporain de Démétrius, et est vraisemblablement celui à qui Diogène Laërce donne Athènes pour patrie. Il avait peint un homme qui se frottait d'huile en sortant du bain ou avant de s'exercer à la lutte; Clytemnestre et Egiste tués par Oreste; la Guerre de Troye dans une suite de plusieurs tableaux qui furent apportés à Rome et placés dans le portique de Philippe. Il avait peint aussi Cassandre. Ce tableau était placé à Rome, dans le temple de la Concorde. On avait encore de lui Démétrius et Léontium au moment où cette maîtresse d'Epicure était livrée à la méditation. Pline parle d'un Théodore de Samos, élève de Nicostènes, et Diogènes Laërce parle d'un peintre natif d'Ephèse, qui se nommait aussi Théodore.

Théodore, de Samos, est cité par Pline comme un peintre du troisième ordre, qui avait conservé de son temps de la réputation. Il était élève de Nicostènes. Diogènes Laërce compte vingt Théodore dans la vie du philosophe de ce nom : trois furent peintres. Polémon, qui avait écrit sur la peinture, faisait l'éloge de l'un; Menodote avait loué l'autre, qui était d'Athènes ; le troisième était d'Ephèse. Théophane en parlait dans son livre de la peinture.

Théomneste, contemporain d'Asclépiodore, reçut dix mille deniers (4000 francs de notre monnaie) pour chacun des héros qu'il peignit pour Mnason, tyran d'Elatée. Le P. Hardouin, dans son édition de Pline, prétend que cet artiste est le même que le statuaire Théomneste.

Théon, de Samos, se distingua par la singularité de ses conceptions auxquelles les anciens donnèrent le nom de *fantaisies*. Ils ne prêtaient pas à ce mot le même sens que nous, et paraissent même, par rapport aux arts, y avoir joint une idée de désapprobation, comme nous faisons au mot *bizarre*. Par exemple, Théon peignit Oreste furieux, enfonçant le poignard dans le sein de sa mère, et l'on voit par un passage de Plutarque, que les anciens désapprouvaient le choix de ce sujet. Combien de tableaux admirés par les modernes, que les Grecs auraient placés dans la classe des fantaisies et des bizarreries atroces ! Des tableaux représentant la folie simulée d'Ulysse, Médée donnant la mort à ses enfans, ont été rangés dans cette classe par le sage Plutarque. Théon avait peint un guerrier qui, l'épée nue à la main, l'air menaçant, l'œil égaré, semblait animé de la fureur des combats. Cette figure était seule dans le tableau : le peintre, homme d'esprit, sentit le pouvoir que devaient avoir sur un peuple assemblé les efforts de deux arts réunis, et ne permit de lever la toile qui cachait son tableau, qu'après avoir fait sonner la charge à un trompette. La multitude, animée par cette musique vive et guerrière, en confondit l'impression avec celle que lui causait le tableau. Le moyen était adroit ; mais un peintre, pour remuer l'âme des spectateurs, ne doit employer d'autres ressorts que ceux de son art ; toute autre ressource ne lui procure que des succès d'un moment. Pline cite avec éloge deux autres tableaux de Théon, le joueur de flûte et Thamyras.

THÉRIMAQUE fut un peintre célèbre qui vivait dans la CVII^e olympiade : c'est tout ce qu'on sait de cet artiste.

TIMÆNETUS est mentionné par Pausanias pour avoir peint un Musœum.

TIMAGORAS fut contemporain de Phidias, et disputa au frère de ce grand artiste le prix de la peinture, aux jeux pythiens, et, malgré l'habileté de son concurrent, eut la gloire de l'emporter sur lui. Timagoras avait lui-même consigné son triomphe dans des vers de sa composition.

THIMANTHE était de Sicyone dans le Péloponèse, et, selon quelques-uns, de Cythnos dans l'Attique; il fut vainqueur de Parrhasius au jugement du peuple. Né dans un temps où l'on commençait à faire une étude de l'expression, il chercha à se distinguer dans cette partie. Il ne négligea pas non plus ce que, dans les arts, on nomme des pensées : ce fut ainsi qu'ayant représenté dans un fort petit tableau un Cyclope endormi, et voulant faire connaître que cette petite figure de Cyclope était celle d'un géant, il peignit des Satyres beaucoup plus petits qui mesuraient son pouce avec leurs Thyrses. Les éloges des orateurs firent beaucoup valoir son tableau du sacrifice d'Iphigenie. Il avait représenté tous les spectateurs affligés et avait surtout épuisé les caractères de la tristesse sur la figure de Ménélas, oncle de la jeune princesse ; il mit un voile sur le visage du père qu'il ne pouvait montrer dignement, *patris ipsius vultum velavit, quem dignè non poterat ostendere.* C'est ainsi que s'exprime Pline, et ses expressions sont au-dessus de la critique. On sait que les anciens trouvaient indécent de se montrer dans une extrême douleur, et qu'ils se couvraient la tête de leurs manteaux, quand ils n'avaient pas la force de dompter les troubles de leur âme. Suivant les principes de cette décence, Timanthe ne pouvait montrer dignement Agamemnon, qu'en le couvrant d'un voile ; Pline a mesuré tous ses termes : il dit que le peintre avait épuisé sur les autres figures l'expression de la tristesse; mais il y a loin de la tristesse à l'expression de l'extrême douleur. Cicéron, Quintilien, Eustathe prétendent que Timanthe, après avoir épuisé sur les autres personnages l'expression de la douleur, fut obligé de voiler son Agamemnon : Valère Maxime s'exprime d'une manière qui paraît s'accorder mal avec les principes des Grecs sur les convenances de l'art. Il prétend que le peintre avait représenté Calchas triste, Ulysse affligé, Ajax criant, Ménélas se lamentant, et que, ne pouvant plus caractériser la douleur du père, il le couvrit d'un voile. Croira-t-on qu'un peintre grec qui respectait le caractère de la décence et celui de la beauté, ait représenté des princes criant et se lamentant comme des esclaves qui se livrent sans frein à toutes leurs passions, à toutes leurs affections? Aurait-il donné à des princes une faiblesse qu'il n'aurait pas osé prêter à la dernière femme de Sparte? On présume que Cicéron, Quintilien et Eustathe n'avaient pas vu le tableau de Timanthe, qui ne paraît pas avoir été du nombre de ceux qui eurent une longue durée, et qui furent apportés à Rome. On peut croire aussi que Pline ne l'avait pas vu; mais que, dans la description qu'il en a donnée, il a suivi quelqu'auteur grec à qui le tableau était bien connu. Timanthe s'était montré bon peintre d'expression en épuisant sur les divers personnages le caractère de la tristesse; il avait senti que la tristesse ne suffisait pas pour peindre la situation du père, que cependant il ne pouvait le montrer dignement dans les crises de la douleur, et il prit le parti de le voiler. C'est cette délicatesse et ce sentiment des convenances dont Pline fait l'éloge : mais les autres nous montrent un peintre qui, ayant épuisé tout son art sur les figures subalternes, ou du moins secondaires, ne sait plus comment traiter sa figure principale, et la couvre d'un voile. Ils font un grand éloge de cette ressource, qui ne serait que celle de la stérilité. Suivant eux, c'est une sublime invention que ce voile; mais, comme l'a fort bien remarqué Daléchamp, cette invention appartient à Euripide. On voyait à Rome un tableau de Timanthe qu'on regardait comme un ouvrage achevé; il représentait un héros.

TIMARÈTE, fille de Micon le jeune, qu'il ne faut pas confondre avec l'ancien Micon, quoiqu'il fût ancien lui-même, avait peint Diane dans un tableau qui était à Ephèse.

TIMOMAQUE, de Byzance, était contemporain de Jules César. Il peignit pour ce dictateur un Ajax furieux et une Médée massacrant ses enfans, sujet condamné par Plutarque, sans doute parce que les Grecs ne voulaient pas que l'art consacrât des actions atroces. César paya quatre-vingts talens attiques, de six mille deniers chacun (360 mille francs de notre monnaie), ces deux tableaux qu'il plaça dans le temple de Vénus Genitrix. Une somme si considérable, donnée pour deux tableaux, à un peintre vivant, prouve que l'artiste jouissait d'une haute réputation, et que l'art ne passait pas encore pour avoir dégénéré dans les derniers temps de la république romaine, car on aurait pu se procurer des tableaux anciens du même prix. La Médée de Timomaque a été célébrée par des poëtes grecs, dont les pièces sont dans l'anthologie : l'une d'elles nous apprend que ce tableau était à l'encaustique. L'auteur mourut avant qu'il fût entièrement terminé. Une Gorgone était regardée comme le chef-d'œuvre du peintre. On vantait également ses compositions représentant Oreste, Iphigénie en Tauride, Lecythion, maître à voltiger, deux personnages revêtus de leurs manteaux, l'un debout, et l'autre assis. Il semblait qu'ils allaient parler.

TLÉPOLÊME est un peintre nommé par Cicéron, dans sa quatrième verrine : il en parle comme d'un artiste très-habile.

TURPILIUS, chevalier romain, de la contrée de Vénétie, avait cultivé la peinture avec succès. On admirait, du temps de Pline, à Vérone, plusieurs de ses ouvrages.

Valentinien peignait et modelait agréablement, dit Ammien Marcellin.

Xénon, de Sicyone, était élève de Néoclès; il tenait une place honorable parmi les peintres du troisième ordre.

Zeuxippe. Platon parle dans son Protagoras d'un très-bon peintre de ce nom. Il était d'Héraclée. Etait-il le même que Zeuxippe le statuaire? Dujonc est tenté de le croire, parce qu'il est constant, dit-il, que les anciens artistes cultivaient avec un égal succès la peinture et la sculpture. Quelques savans ont prétendu que les bains de Byzance avaient été appelés Zeuxippe, parce qu'ils avaient été construits dans un lieu où se voyait une statue de cet artiste.

Zeuxis, d'Heraclée, était, suivant Aristote cité par Suidas, contemporain d'Isocrate, qui mourut dans un âge très-avancé, 378 ans avant notre ère, dans la troisième année de la XC^e olympiade. Il reçut un défi de Parrhasius, contemporain de Socrate; et ce philosophe mourut 400 ans avant notre ère : on peut donc croire qu'il fleurit entre la XC^e et la XCV^e olympiade. Peut-être plus jeune que Polygnote, il était son contemporain. Zeuxis, défié par Parrhasius, apporta des raisins peints que des oiseaux vinrent becqueter. Parrhasius montra de son côté un rideau peint, que son rival le pria de de tirer, afin qu'on pût juger de son ouvrage. Zeuxis se déclara vaincu, parce que lui-même n'avait trompé que des animaux, et que Parrhasius avait trompé un peintre. Ce n'est pas sur ces petites illusions d'un moment que l'on juge des ouvrages de l'art. Ce n'est pas sur la représentation d'une grappe de raisin et d'un rideau, que les plus grands peintres d'un siècle, florissant par les arts, se disputent le prix. Ce n'est pas l'illusion que causent les tableaux de nos grands maîtres, qui leur a obtenu le degré d'admiration que nous leur accordons. Les tableaux de Raphaël, par exemple, sont souvent très-éloignés de produire cet effet. Envisagés sous le premier aspect qu'ils présentent à l'œil, il n'en est presqu'aucun, si on ose l'avouer, qui, quelqu'artifice qu'on y voulût employer, trompât l'œil autant qu'un tableau de l'artiste le plus médiocre, mais qui n'aurait songé qu'à imiter le vrai. Il y a même plusieurs ouvrages de ce grand peintre, dont le premier aspect n'a rien d'attrayant pour quiconque n'est pas connaisseur et même savant dans le dessin ; car les beautés de Raphaël sont de nature à étonner plus les artistes qu'à séduire le commun des hommes.

En supposant que l'anecdote des raisins de Zeuxis et du rideau de Parrhasius ait quelque fondement, elle peut nous faire apprécier les progrès que l'art avait faits dans les parties nécessaires à des illusions semblables. Ce qui pourrait nous donner une plus haute idée du talent de Zeuxis, ce sont les vers que le peintre Appollodore fit à sa louange, et dont Pline nous a conservé le sens : il s'y plaignait que cet émule lui avait enlevé l'art et se l'était réservé. Il était beau d'être loué par un artiste qui a reçu lui-même tant d'éloges. Zeuxis avait peint une Centauresse, allaitant deux jumeaux. C'est Lucien qui nous fait connaître ce tableau. L'original n'existait plus de son temps. Il avait péri lorsque Sylla voulut l'envoyer à Rome, par mer, mais une belle copie s'en était conservée : toute la partie de la jument était couchée sur l'herbe, les jambes postérieures étendues en arrière. La partie de la femme était mollement penchée et appuyée sur le coude. La Centauresse allaitait un de ses petits à la manière des femmes. Elle représentait par la partie inférieure une belle jument indomptée de la Tessalie, et par sa partie supérieure une femme de la plus grande beauté ; mais les oreilles ressemblaient à celles des Satyres. La partie féminine s'unissait à celle de jument par un passage doux et insensible. Le cabinet d'Herculanum possède le tableau d'une Centauresse. Elle porte une jeune Bacchante, qu'elle affermit sur sa croupe en lui passant la main droite sous le bras. Ses oreilles sont pointues, mais assez petites pour ne pas rendre sa tête difforme. C'était vraisemblablement de pareilles oreilles qu'avait la Centauresse de Zeuxis, et que Lucien comparait à celles des Satyres. Zeuxis ne paraît pas s'être principalement occupé, comme Polygnote et Micon, de grandes compositions sur des murailles ; il se plut à faire des tableaux d'un petit nombre de figures, et ce genre a été préféré par ses successeurs. Ses principaux ouvrages étaient une Pénélope, dans laquelle, suivant Pline, il paraissait avoir peint les mœurs de cette princesse, ce qui suppose plus de talent dans l'expression qu'Aristote ne lui en accorde ; un Athlète ; un Jupiter sur son trône, entouré des Dieux ; un Hercule enfant qui étrangle des serpens en présence d'Amphitryon et d'Alcmène ; une Hélène ; un Marsyas lié. Chargé de faire une Hélène nue pour les Crotoniates, il choisit les cinq plus belles filles de ce peuple pour réunir dans une seule figure ce que chacune d'elles avait de plus beau. Ce fut ainsi que les Grecs, chez qui la nature était féconde en beaux modèles, parvinrent à élever les ouvrages de l'art à la plus haute beauté. Quoique les peintres, long-temps avant Zeuxis, employassent différentes couleurs, il fit des peintures monochrômes ou camayeux en blanc sur un fond brun. C'est le procédé contraire de celui de Polydore de Caravage qui faisait enduire de noir une muraille, et la peignait en enlevant le noir par hachures. Zeuxis acquit de grandes richesses et s'en servit pour étaler un faste imposant : il se montrait aux jeux olympiques avec un manteau sur lequel son nom était brodé en lettres d'or. Dès-lors il fit présent de ses ouvrages, croyant qu'ils ne pouvaient être payés dignement. Si l'on blâme son orgueil, on peut avoir quelqu'estime pour sa fierté ; elle ne messied point aux grands talens. On aime à voir le peintre Zeuxis imposer de la reconnaissance au roi Archélaüs, à qui il fit présent d'un tableau qui représentait le Dieu Pan. Il donna aussi une Alcmène aux Agrigentins. Ce peintre faisait des modèles en Argile. On transporta à Rome ceux qui représentaient les Muses. Marius Victorinus, qui vivait au milieu du quatrième siècle de notre ère, dit qu'il existait encore des ouvrages de Zeuxis, ce qui suppose une durée de sept siècles et demi. Un grand nombre d'ouvrages de nos premiers peintres, dont les plus anciens ont à peine trois siècles, sont déjà détruits ou dégradés par la vétusté. Pline reproche à Zeuxis d'avoir fait les têtes trop fortes, et Quintilien d'avoir généralement chargé les membres de ses figures.

Quintilien nous apprend que les anciens peintres s'étaient imposé la loi de donner à leurs dieux et à leurs héros la même physionomie et le même caractère que Zeuxis leur avait donnés, ce qui le fit nommer législateur. *Ille verò ità circumscripsit omnia, ut eum legum latorem vocent, quià deorum et heroum effigies quales ab eo sunt traditæ, cætero tanquàm ità necesse sit sequuntur* (1).

(1) La Notice des Peintres de l'Antiquité et les Notions préliminaires sont de M. A.....

FIN.

AVERTISSEMENT.

Les planches de ce volume étant destinées à présenter un choix des diverses peintures trouvées dans les ruines de quelques édifices d'une très-haute antiquité, nous avons préféré celles qui paraissent le moins endommagées, et dont le coloris s'est le mieux conservé.

Ce pourrait être ici le lieu d'offrir quelques observations sur l'art de la peinture chez les anciens, sur son origine, ses progrès, sur la manière d'opérer des peintres grecs, sur l'état de perfection et de splendeur où s'élevèrent les beaux-arts, en général, du temps de Périclès et d'Alexandre, et que depuis, après douze siècles de décadence et de barbarie, n'ont pu lui rendre aussi complètement, ni les célèbres artistes comblés des faveurs de Louis XIV ou de François Ier, ni ceux que vit naître l'Italie, sous le pontificat de Jules II et de Léon X, ni le règne brillant des princes de la maison de Médicis.

Mais ces recherches, malgré l'intérêt qu'elles pourraient offrir dans cette circonstance, n'entrent pas essentiellement dans le plan que nous avons adopté dès l'origine de ce recueil, et que nous avons suivi dans le cours de sa publication; à la vérité, nous avons, dans les autres volumes, fait précéder l'œuvre de chaque maître d'une notice sur sa vie et sur ses principaux ouvrages; mais nous ne pourrions remplir ici la même obligation, car les peintures, dont nous rappelons ici la composition par un simple trait, ne peuvent être attribuées à aucun des grands peintres dont l'histoire nous a transmis les noms, et le temps n'a laissé parvenir jusqu'à nous aucun de leurs ouvrages; on ne peut même attribuer l'exécution de ceux dont il s'agit qu'à des artistes d'un ordre très-secondaire, ou plutôt à des peintres spécialement adonnés à la décoration intérieure des édifices. Nous disons l'exécution, car de même que les sculpteurs grecs se sont plu à répéter, dans d'innombrables copies, certaines statues qui avaient obtenu une grande célébrité, et dont le type était en quelque sorte consacré pour la représentation des mêmes sujets, de même les peintres anciens auraient pu adopter la répétition de certains tableaux dont l'idée originale était due à quelqu'un de leurs premiers artistes. Nous sommes d'autant moins éloignés de donner quelque poids à cette supposition, que, dans ces peintures, le style, le dessin et l'ajustement des figures attestent un goût peu commun, cette grace, cette finesse, ce naturel, qui n'appartiennent qu'à un talent très-distingué, lorsque la manière dont elles sont généralement exécutées annoncent un pinceau plus exercé, plus facile qu'il n'est précis et correct.

Cependant nous croyons devoir placer, à la tête de ce recueil, les noms des plus fameux peintres de l'antiquité, et quelques particularités sur leurs vies et sur leurs ouvrages. Si le nombre de ces artistes était plus considérable, nous aurions suivi, comme étant le plus commode, l'ordre alphabétique; dans le cas contraire, l'énumération chronologique nous a paru plus satisfaisante. Quant à l'explication des sujets, elle fait partie de la table raisonnée qui se trouve à la suite des planches.

CHOIX

DE

PEINTURES ANTIQUES.

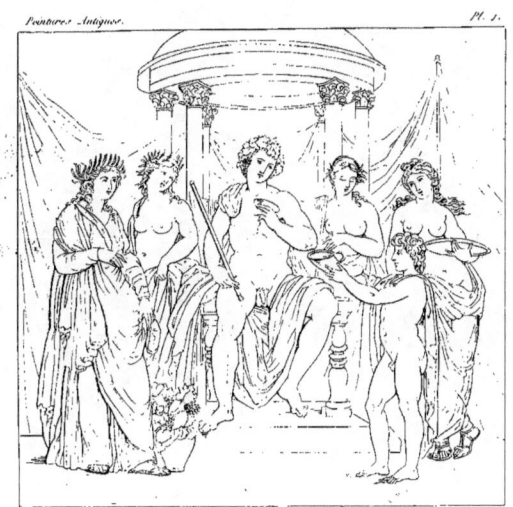

Bacchus accompagné des Muses.

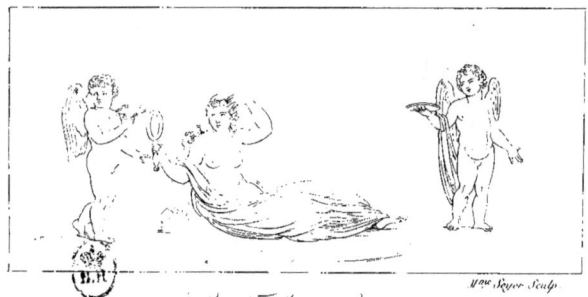

La Toilette de Vénus.

Peintures Antiques. Pl. 2.

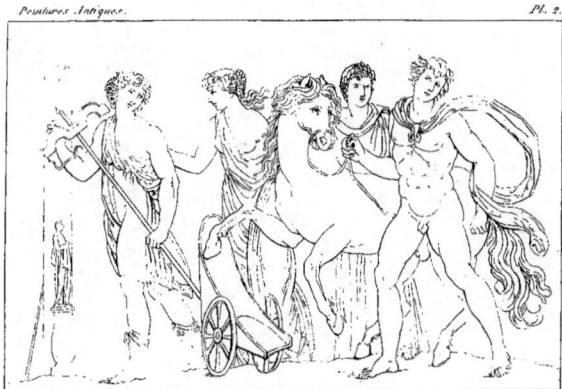

Le Départ pour la Guerre.

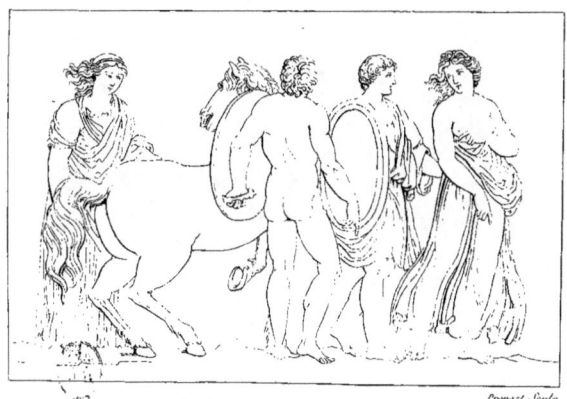

Prevost Sculp.

Le Retour de la Guerre.

Peintures Antiques. Pl. 3.

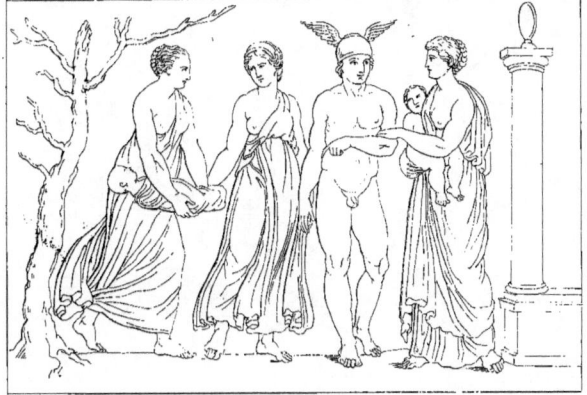

La naissance de Bacchus-Indien.

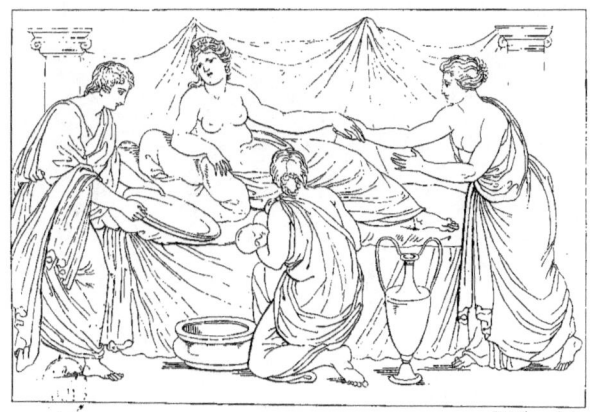

Mme Soyer Sculp.

Autre tableau de la naissance de Bacchus-Indien.

Peintures Antiques.   Pl. 4.

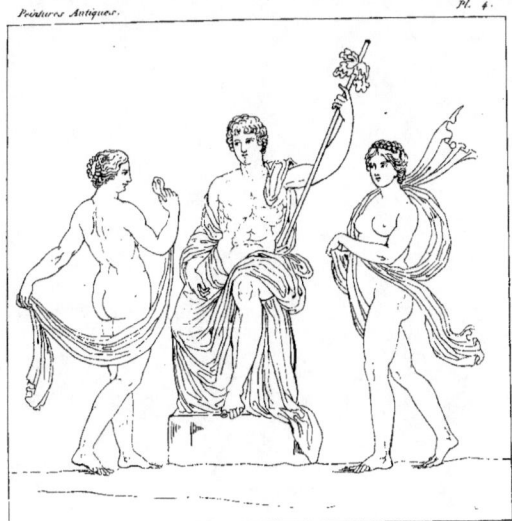

Bacchus.

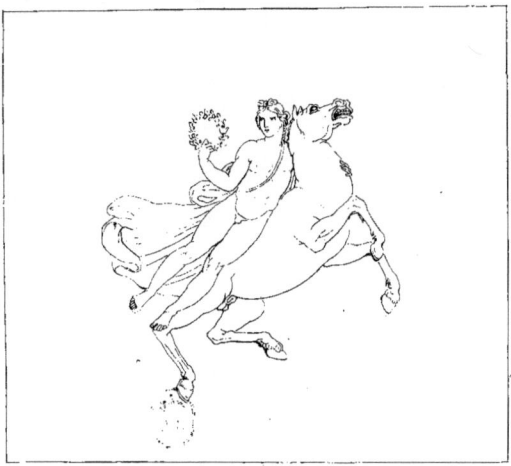

Mme Soyer Sculp.

Un Vainqueur à la course.

Peintures Antiques. Pl. 5.

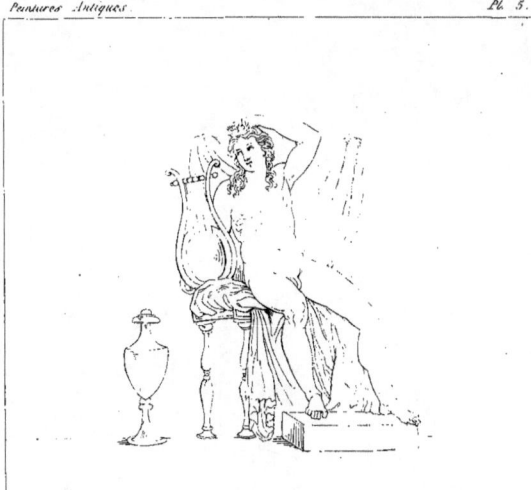

Apollon.

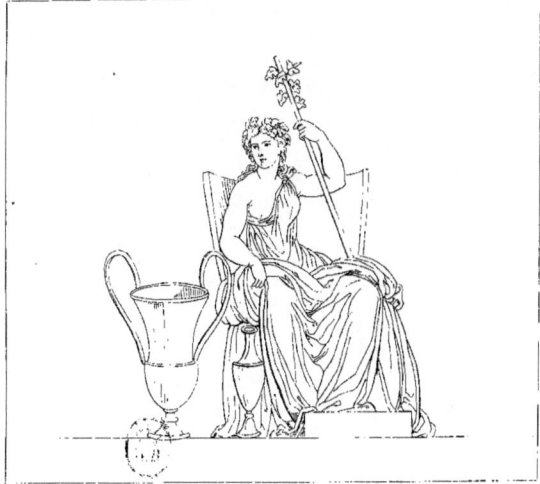

Dupré Sculp.

Pomone.

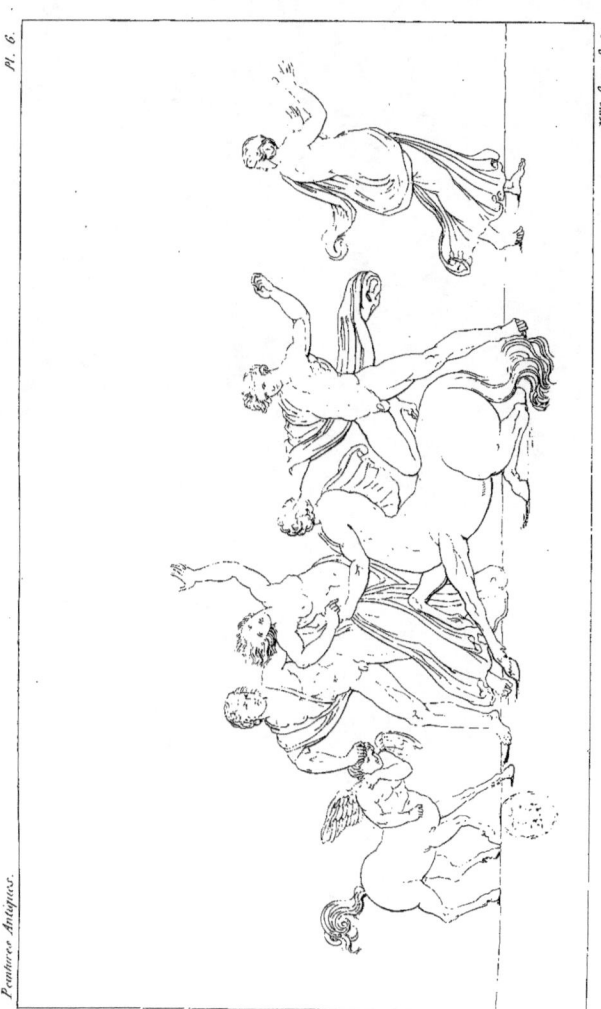

Peintures Antiques. Pl. 6.

Hippodamie enlevée par les Centaures.

Mme Soyer Sculp

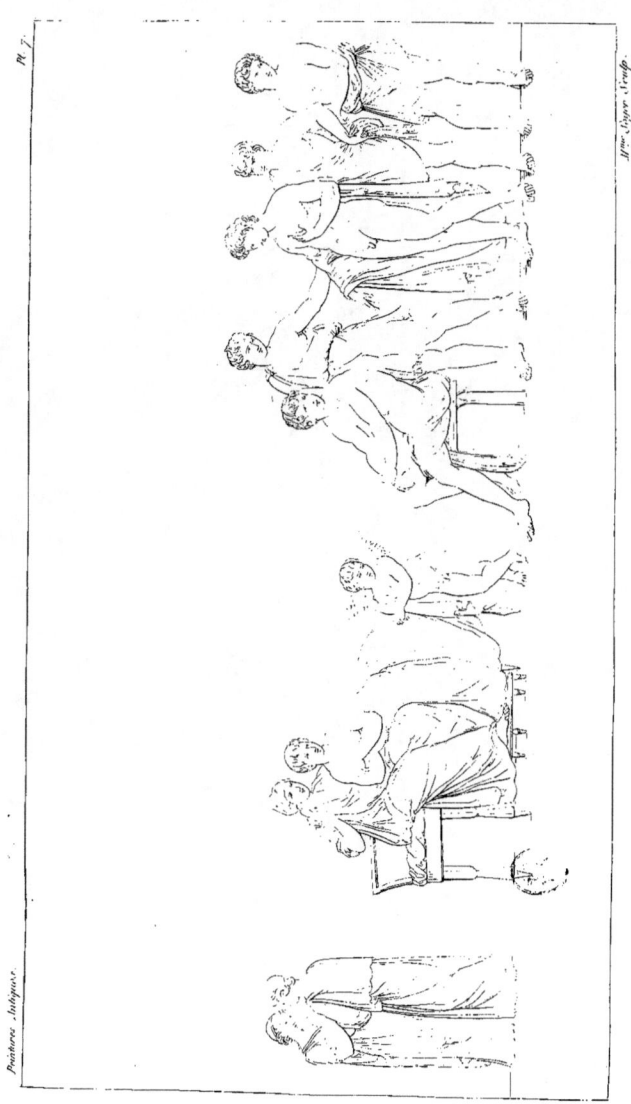

Peintures Antiques. Pl. 8.

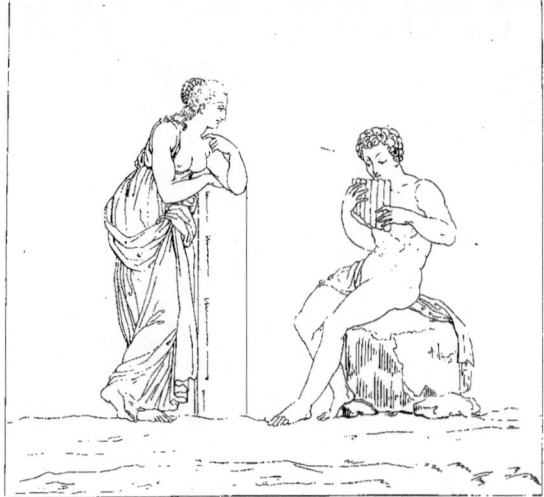

Le Cyclope Polyphême jouant de la flûte
devant une des Muses.

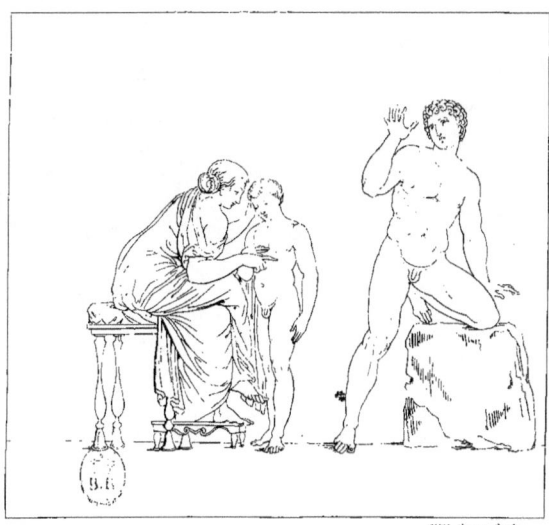

M.me Soyer Sculp.

Lucius Papirius interrogé par sa mère.

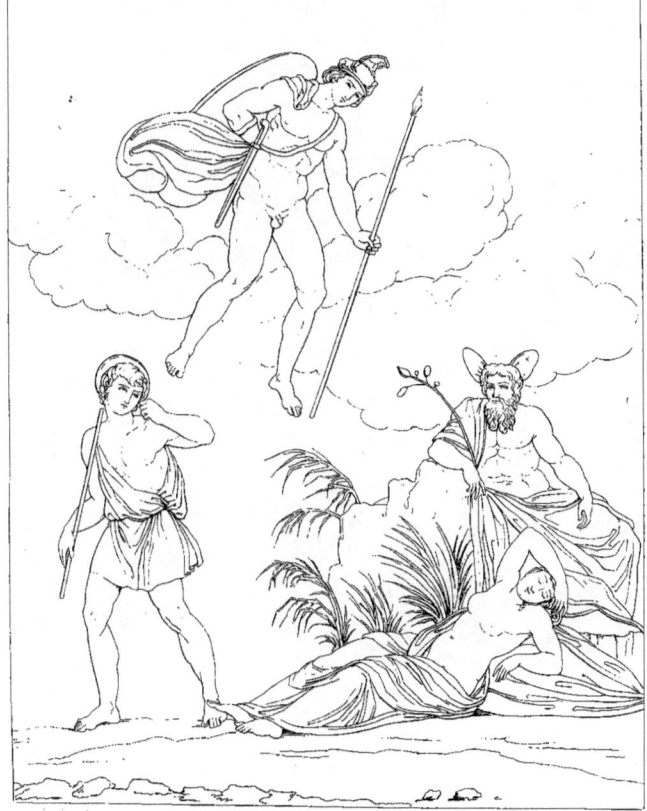

Mars surprend Rhea Sylvia endormie.

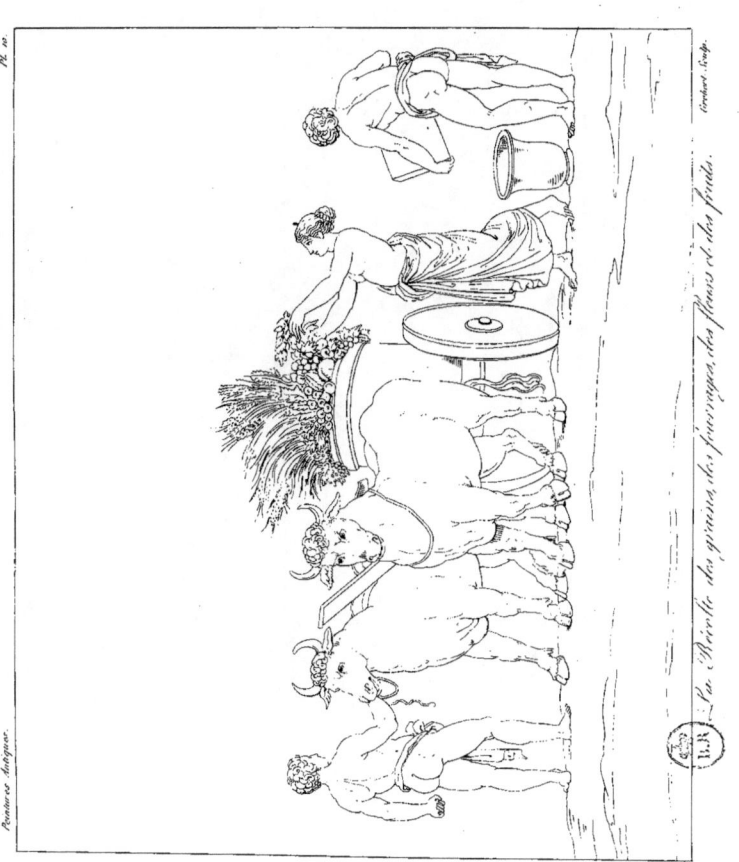

Peintures Antiques. Pl. 10.

La Récolte des grains, des fourrages, des fleurs et des fruits.

Cernhart Sculp.

Peintures Antiques.   Pl. II.

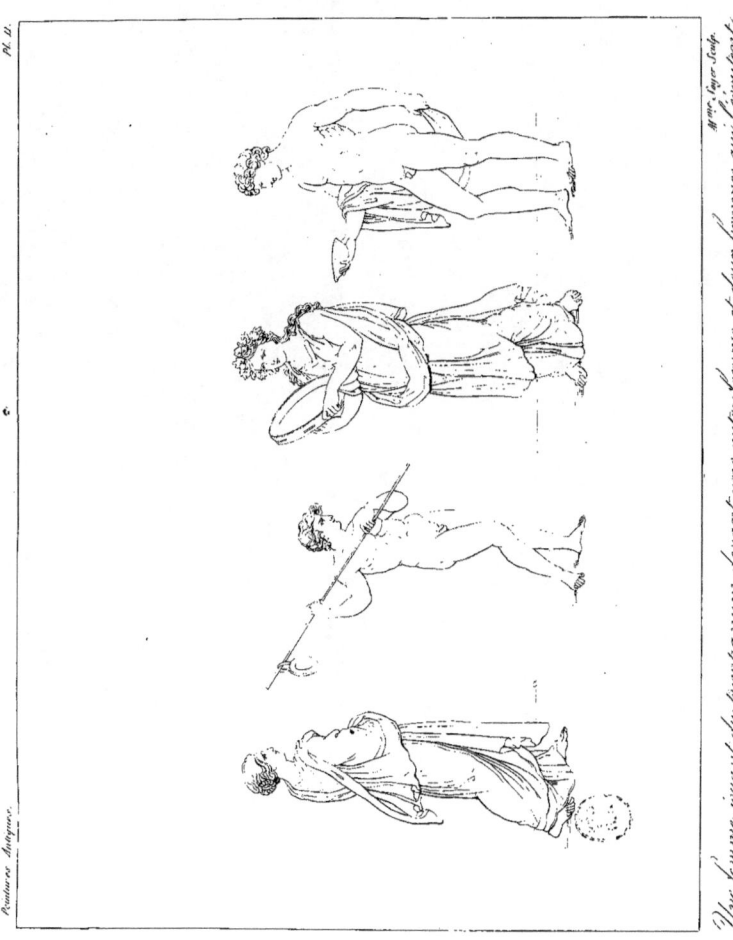

Mme Soyer Sculp.

Une femme jouant du tympanum devant une autre femme et deux hommes qui l'écoutent.

Peintures Antiques. Pl. 12.

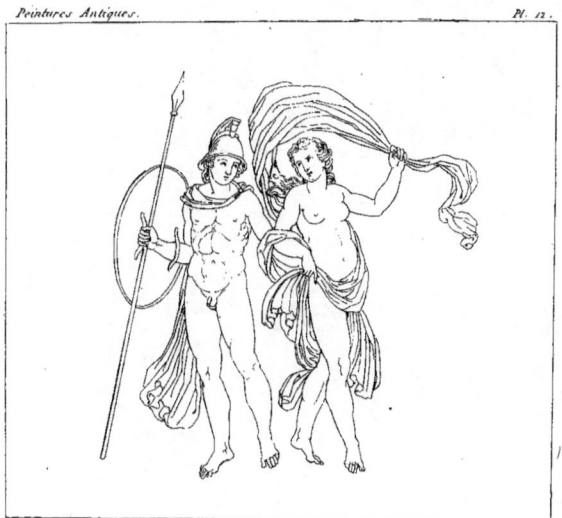

Mars et Vénus.

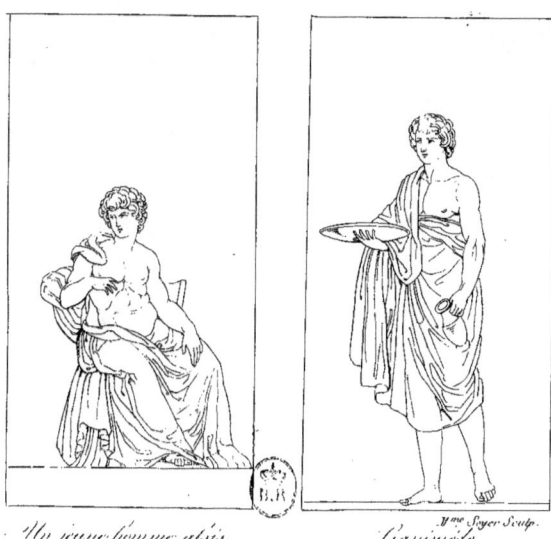

Un jeune homme assis. Ganimède.

M.me Soyer Sculp.

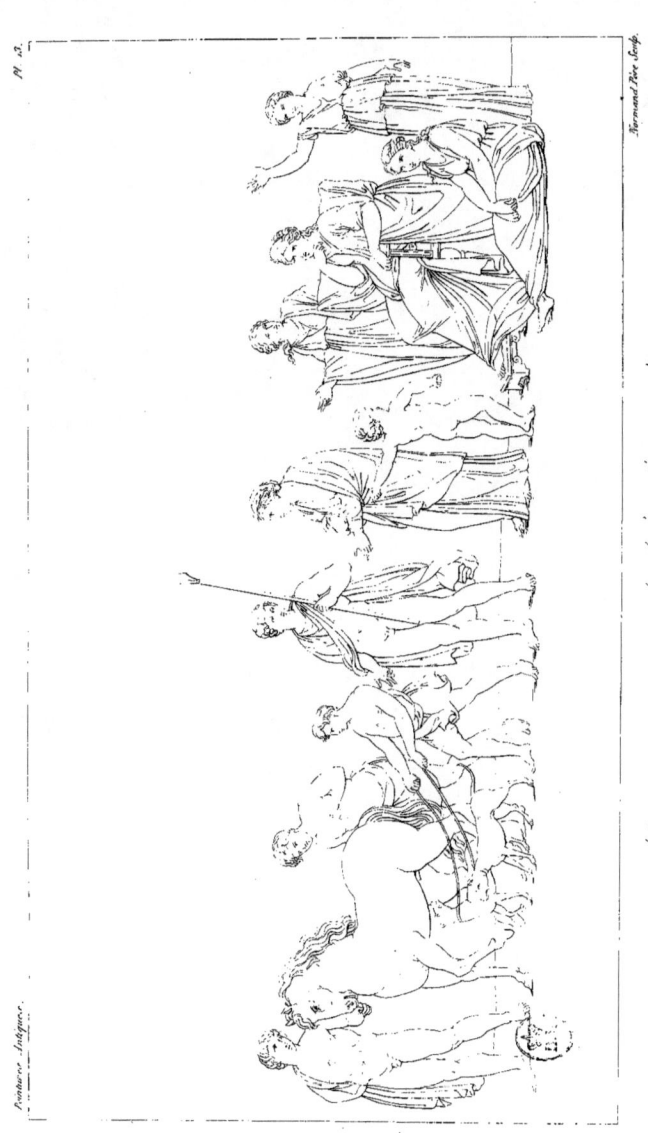

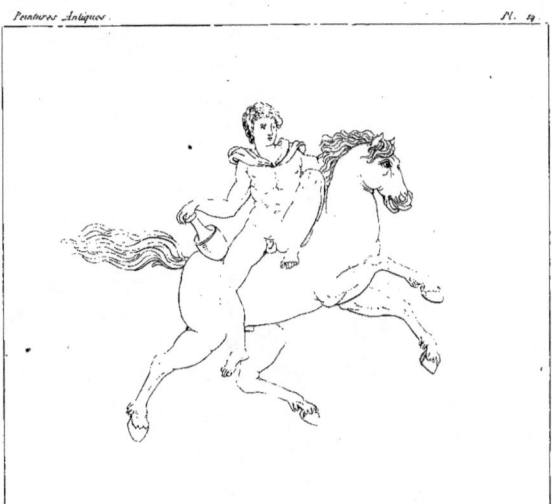

Le Retour d'un Vainqueur à la course.

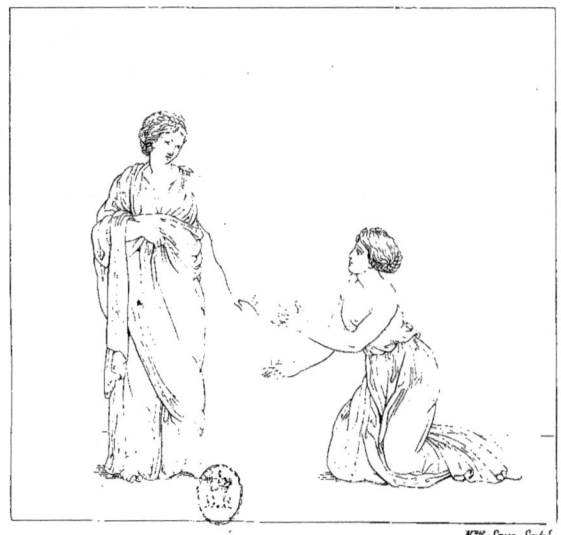

Une Esclave suppliante.

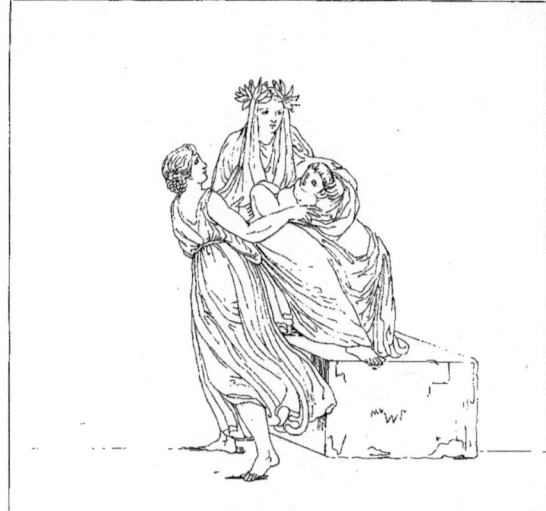

Une Scène des Mystères d'Éleusis.

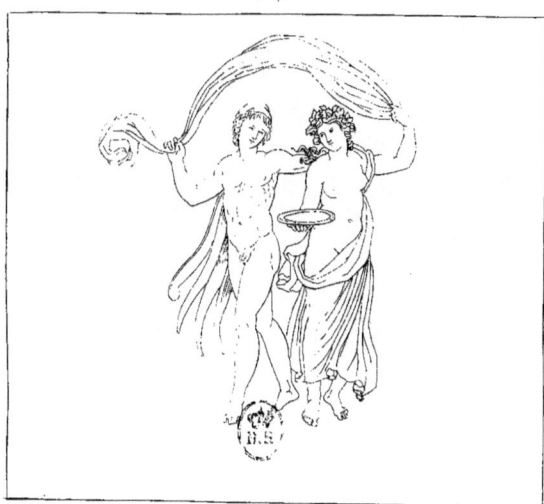

Bacchus et Ariadne.

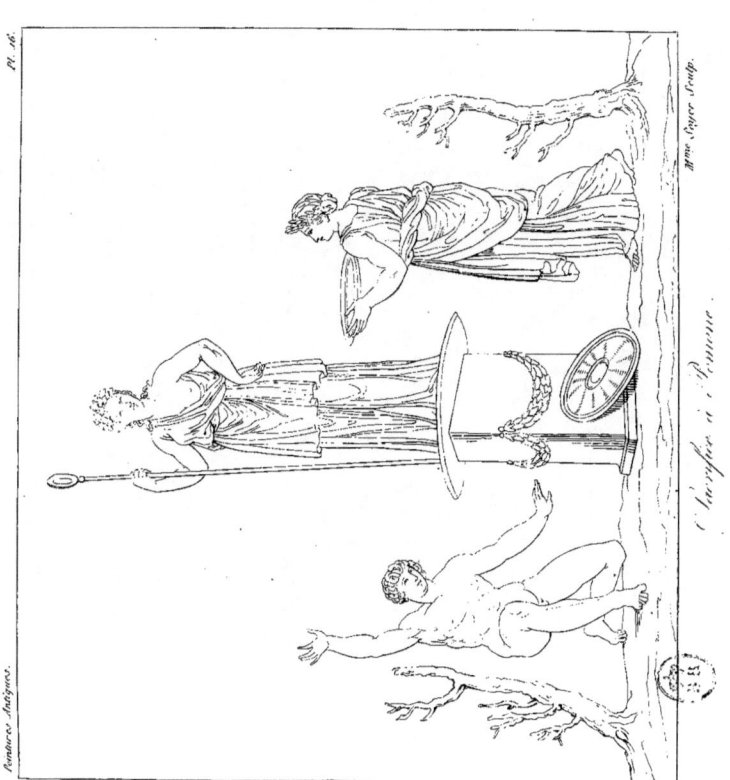

Sacrifice à Bacchus.

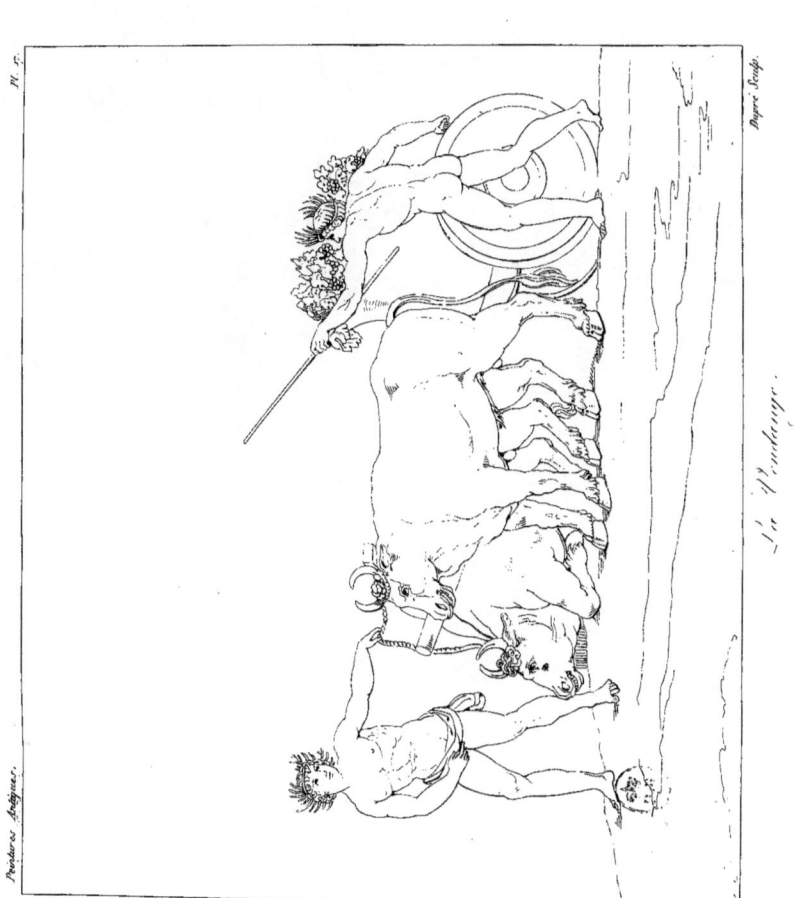

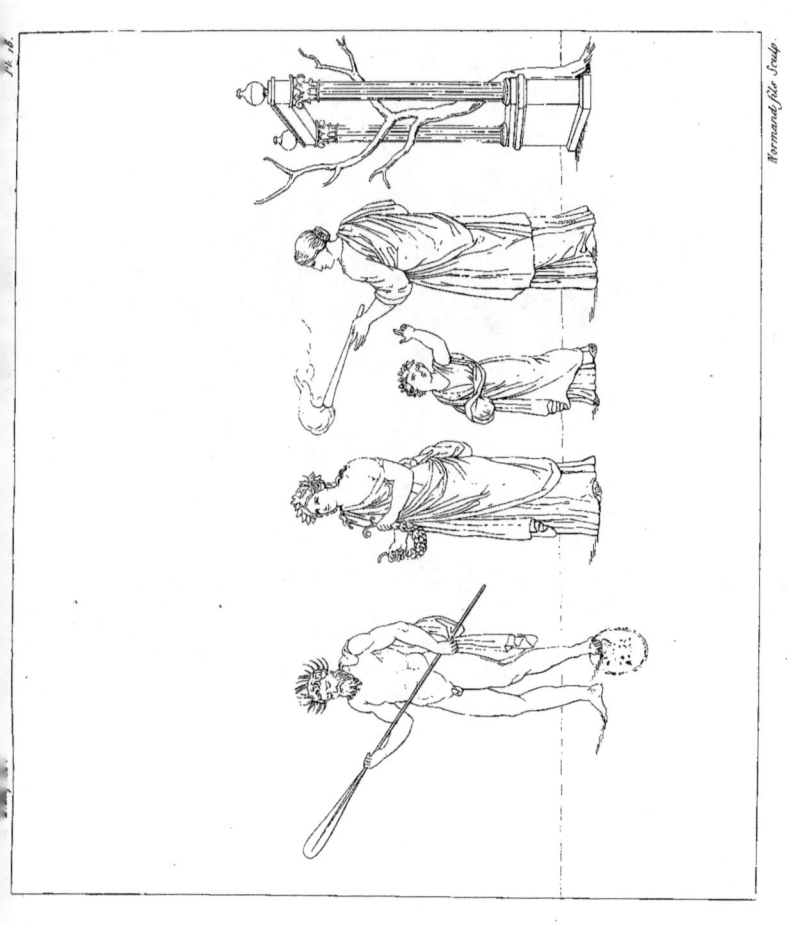

Costumes Religieux.

Peintures Antiques. Pl. 19.

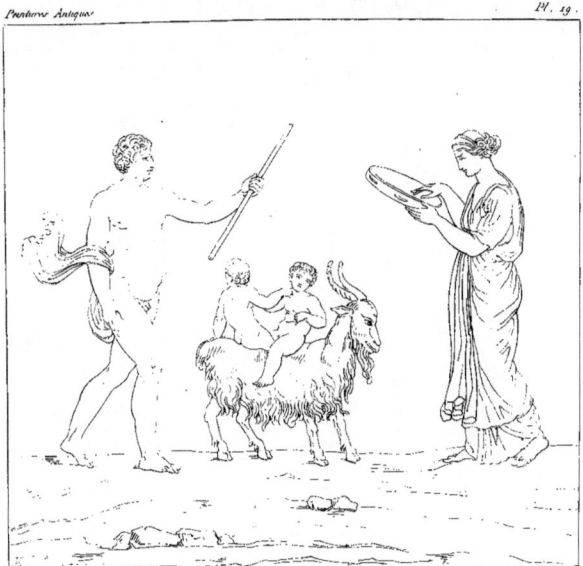

Jupiter et Junon enfans, sur le dos de la Chèvre Amalthée.

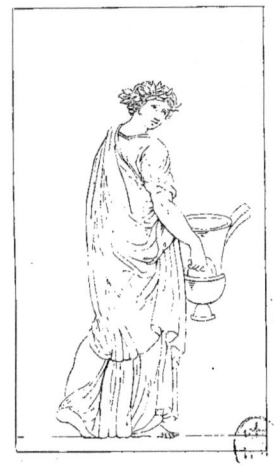

Une Muse.

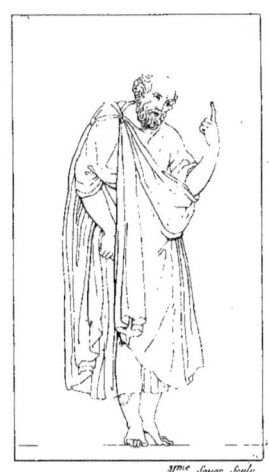

Un Philosophe.

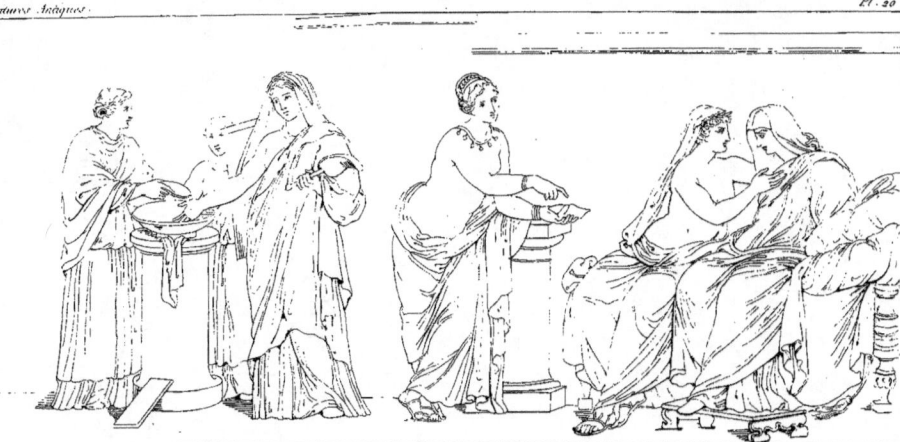

Les Noces Aldobrandines 1.re partie.

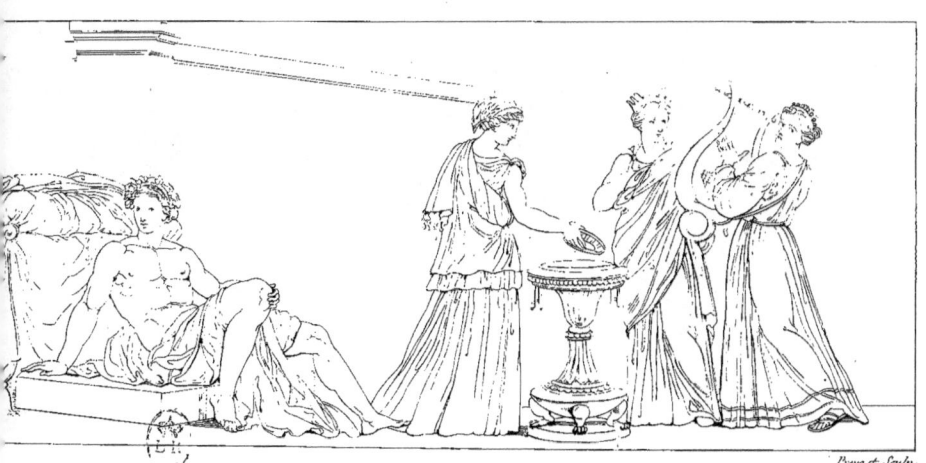

Les Noces Aldobrandines 2.e partie.

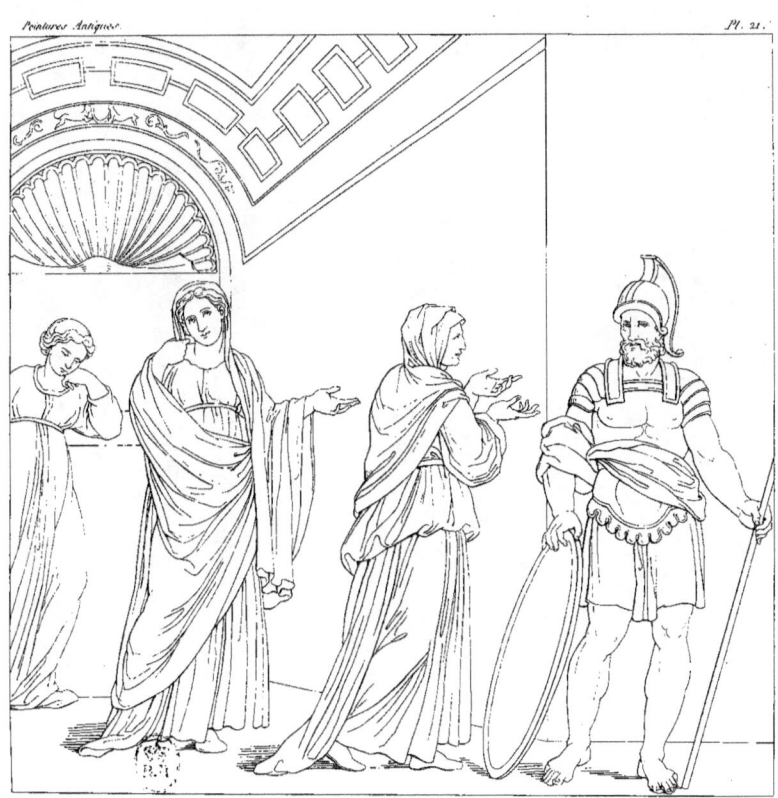

Le Départ de Coriolan.

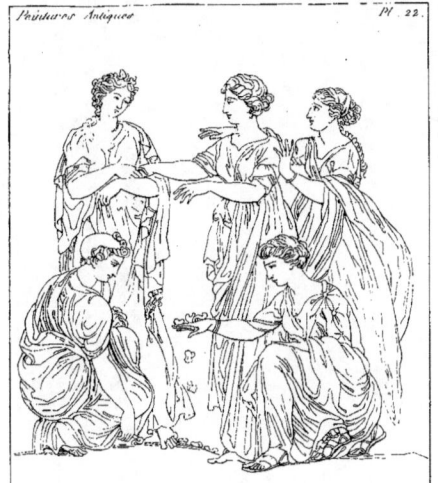

Femmes jouant aux osselets.

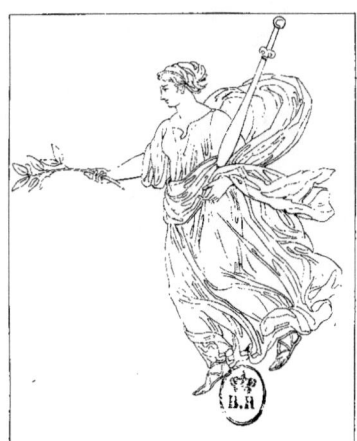

Une jeune fille tenant un sceptre
et une branche de cèdre.

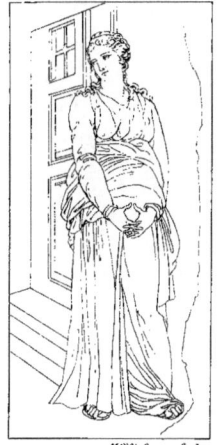

Didon.

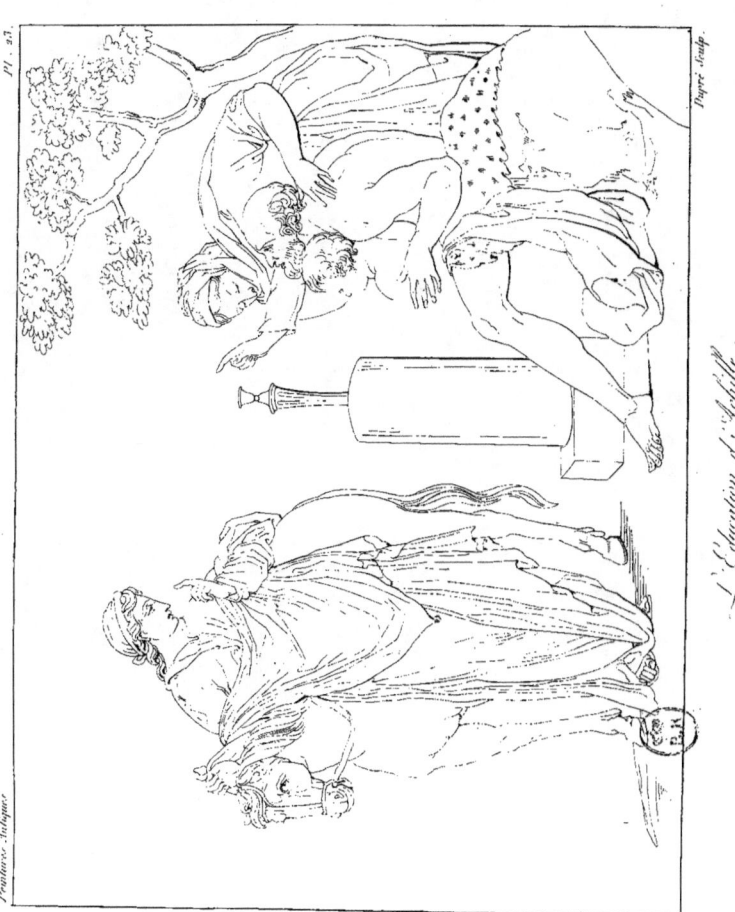

L'Education d'Achille.

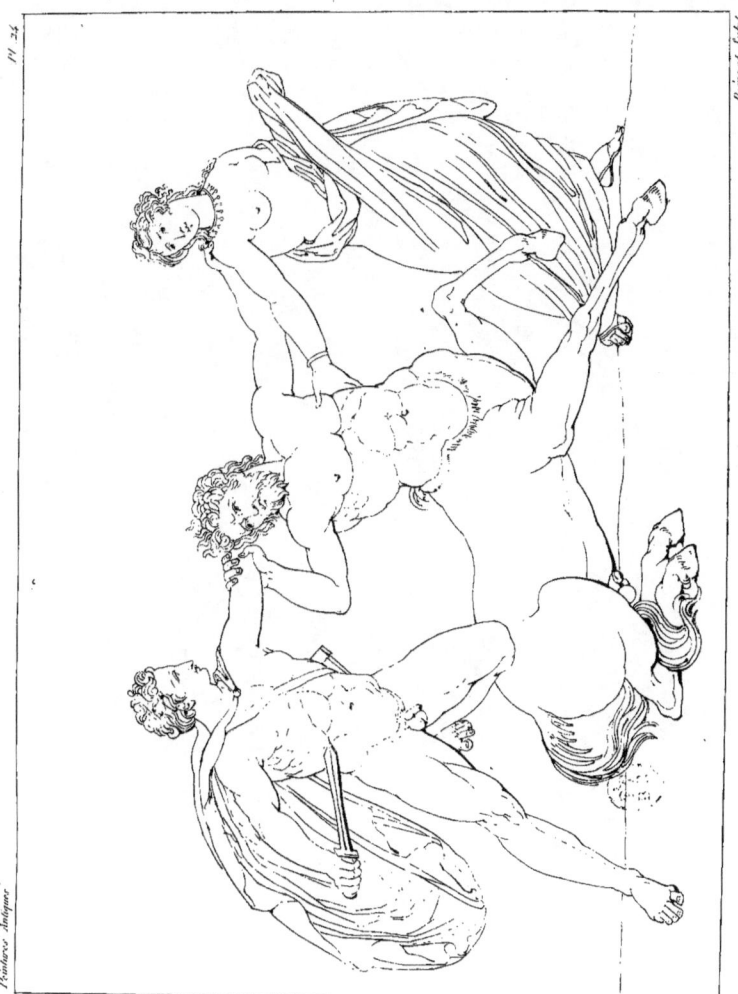

Thésée punit les Centaures Euryptus et Eurytion s'efforçant d'enlever Hypothami femme de Pyrithoüs.

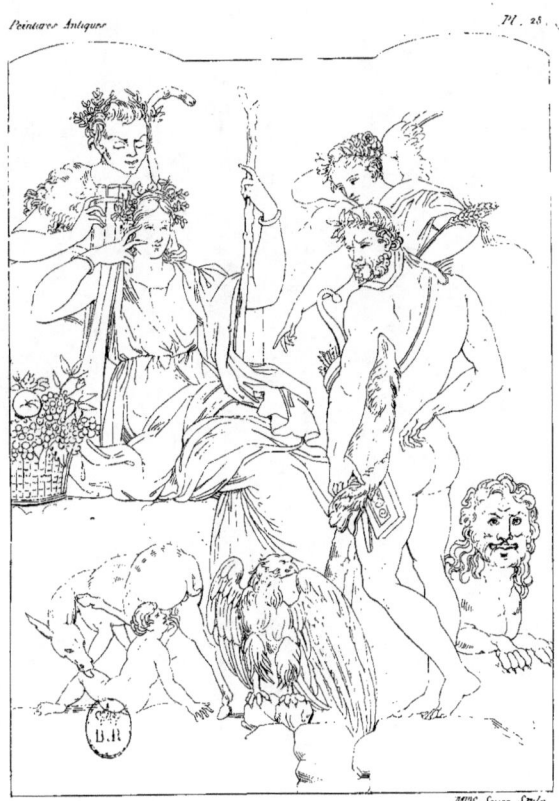

Télèphe allaité par une biche.

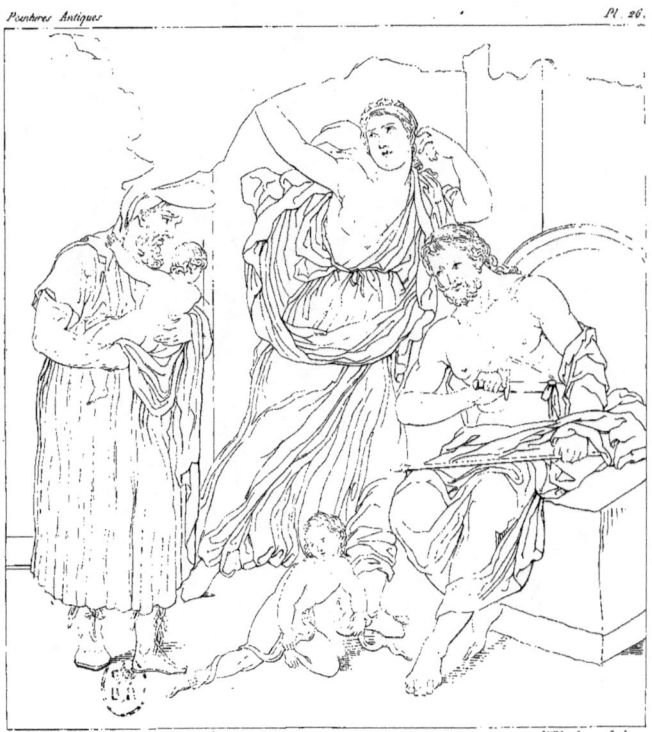

Hercule au berceau étouffe deux serpents.

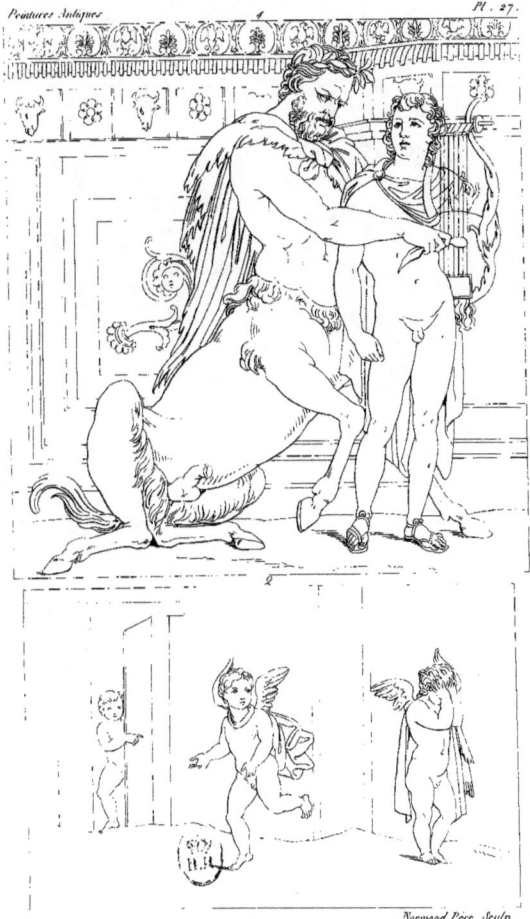

1. Le Centaure Chiron apprend à Achille à jouer de la lyre.
2. Jeux d'Enfans.

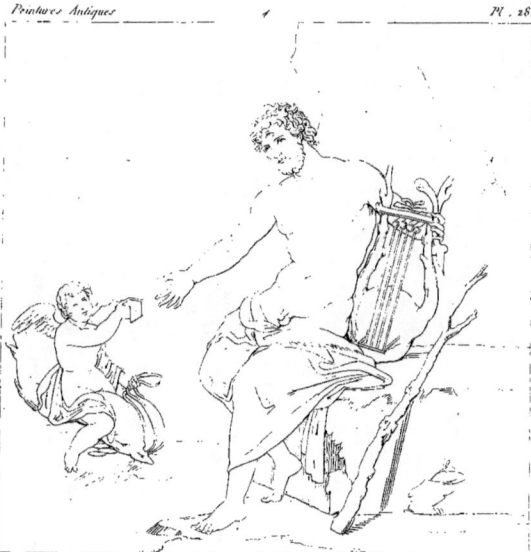

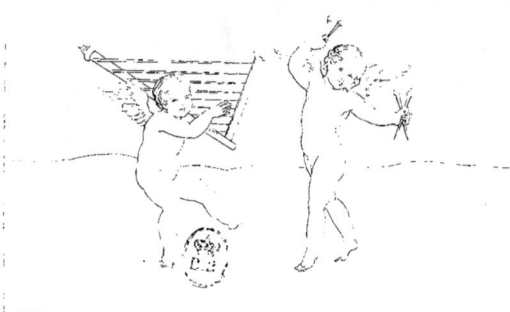

1. Un Génie monté sur un Dauphin remet à Polyphème une lettre de Galathée.
2. Deux enfans dont l'un tient des clous et l'autre un instrument à plusieurs cordes.

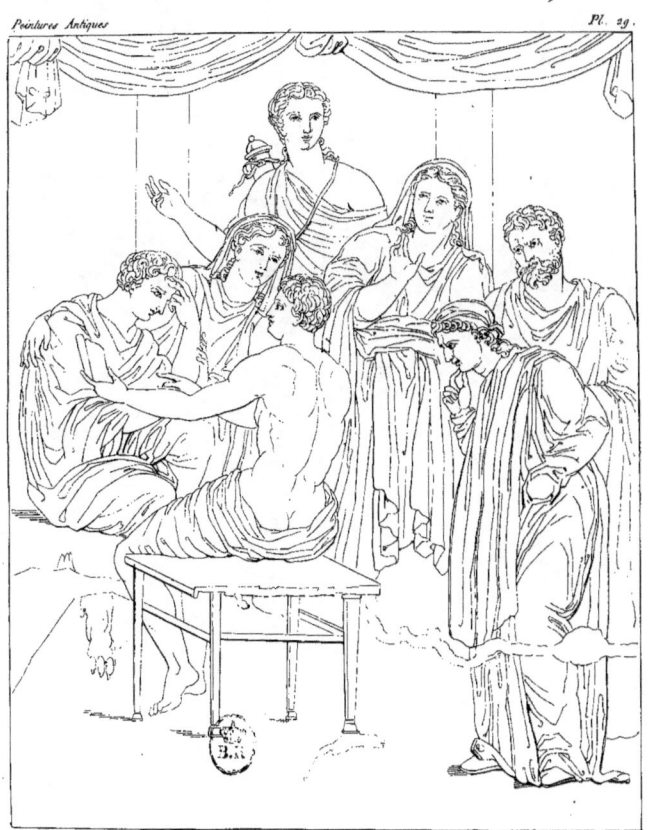

Oreste reconnu par Iphigénie.

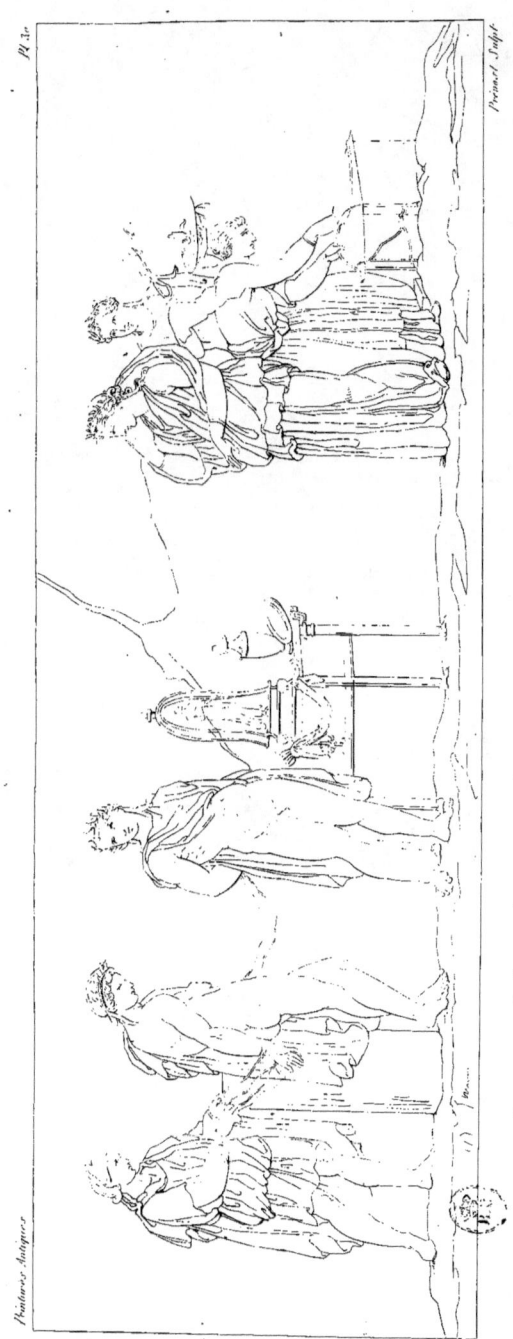

Oreste, Pilade, chargés de chaines et menés devant Iphigénie par l'ordre de Thoas.

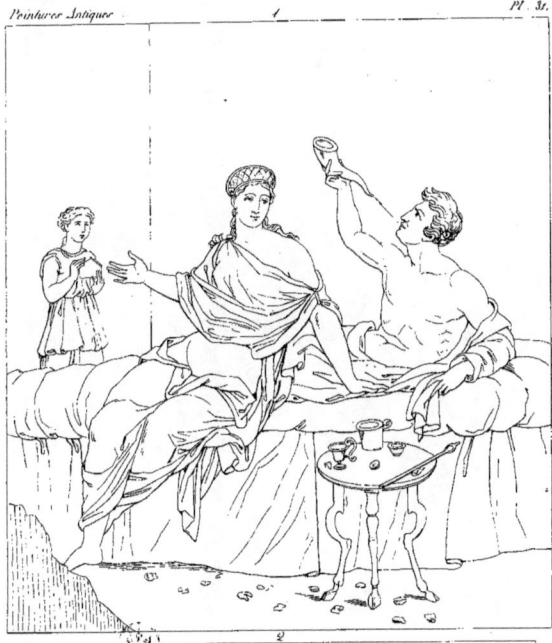

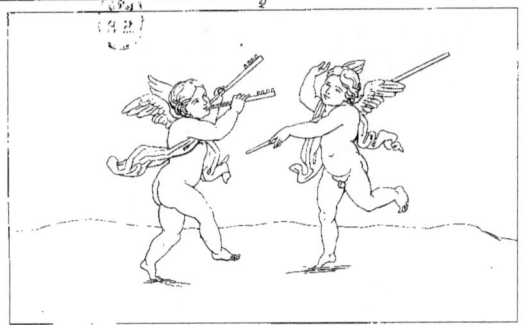

1. Un Repas, Scène Domestique.
2. Danse de deux enfans dont l'un tient un bâton et l'autre joue de la double flûte.

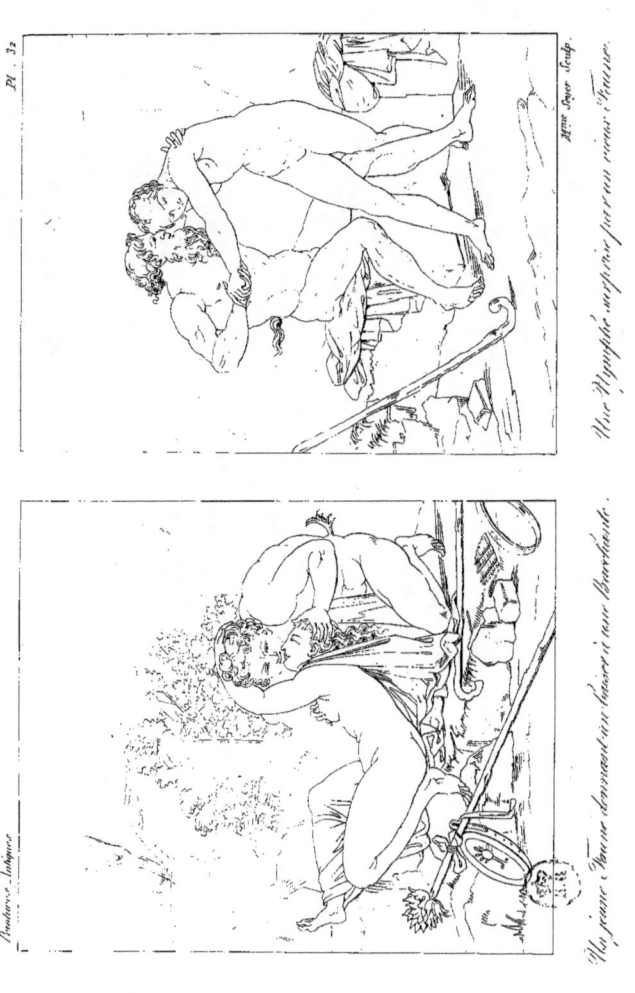

Pl. 32

Peintures Antiques.   Pl. 33.

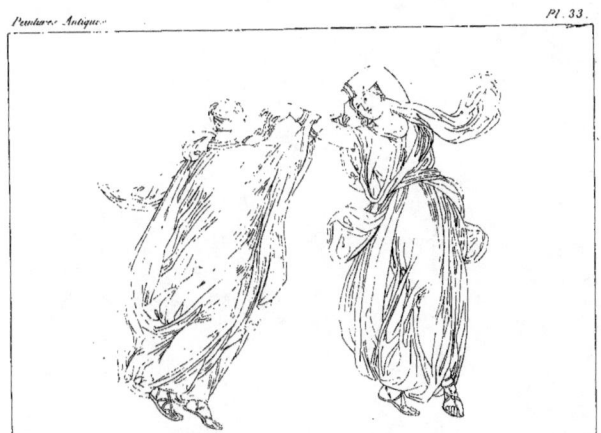

Deux Danseuses se tenant les mains.

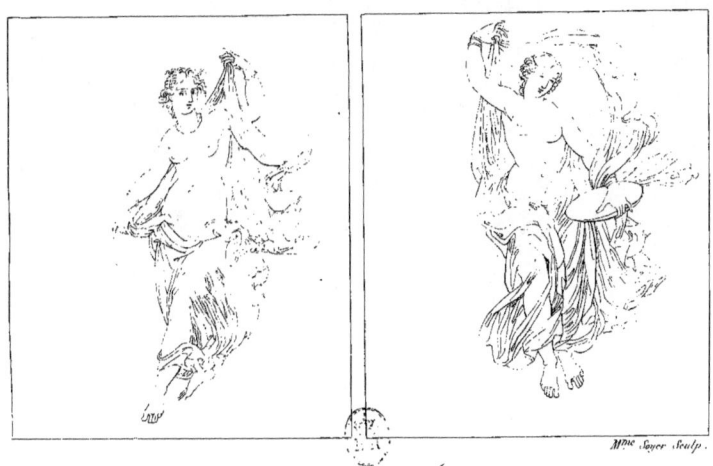

Une Danseuse tenant des deux   Une Danseuse tenant un disque.
mains sa draperie.

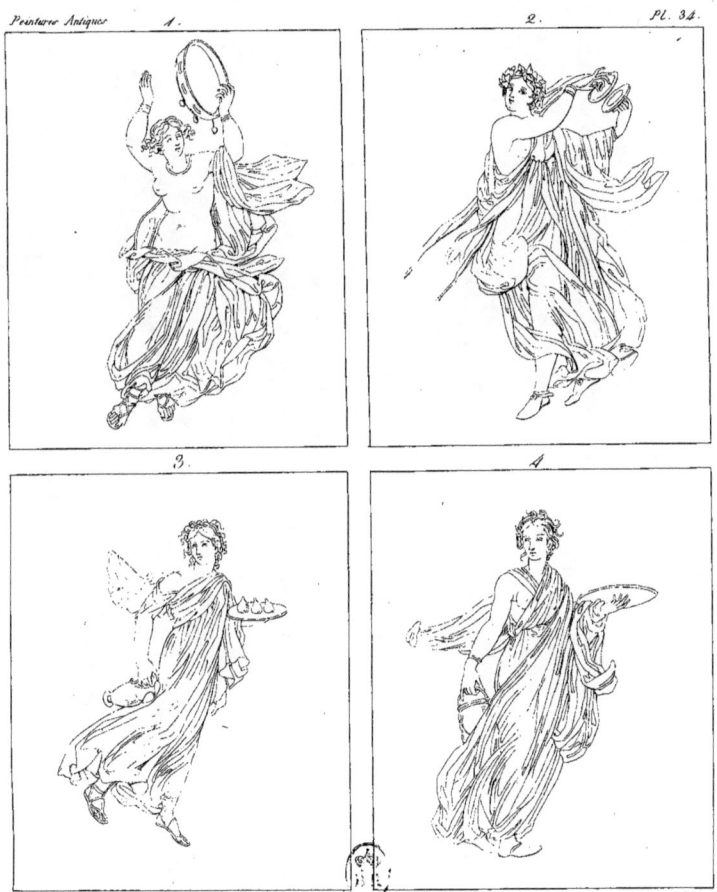

1. Une Bacchante tenant une espèce de tambour.
2. Une Bacchante jouant des cymbales.
3. Une jeune fille tenant un vase d'une main et de l'autre des figues posées sur un disque.
4. Une jeune fille tenant de la main gauche un disque et de l'autre un panier.

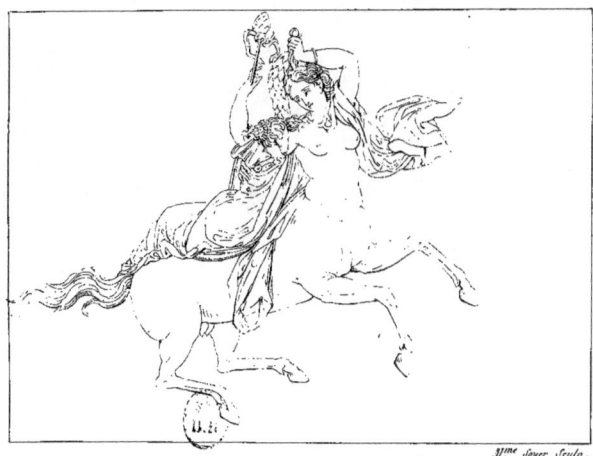

Un Centaure conduit par une Bacchante.

Une Centauresse portant sur son dos une Bacchante.

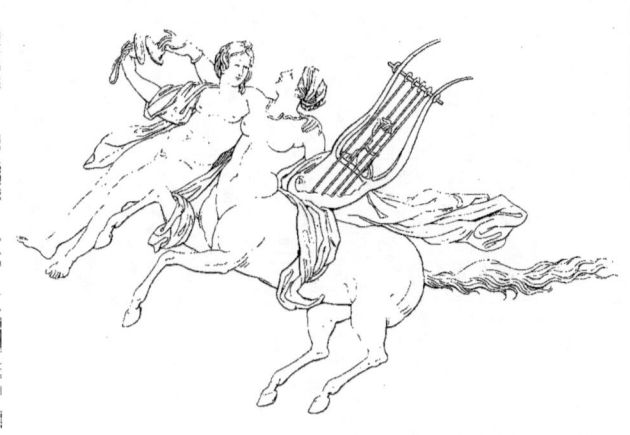

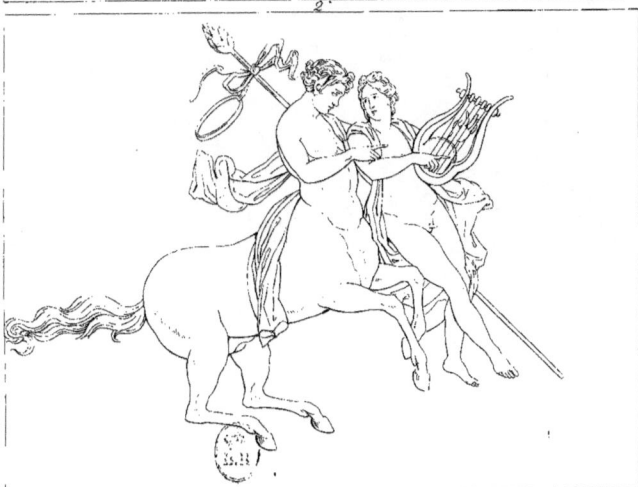

1. Une Centauresse et un jeune homme jouant de la lyre et des cymbales.
2. Un Centaure montrant à un jeune homme à jouer de la lyre.

Peintures Antiques.   Pl. 3.

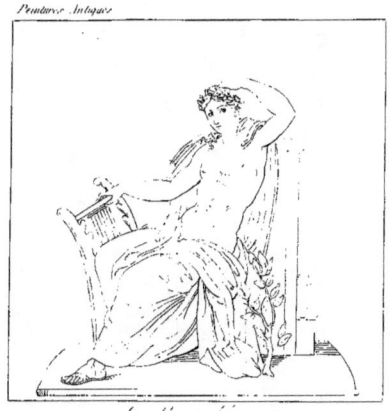
Apollon Musagète.

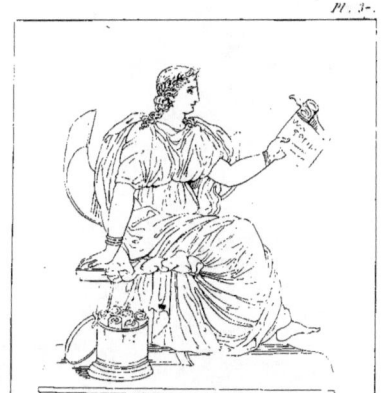
Clio.

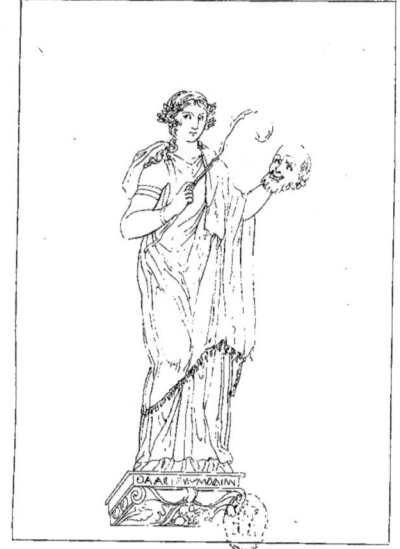
Thalie.

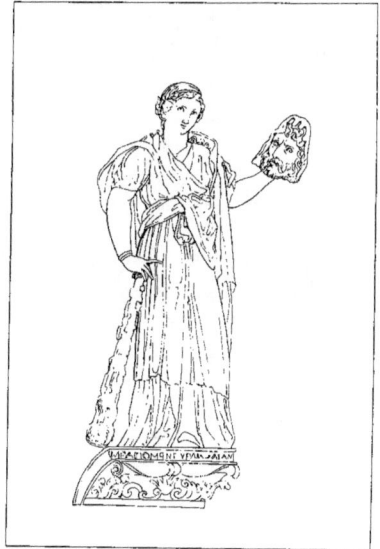
Melpomène.

M.me Soyer Sculp.

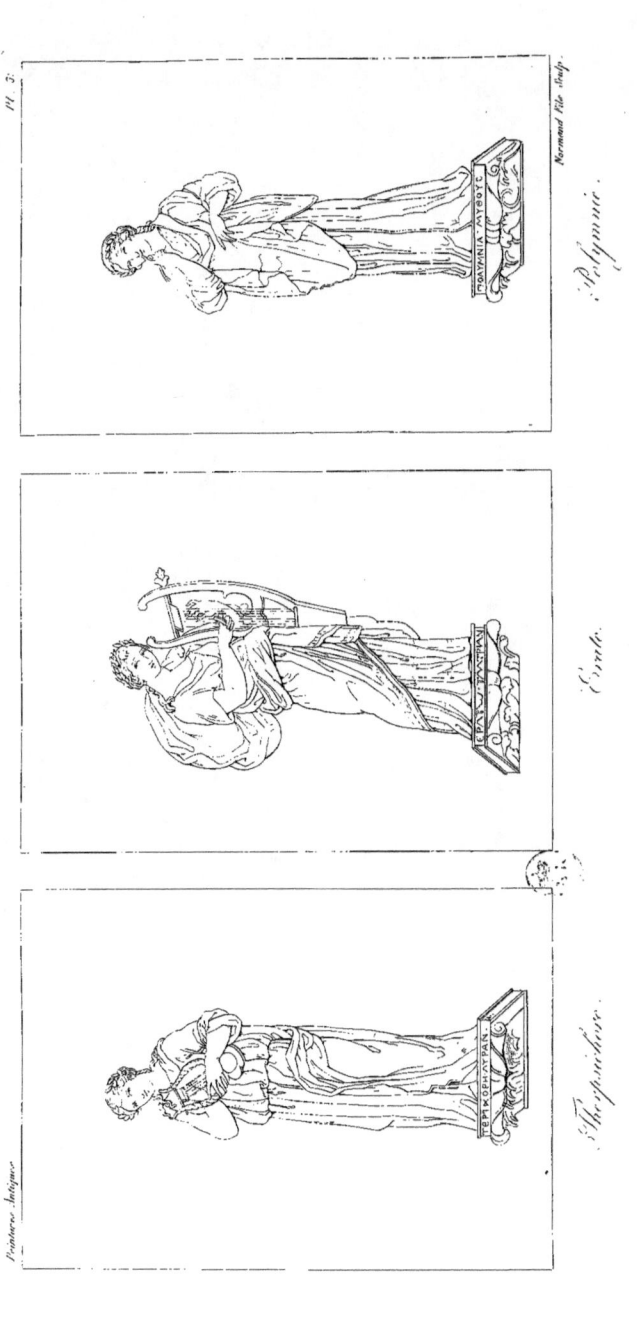

Peintures Antiques. Pl. 39.

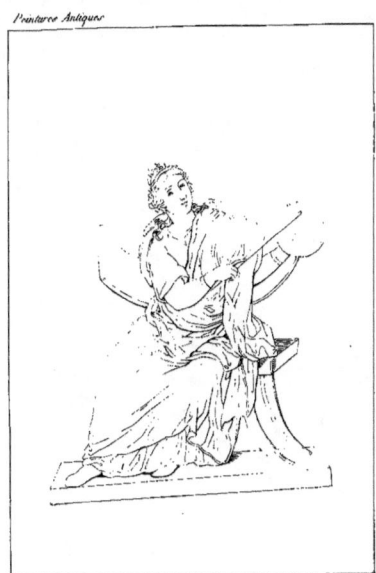

Uranie.

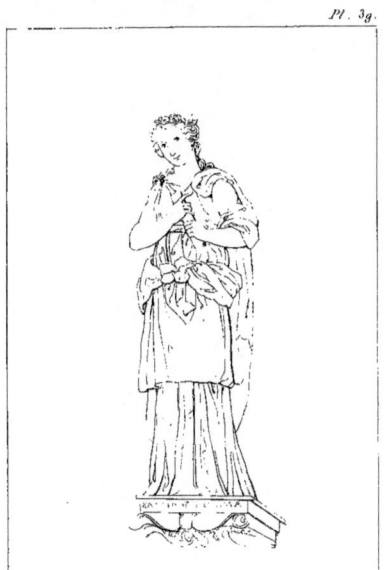

Calliope.

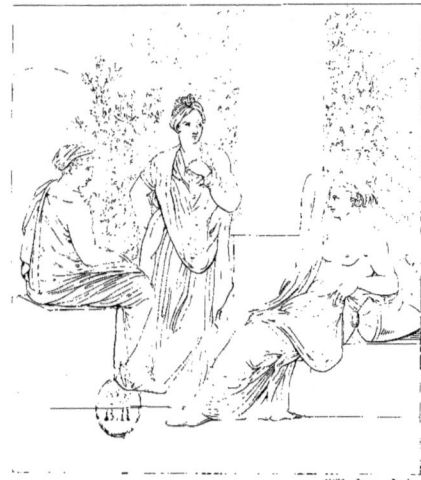

Les trois Déesses.

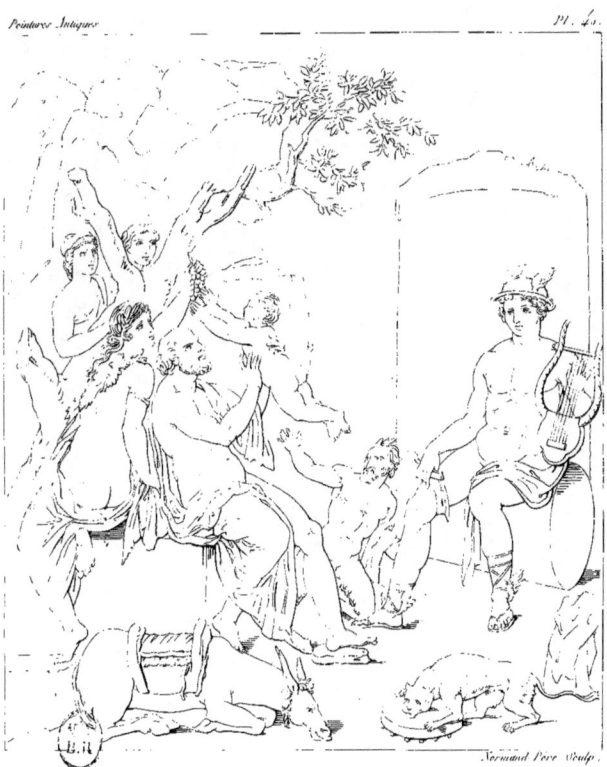

L'Éducation de Bacchus.

Peintures Antiques. Pl. 41.

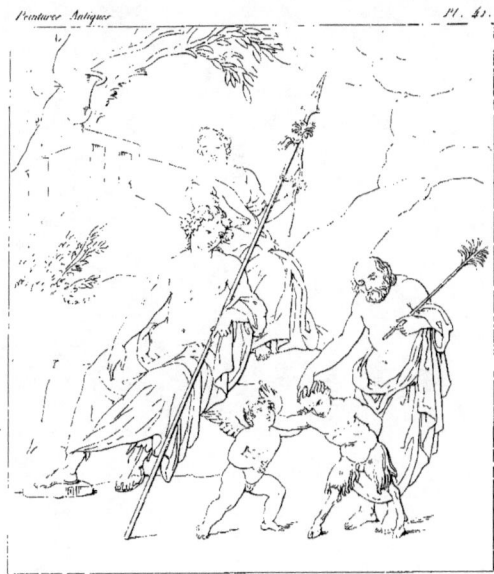

La Lutte de Pan contre l'Amour.

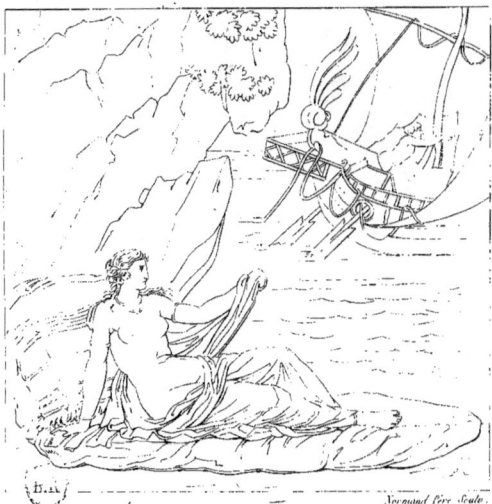

Ariadne abandonnée par Thésée dans l'île de Naxos.

Peintures Antiques. Pl. 42.

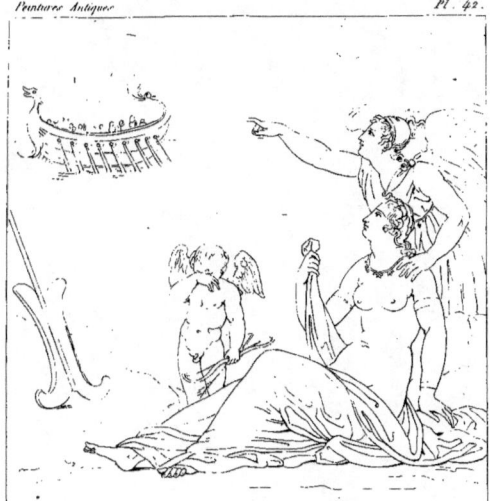

Ariadne abandonnée dans l'île de Naxos.

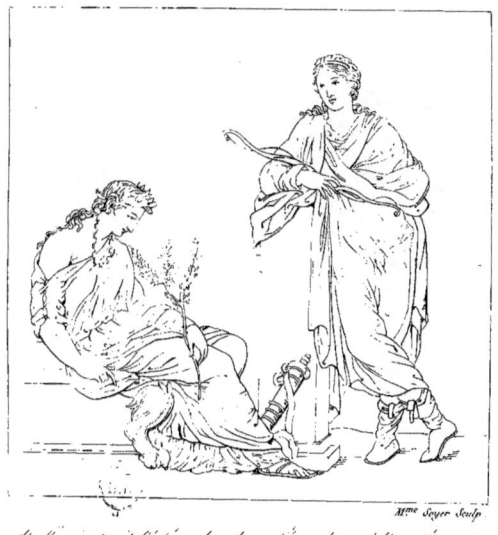

Mme Soyer Sculp.

Apollon instruit Cassandre dans l'art de prédire l'avenir.

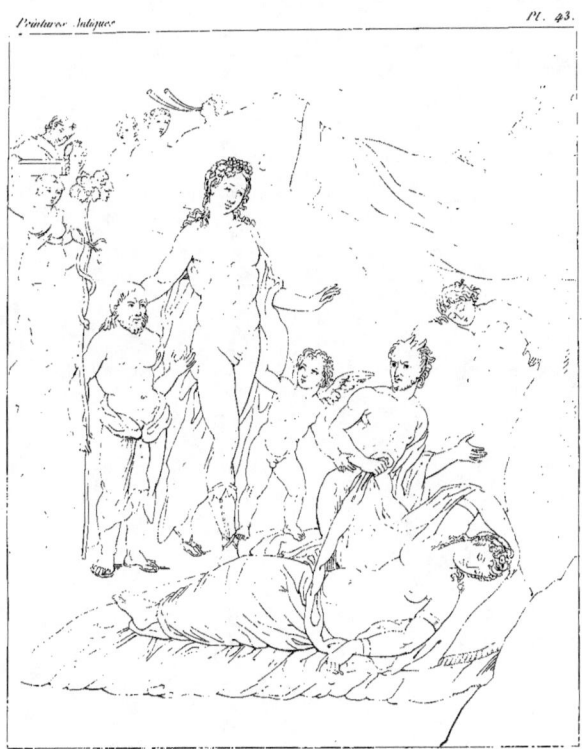

Bacchus surprend Ariadne endormie.

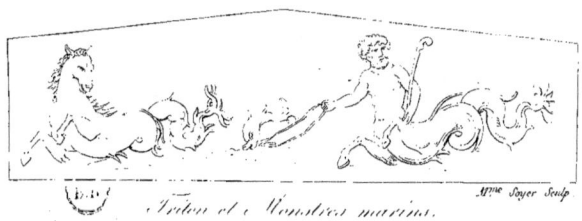

Triton et Monstres marins.

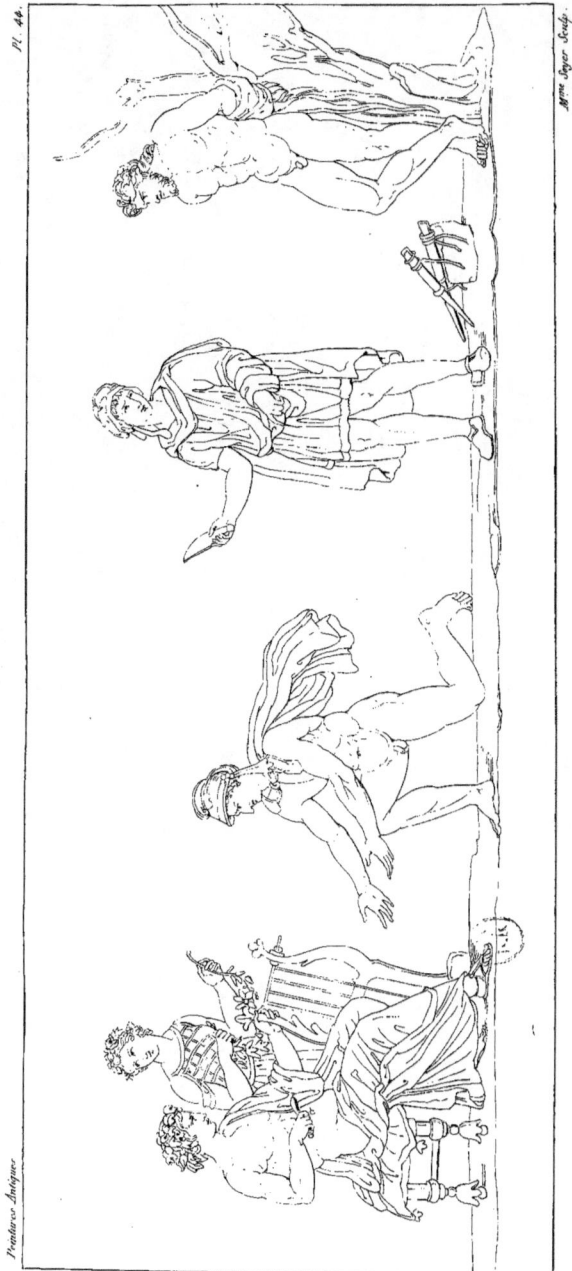

Le châtiment de Marsyas.

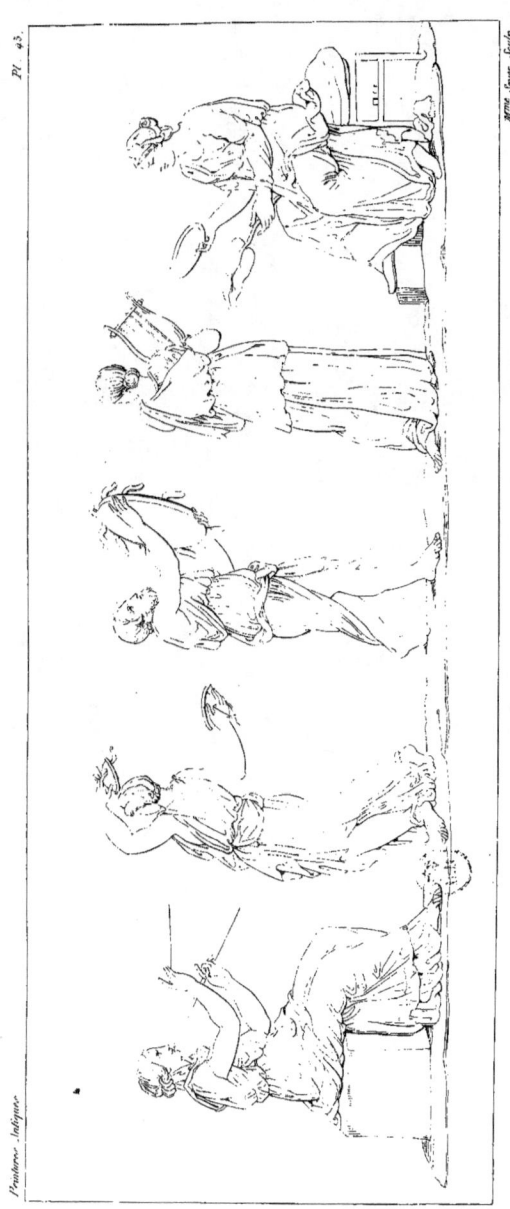

Pl. 43.

Peinture Antique.

Mme Soyer Sculp.

Une Chœur des Bacchantes.

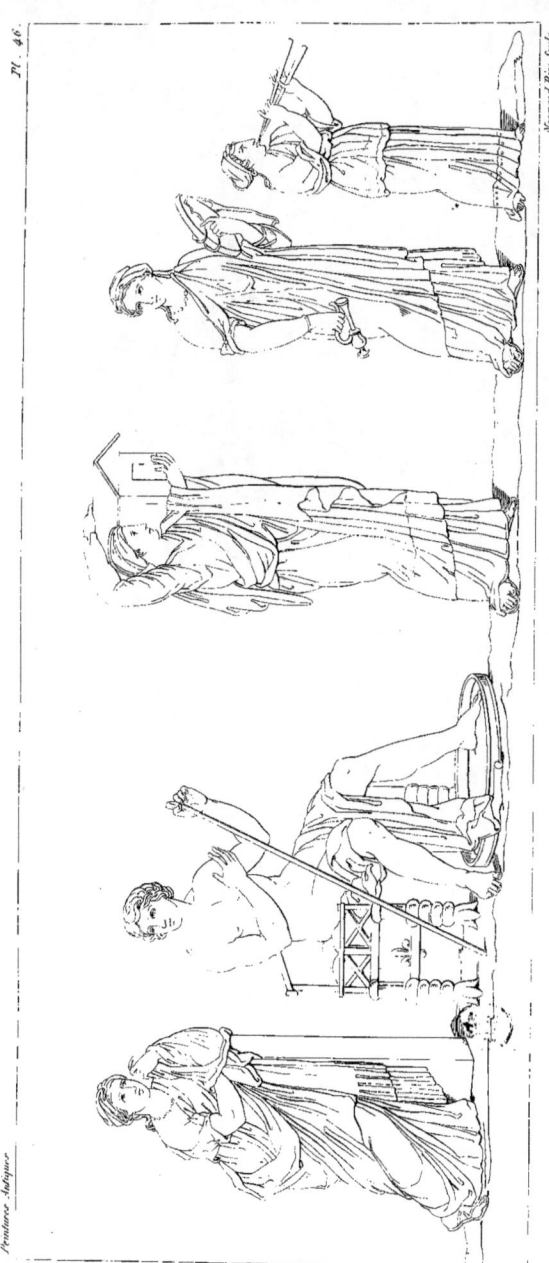

Peuple Samnite en l'honneur de Bacchus.

Peintures Antiques. Pl. 47.

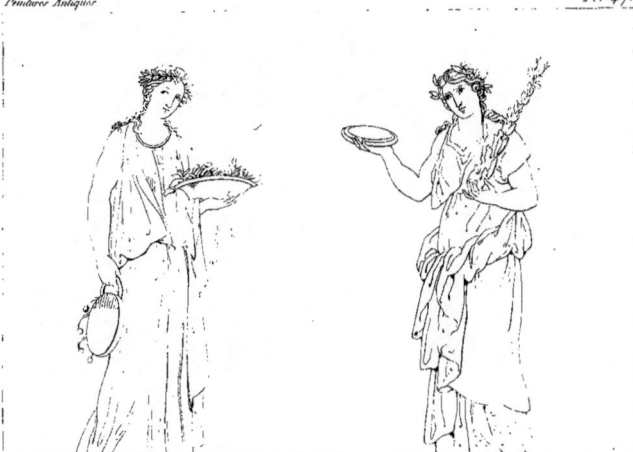

Deux Prêtresses de Bacchus.

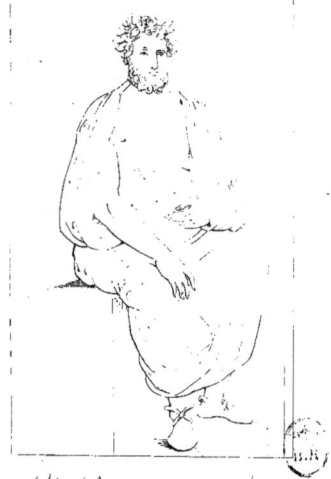 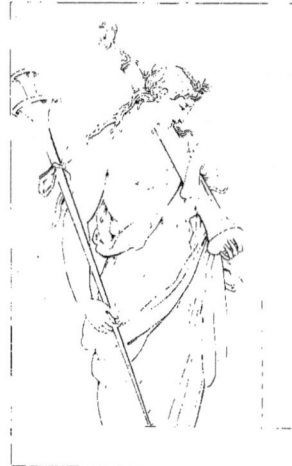

Dupré Sculp.

Un Poète couronné de lierre et assis sur un siège.   Une femme portant des instrumens de musique.

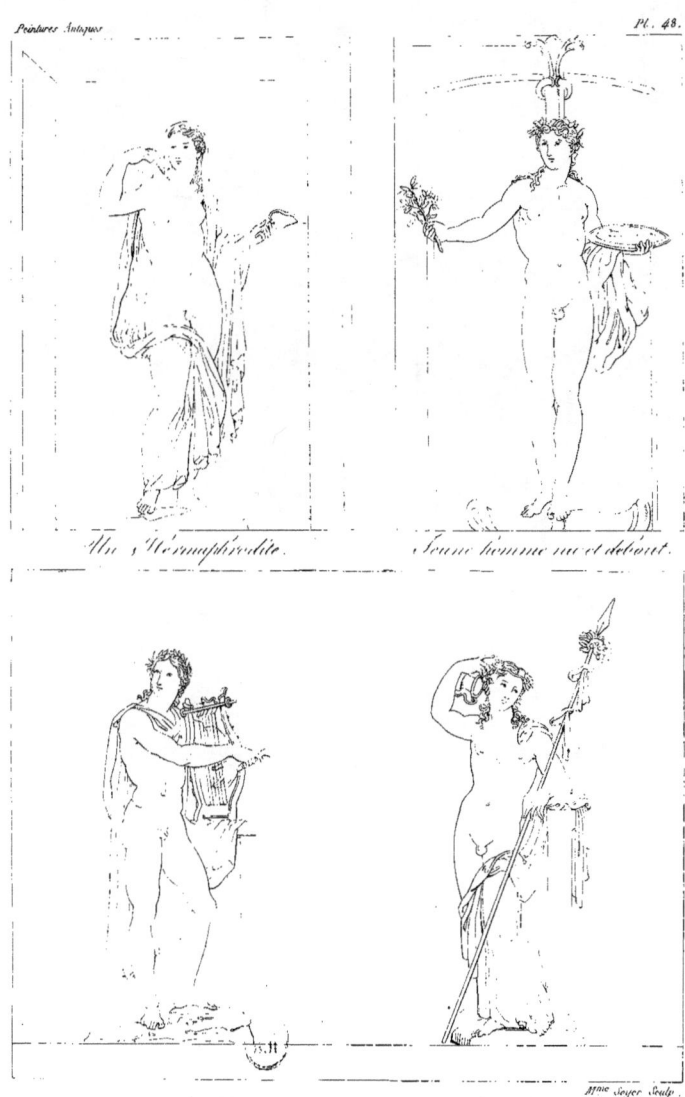

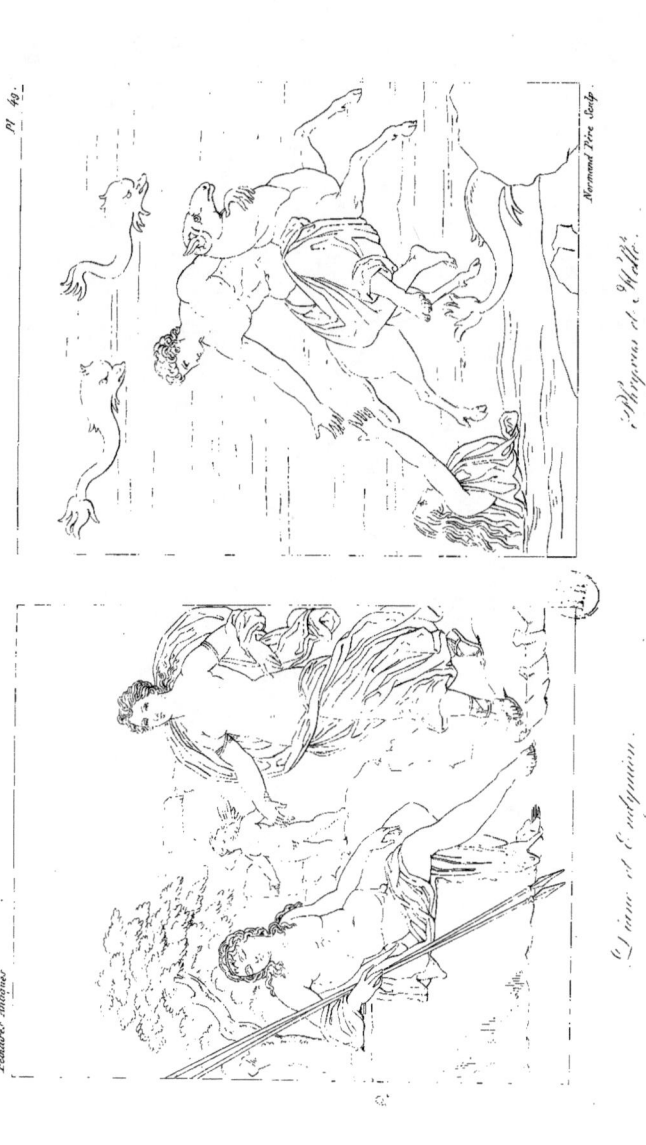

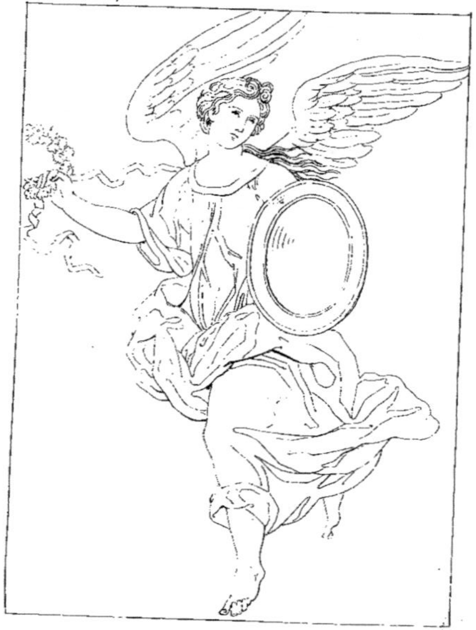

Pl. 30

Peintures Antiques.

Mme. Soyer Sculp.

La Victoire ailée.   Vénus Nymphe cueillant des fleurs.   L'amour armé de son arc.

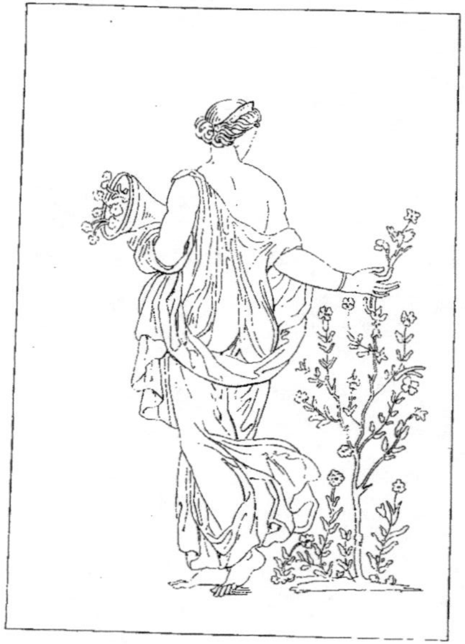

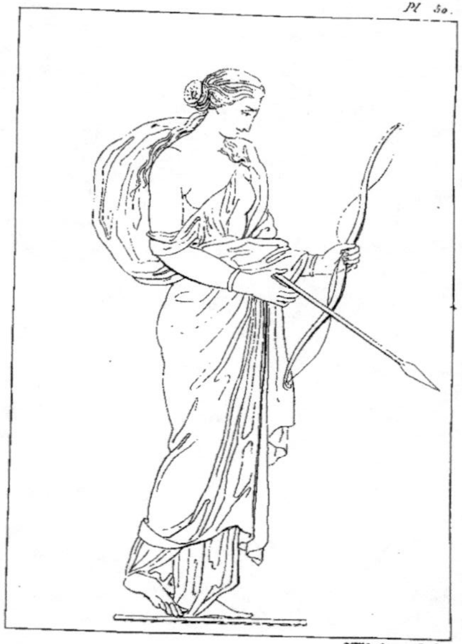

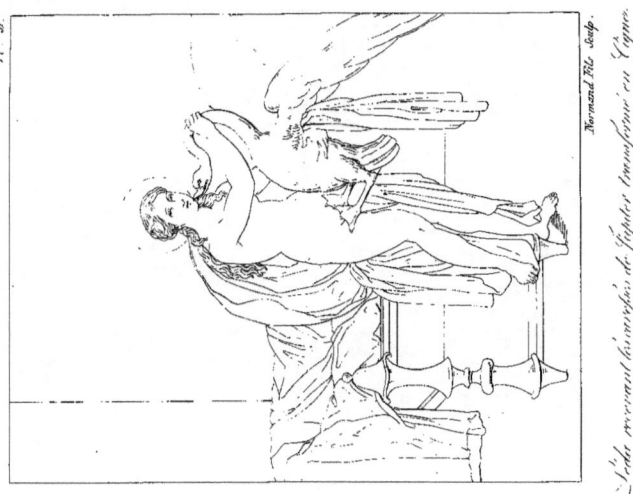

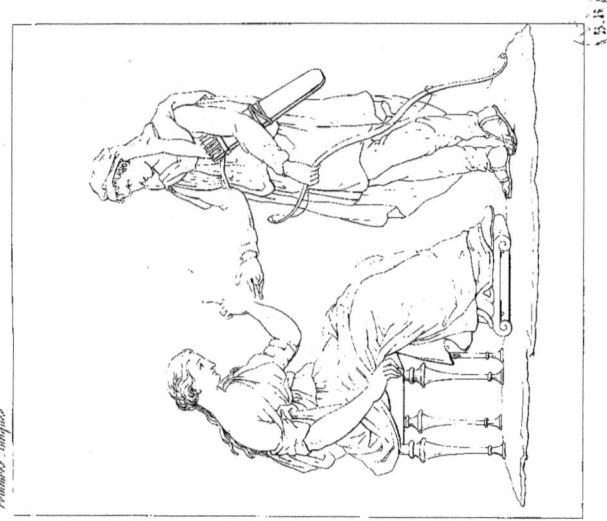

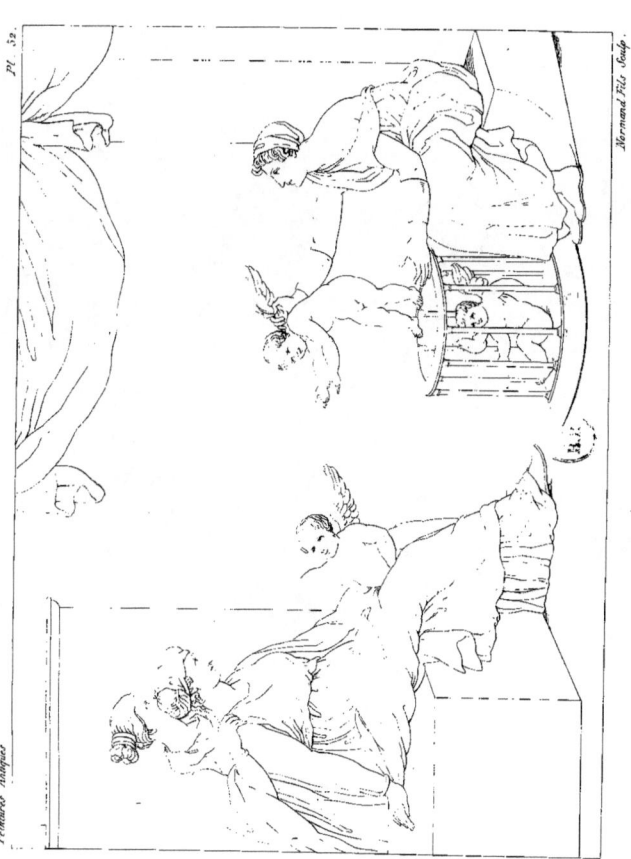

Les Amours captifs.

Peintures Antiques. Pl. 33.

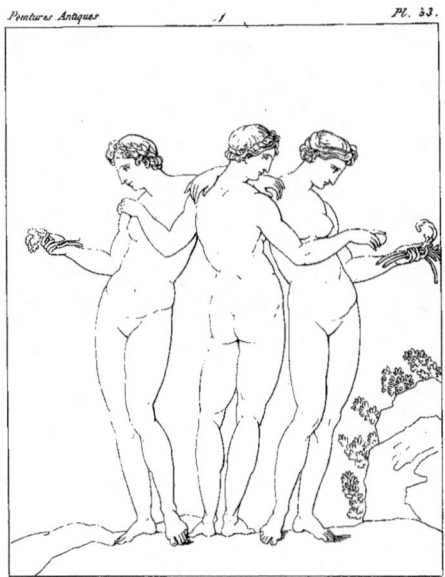

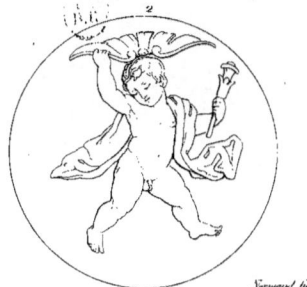

1. Les trois Grâces.
2. Génie portant une Conque.

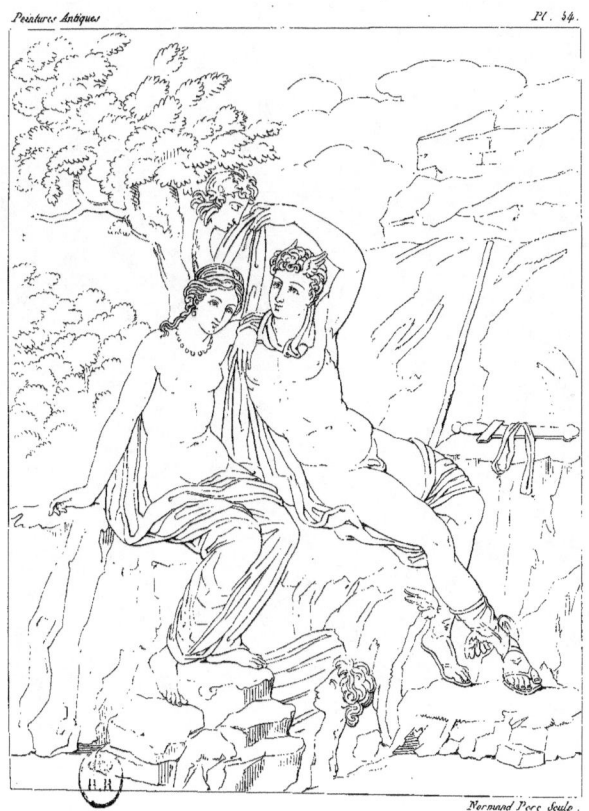

Mercure et Hérsé.

Peintures Antiques. Pl. 35.

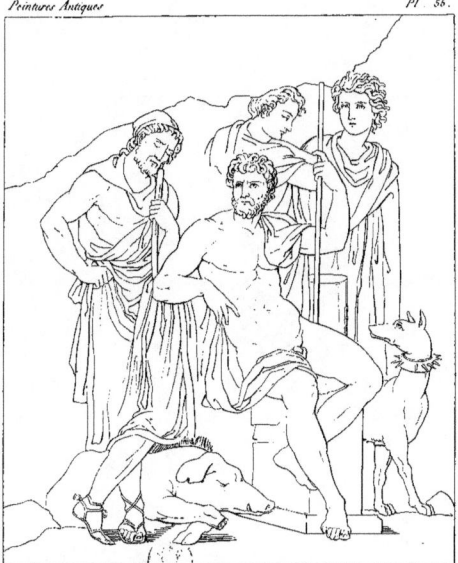

Œnée, roi de Calydon, écoute l'envoyé des Étoliens.

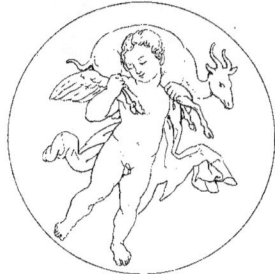

Génie portant un Chevreau.

Normand fils Sculp.

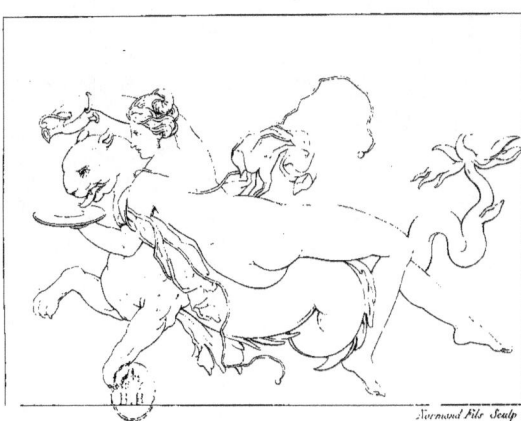

Peintures Antiques. Pl. 50.

Une Néréide montée sur un cheval marin.

Normand Fils Sculp.

Une Néréide donnant à manger à un monstre marin.

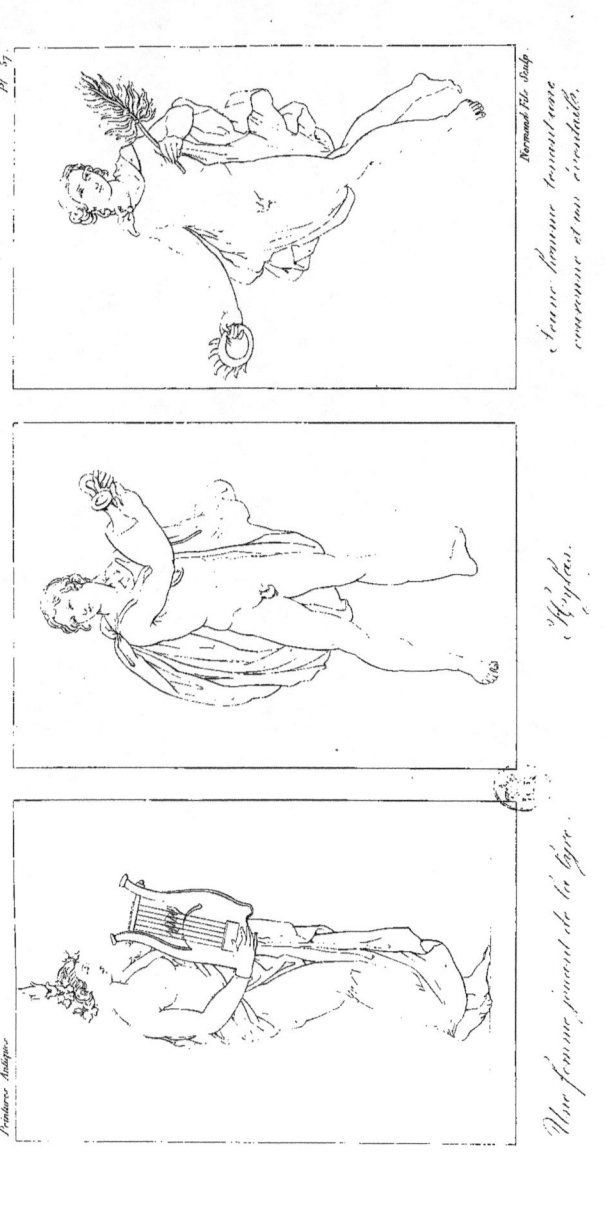

Peintures Antiques. Pl. 58.

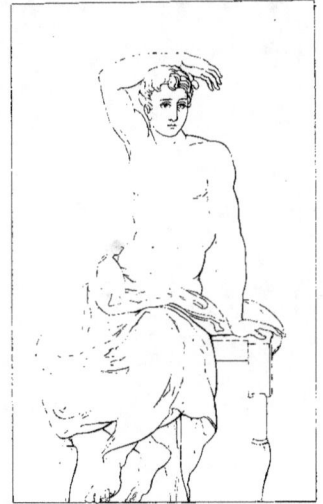

Vénus à sa toilette.   Vulcain en repos.

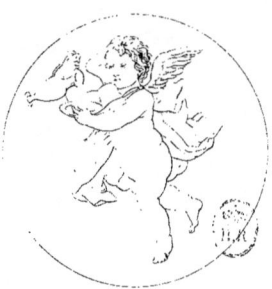
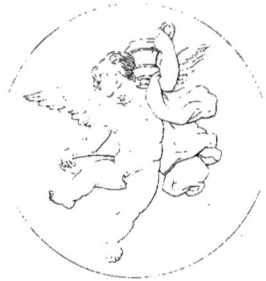

Génie portant un vase   Génie portant un vase
et une pathère.   et une coupe.

Normand Fils Sculp.

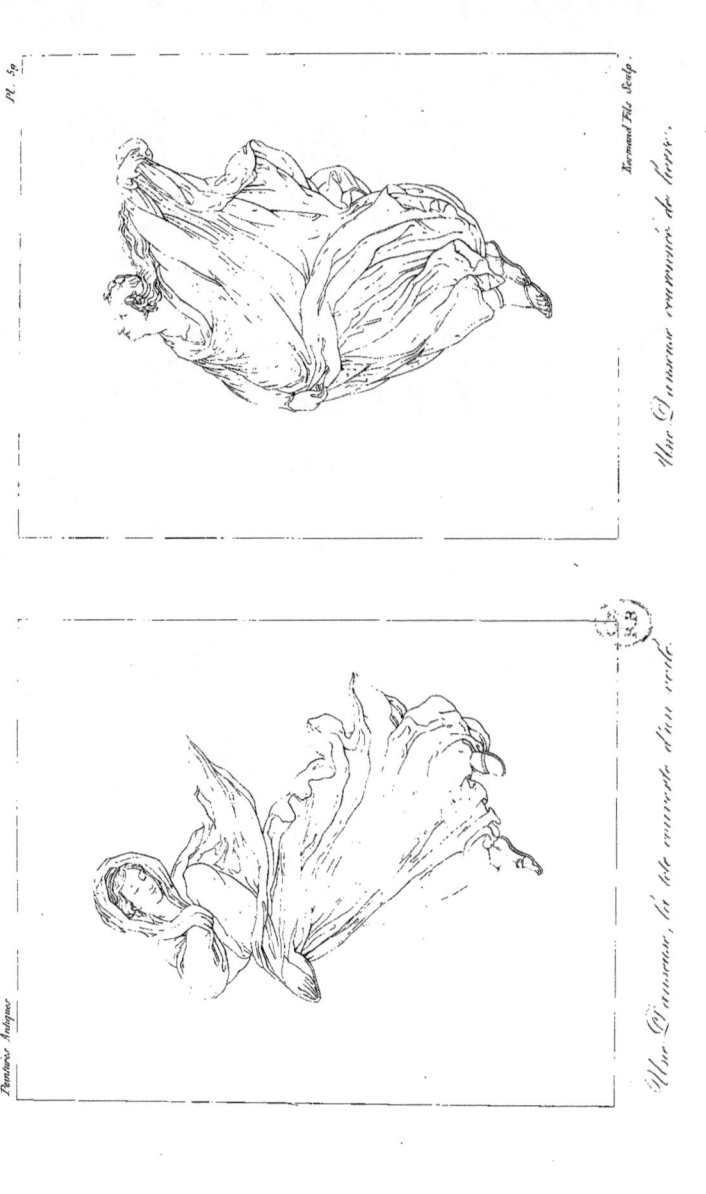

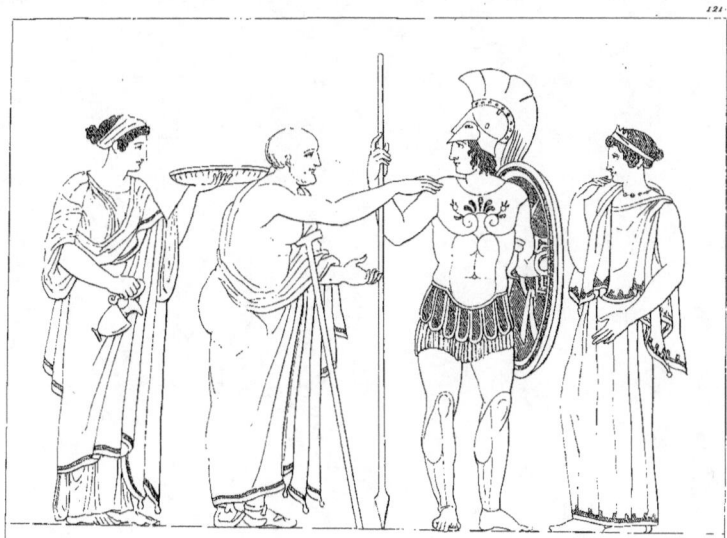

Le départ pour l'armée.

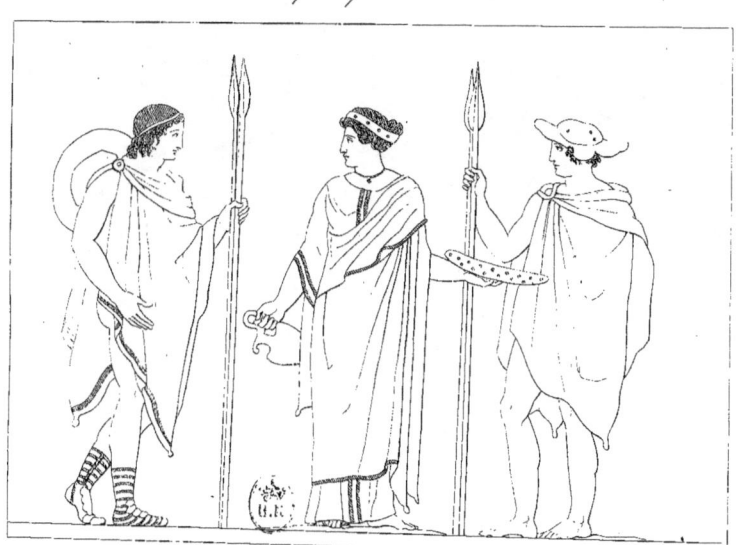

Oreste, Pylade et Iphigénie.

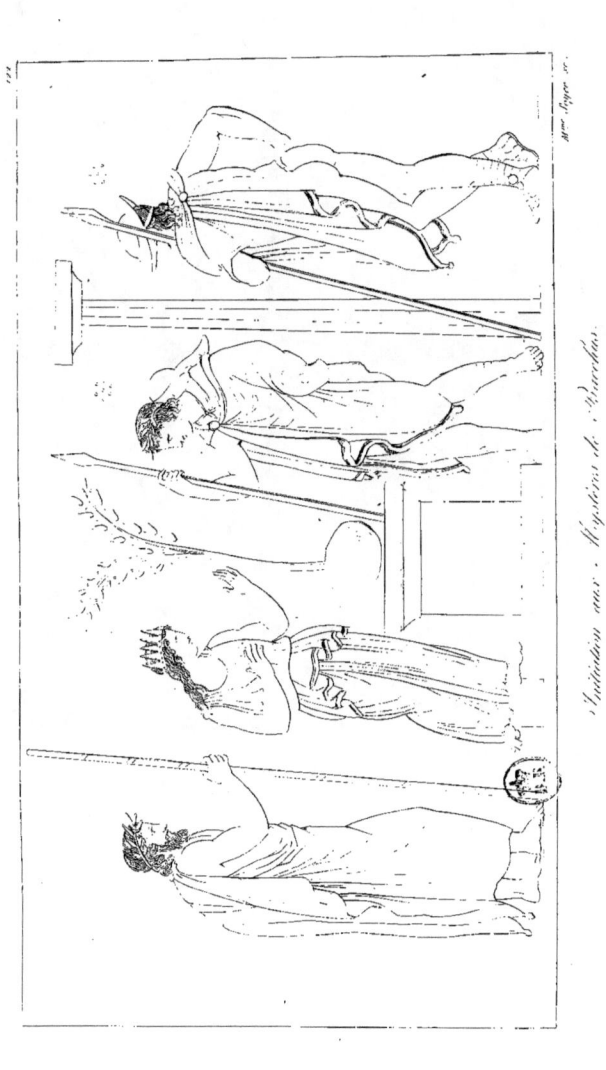

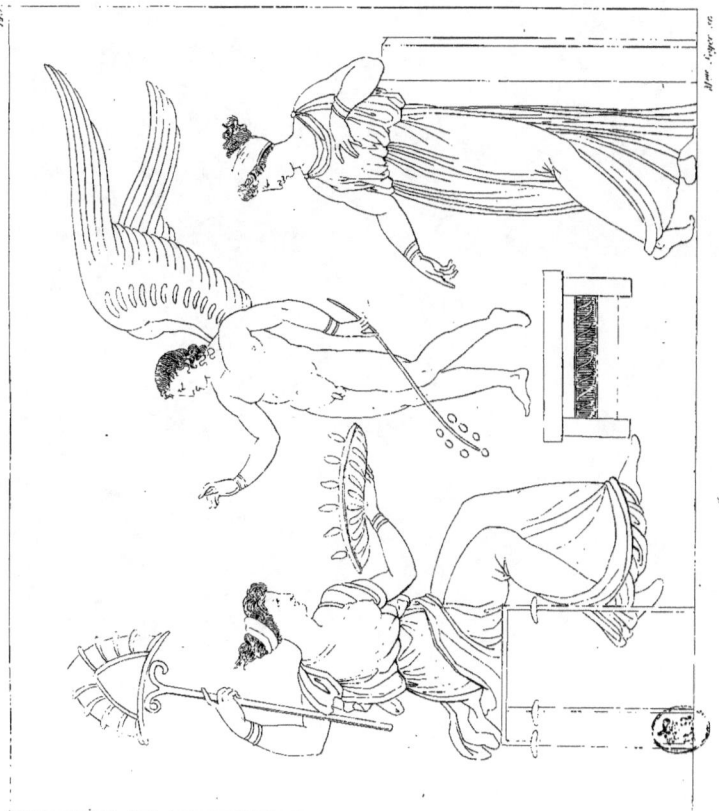

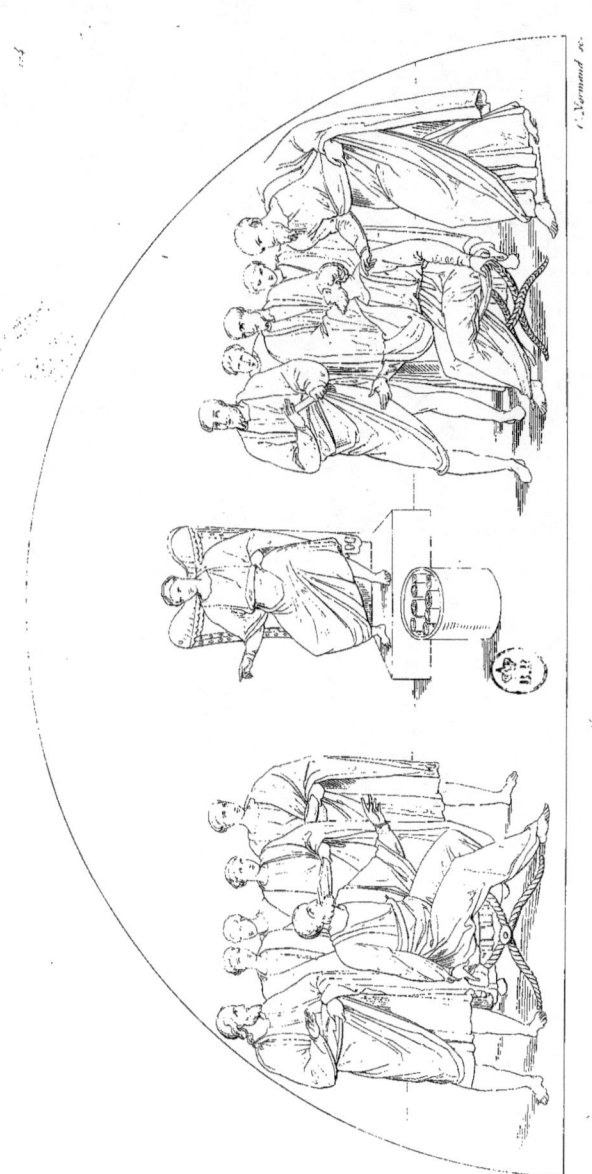

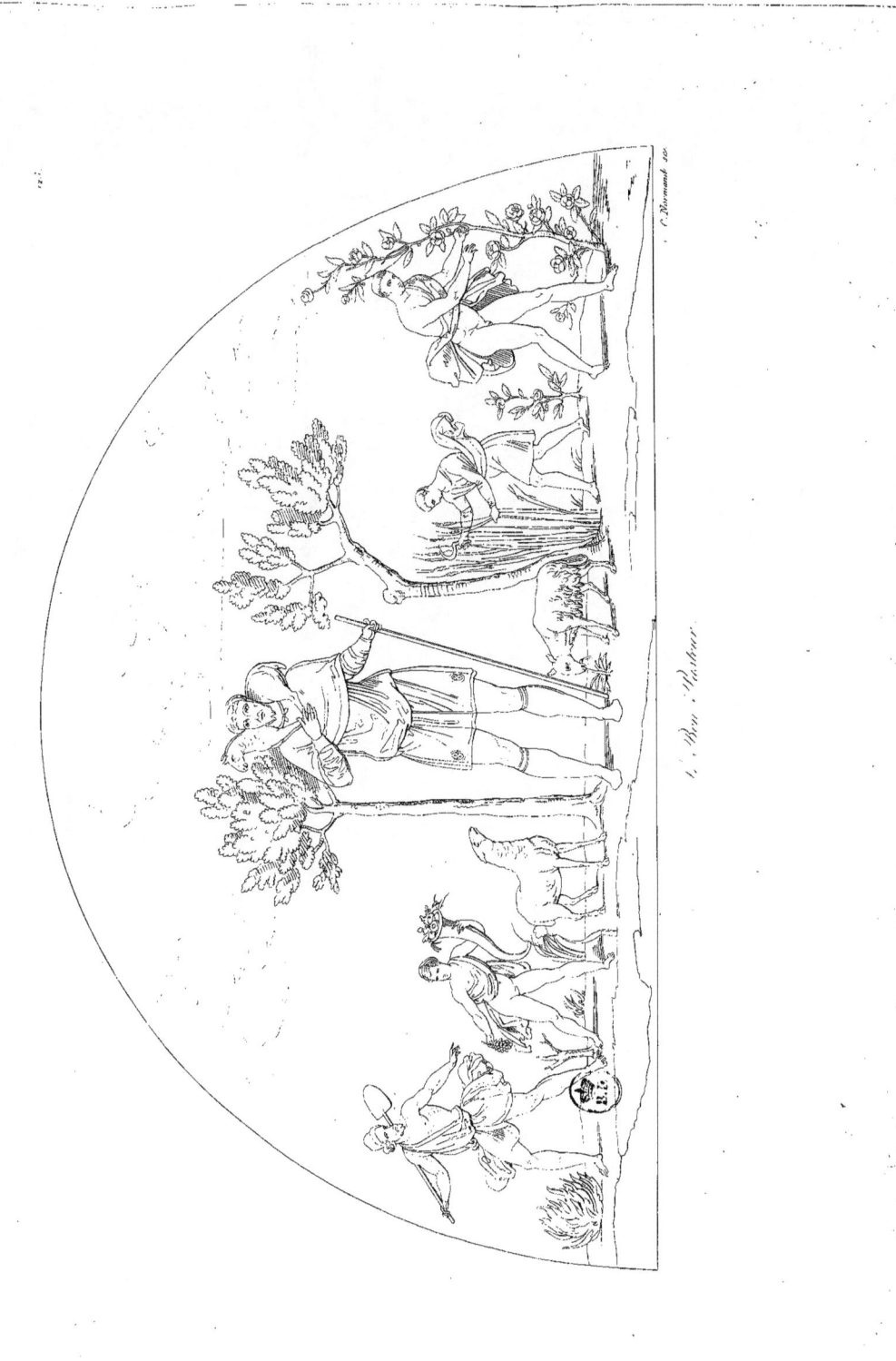

Supplices condamnés à des travaux militaires.

Translation de l'Arche sainte.

Moyse frappant le Rocher.   Femme vêtue de la Stola.   Moyse montrant les menues aux Israélites.

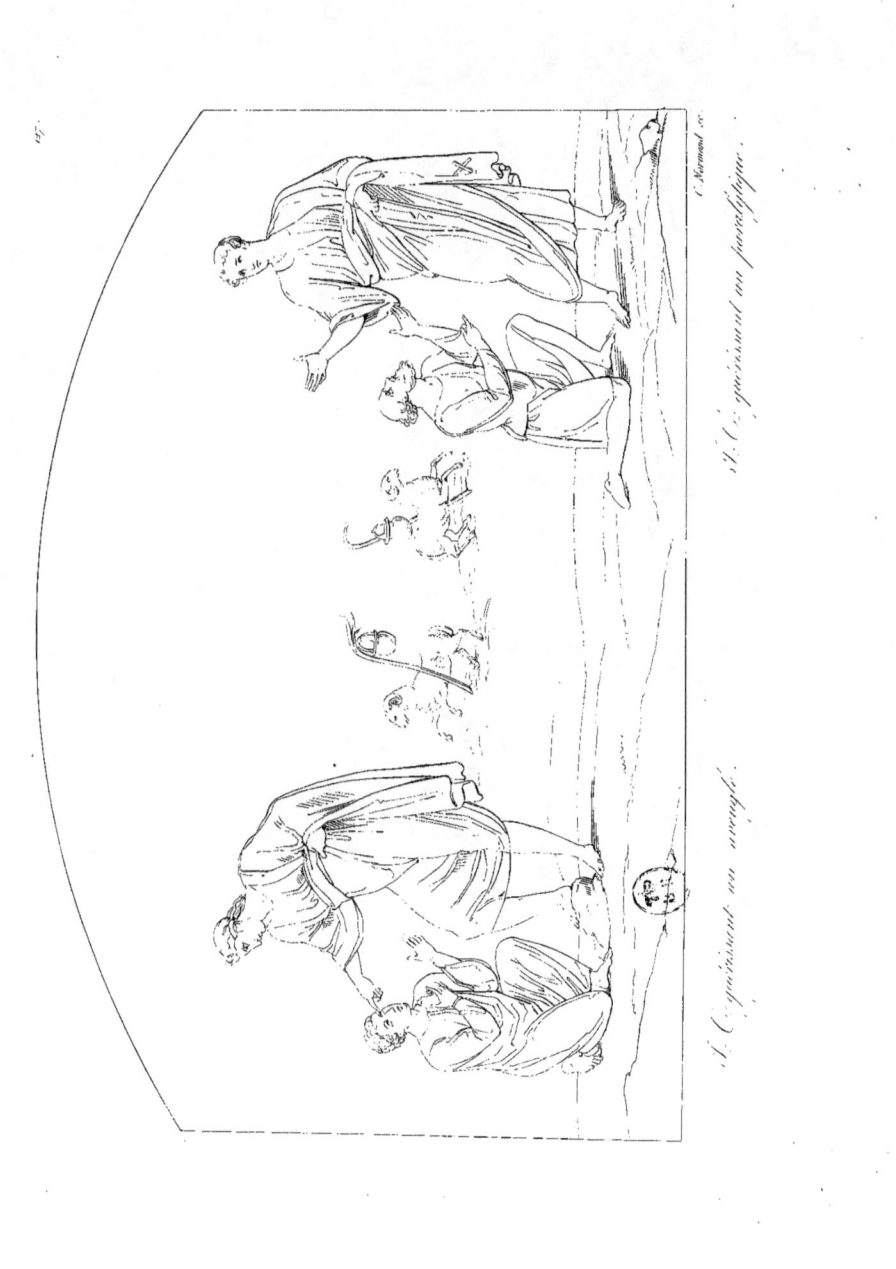

J. C. guérissant un aveugle.   J. C. guérissant un paralytique.

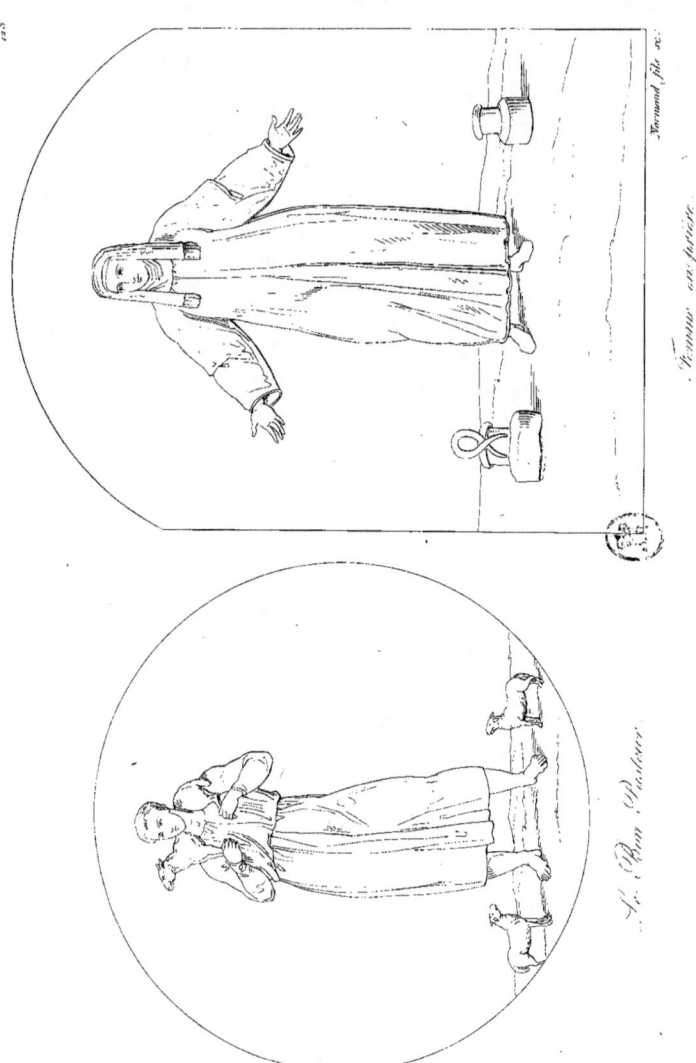

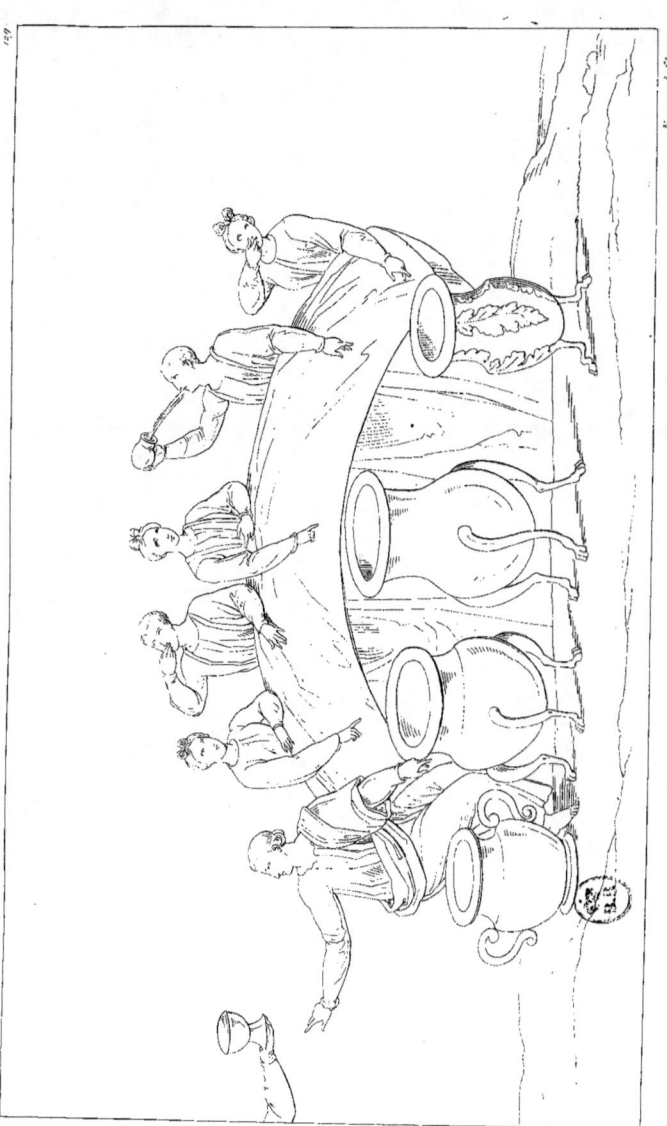

Agapes ou Repas des premiers Chrétiens.

L.e Enlevement des Anges.

Moyse frappant le Rocher.

Femme en prière.

Adam et Eve.

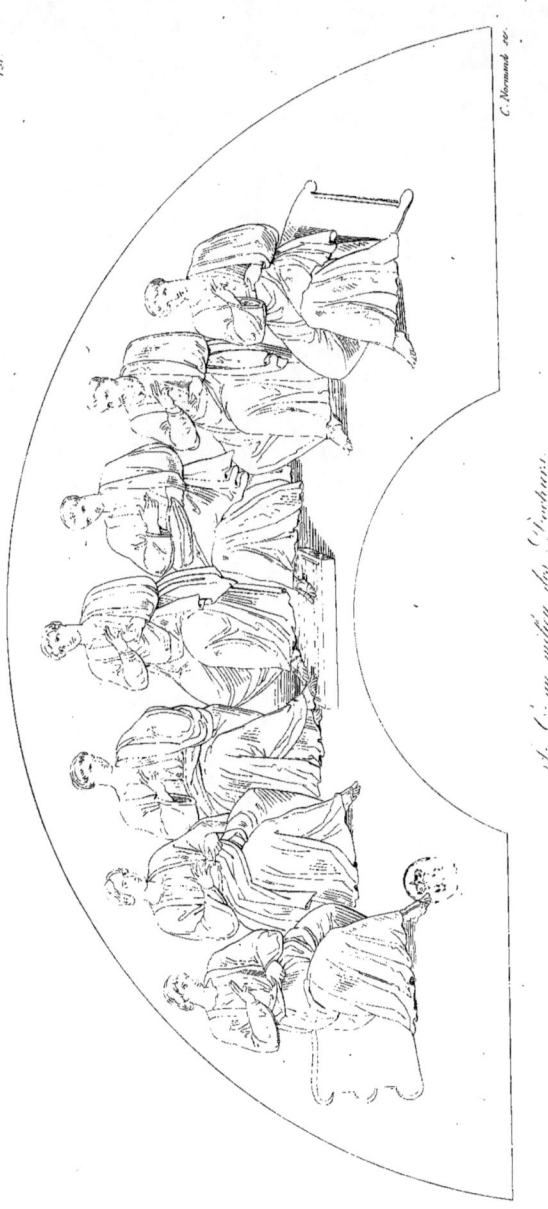

4. Cæsar au milieu des Sénateurs.

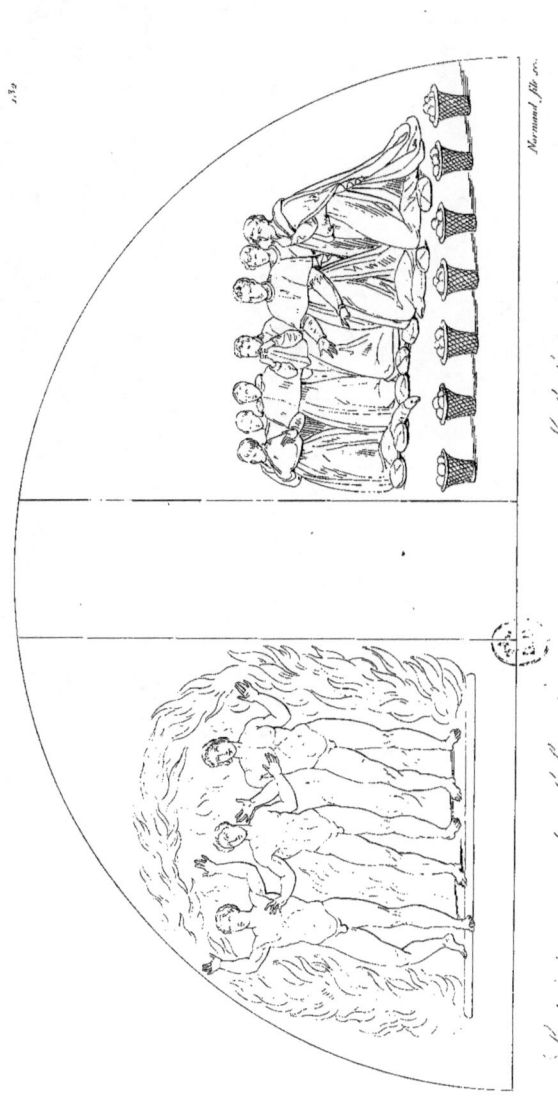

Un homme debout parlant à une femme assise.

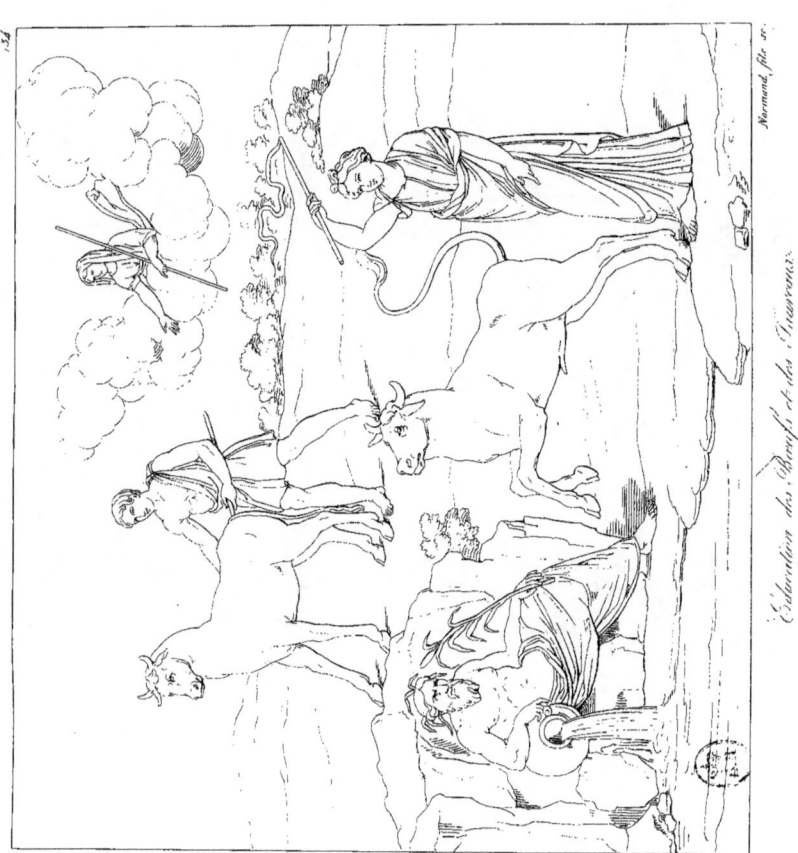

Enlevement des Boeufs et des Taureaux.

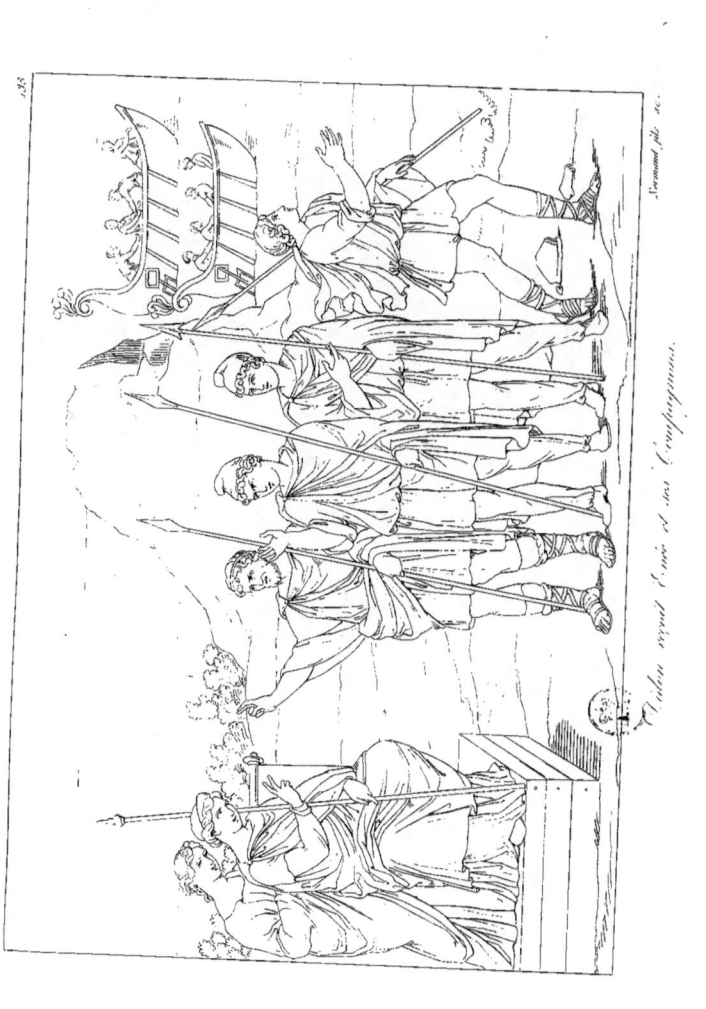

Le prophète Néjron se présente aux Troyens.

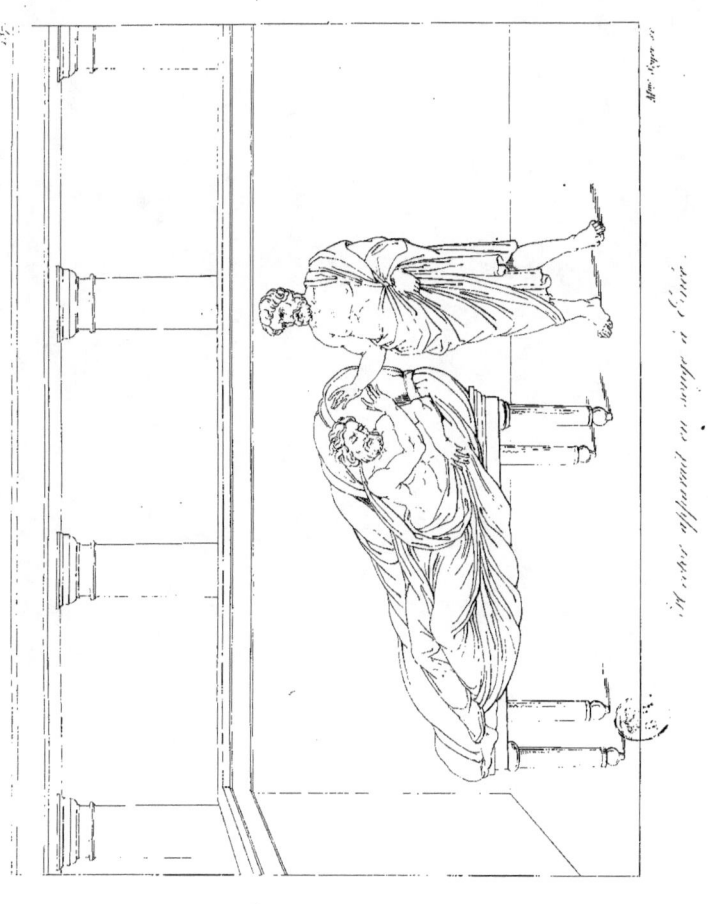

Junonchus et Caelius a Jupiter pour mourir et sont abandonnes. Serie.

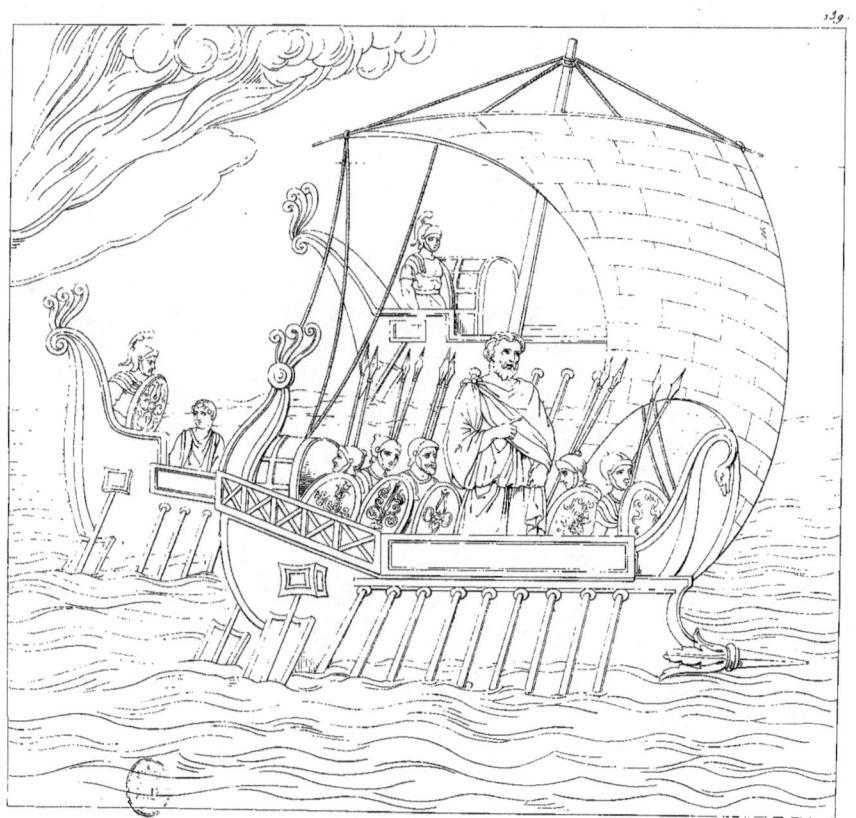

Départ de la flotte d'Énée.

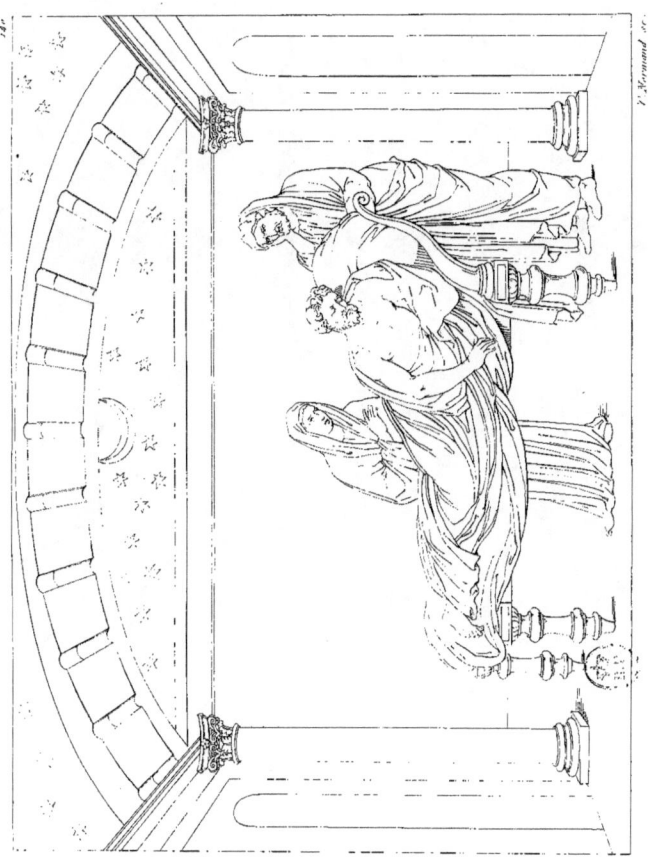

Les Amours d'Enée lui enlacèrent un songe le Ciel et son voyage.

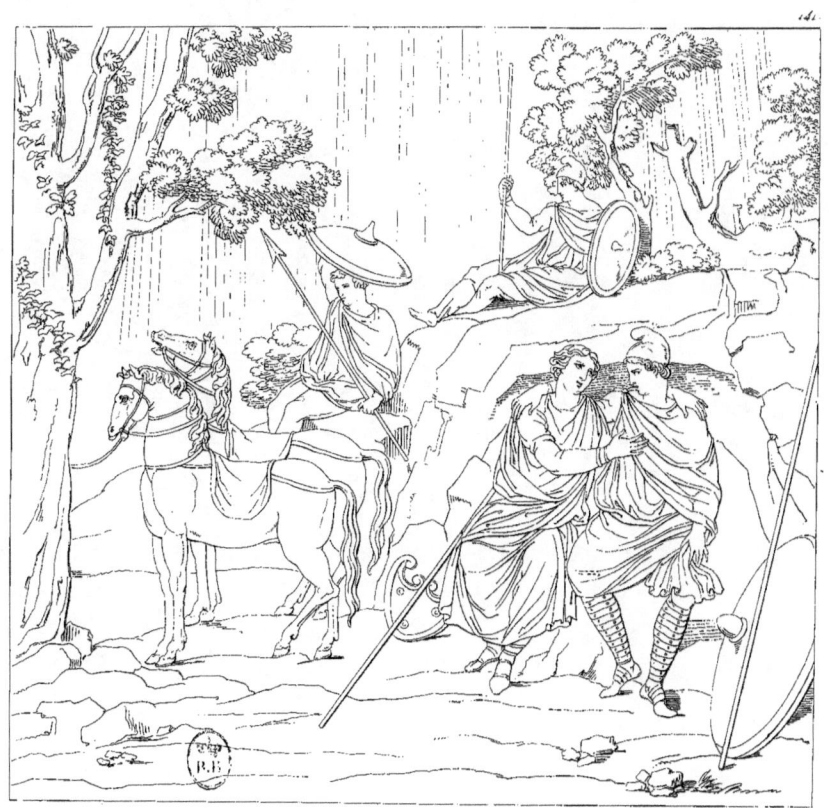

Didon et Énée dans la grotte.

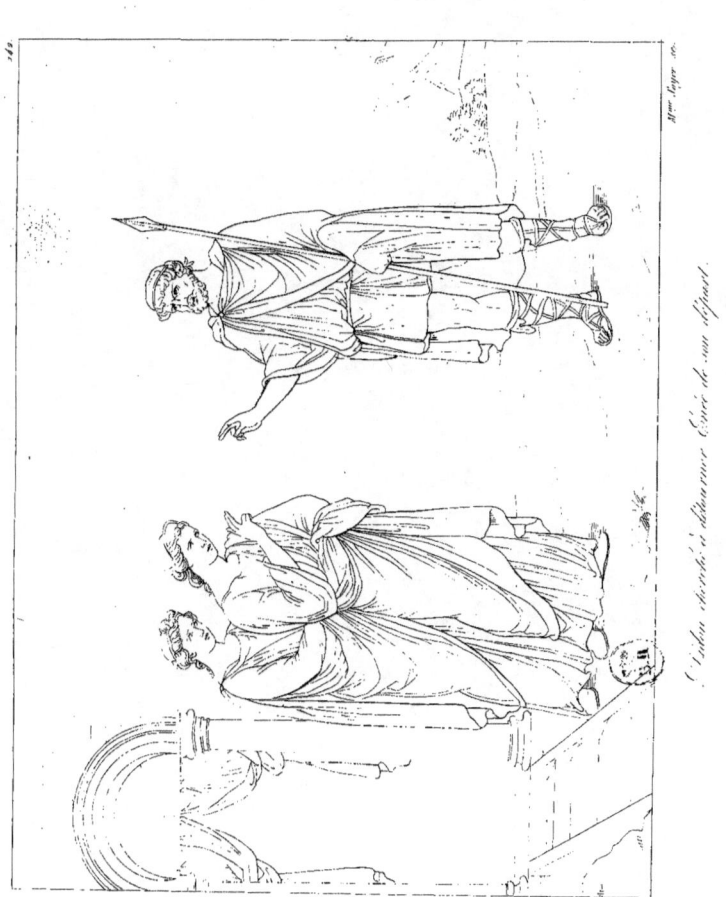

Ulysse cherche à ramener Enée de son départ.

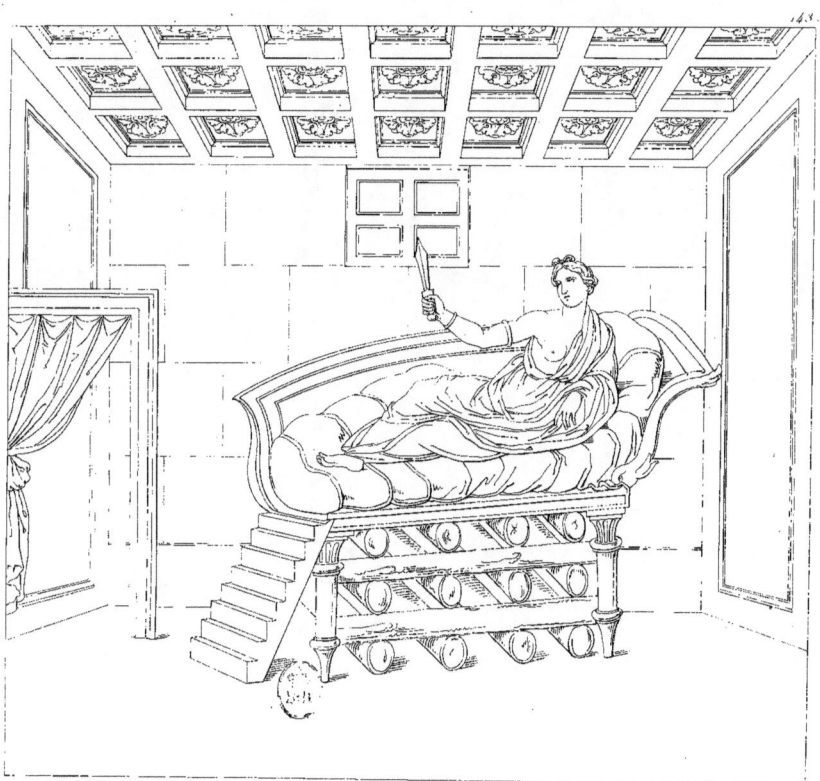

La mort de Didon

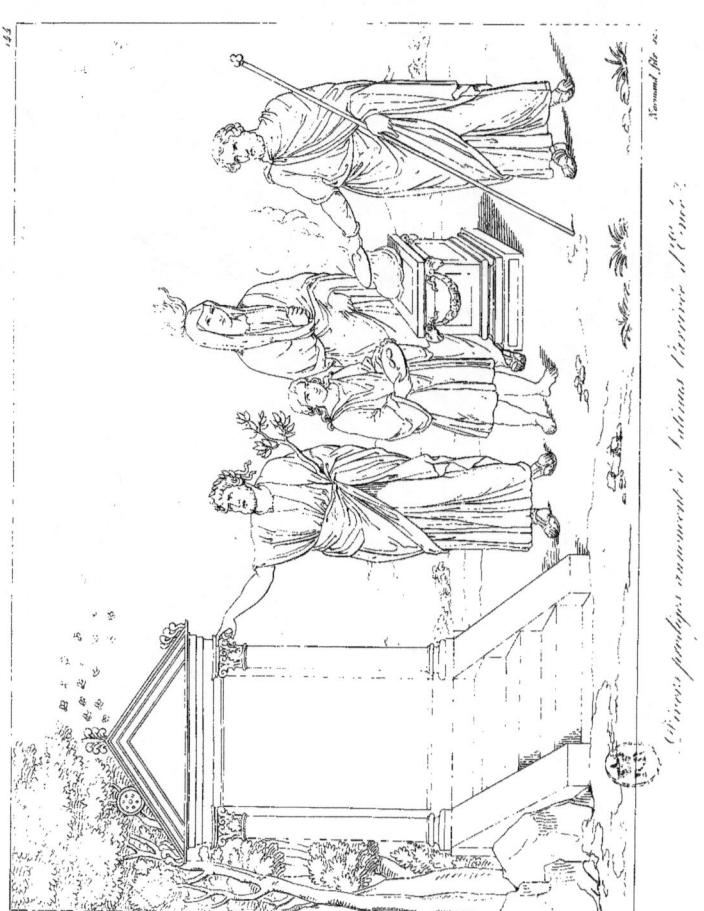

Diverses pompes funèbres conservées à Athènes l'hiver et l'été.

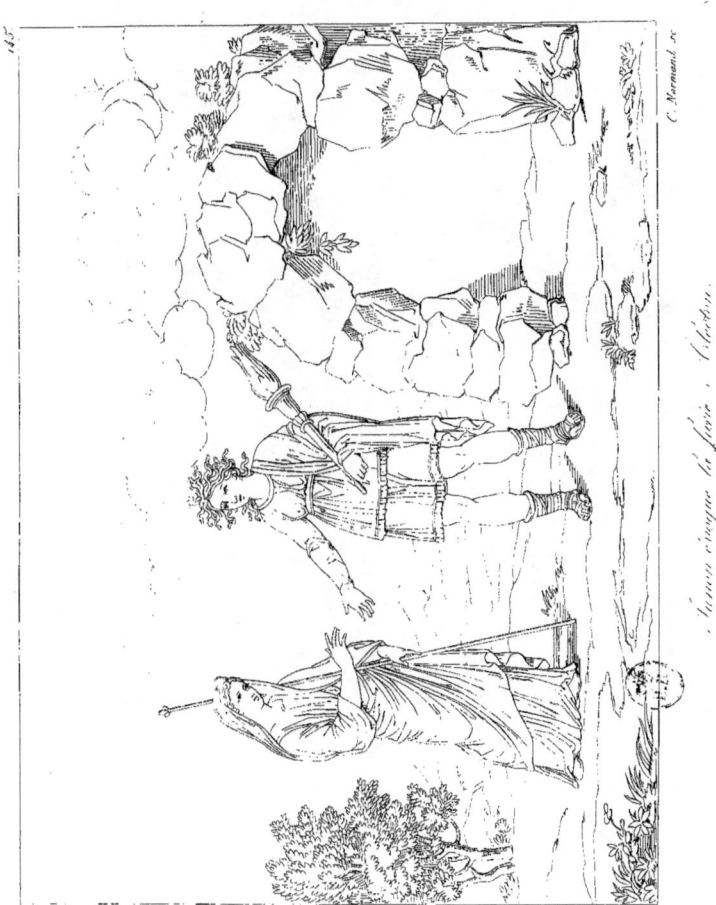

TABLE DES PLANCHES DES PEINTURES ANTIQUES.

Peintures trouvées à Rome dans les ruines des bains de Titus.

Ces peintures, encombrées pendant une longue suite de siècles, par l'effet des calamités qui bouleversèrent tant de fois l'Italie, furent découvertes sous le pontificat de Léon X ; et Raphaël y puisa presque toutes les beautés qu'on admire dans ses arabesques. Elles furent ensévelies de nouveau pendant deux siècles. Ce fut sous le pontificat de Léon XIII, que Charles Cameron, architecte, obtint la permission de faire des fouilles dans ce monument, et en donna une idée dans son ouvrage sur les bains romains. Mais ce ne fut que sous le règne de Pie VI, en 1775, que ces fouilles furent poussées avec activité, et que les peintures de seize chambres furent rendues aux arts. Ces peintures ornaient les voûtes ou les murailles de ces pièces, et étaient accompagnées d'ornemens ou d'arabesques, composés avec beaucoup de goût. Nous donnons le trait des tableaux les plus capitaux ou les mieux conservés.

Planche Ire. 1er sujet. BACCHUS ACCOMPAGNÉ DES MUSES. Les figures de ce tableau qui occupe le milieu d'une voûte, sont presque de grandeur naturelle.
2e sujet. LA TOILETTE DE VÉNUS.

Pl. II. 1. LE DÉPART POUR LA GUERRE. 2. LE RETOUR DE LA GUERRE. Les figures de ces deux tableaux ont trois palmes romains de hauteur. Le Palme ou Empan était de deux espèces : le grand qui avait 12 doigts de longueur, le petit qui n'en avait que 4. Il s'agit du premier.

Pl. III. 1. La naissance de Bacchus. 2. Autre tableau représentant le même sujet.

Pl. IV. 1. Bacchus. 2. Un vainqueur a la course.

Pl. V. 1. Apollon. 2. Pomone.

Pl. VI. Hippodamie enlevée par les centaures.

Pl. VII. Une noce. Les figures de ce tableau, appartenant à une voûte, ne portent qu'un palme de hauteur.

Pl. VIII. Quelques auteurs prétendent que le premier de ces deux tableaux représente le cyclope Polyphème jouant de la flute devant une des muses; et le second, le jeune Papyrius interrogé par sa mère.

Pl. IX. Mars surprend Rhéa Sylvia endormie. Les figures de ce tableau ont 4 palmes de hauteur.

Pl. X. La récolte des grains, des fourrages, des fleurs et des fruits. Ce tableau et celui qui suit sont aux deux côtés du précédent.

Pl. XI. Une femme jouant du tympanum devant une autre femme, et deux hommes qui l'écoutent.

Pl. XII. 1. Mars et Vénus. 2. Un jeune homme assis. 3. Ganimède. Le premier de ces trois tableaux fait partie d'une voûte.

Pl. XIII. Adonis, partant pour la chasse, s'éloigne de Vénus dont les instances n'ont pu le retenir.

Pl. XIV. 1. Le retour d'un vainqueur a la course. 2. Une esclave suppliante. Ces deux tableaux sont placés dans une voûte.

Pl. XV. 1. Une scène des mystères d'Eleusis. 2. Bacchus et Ariadne. Ce dernier tableau appartient à une voûte.

Pl. XVI. Sacrifice a Pomone. Quelques savans prétendent que c'est plutôt un sacrifice à Bacchus, parce que, disent-ils, on n'a jamais donné de thyrse à la déesse, et que Bacchus est représenté tantôt en homme, tantôt en femme.

DES PEINTURES ANTIQUES. 151

Pl. XVII. La Vendange. Ce tableau sert à l'ornement d'une voûte.
Pl. XVIII. Cérémonie religieuse.
Pl. XIX. 1. Jupiter et Junon enfans, sur le dos de la chèvre Amalthée. 2. Une Muse portant un vase. 3. Un Philosophe. Quelques personnes prétendent que cette dernière figure est celle de Socrate.
Pl. XX. Les noces aldobrandines. Elles ont été gravées en deux parties, pour être contenues dans la même planche. Ce tableau est le plus capital qui nous reste de l'antiquité. Il fut découvert sous le pontificat de Clément VIII, et transporté au palais Aldobrandin, où on le voit encore aujourd'hui, d'où lui vient cette dénomination de Noces aldobrandines. Les figures ont deux palmes de hauteur.
Pl. XXI. Le départ de Coriolan.

Peintures tirées des ruines d'Herculanum et de Pompéïa.

L'éruption du Vésuve, qui eut lieu dans la 79ᵉ année de l'ère chrétienne, engloutit Herculanum. C'était une petite ville de la Campanie, située sur le bord de la mer. L'évènement qui l'a détruite a été décrit par Pline le jeune. On sait que Pline son oncle, le naturaliste, y périt; Herculanum resta ensevelie pendant 1600 ans. En 1770, le prince d'Elbeuf ayant fait faire quelques excavations dans cet endroit, en retira une grande quantité de marbres anciens et de colonnes d'albâtre. Les fouilles furent continuées quelque temps après, aux frais du roi des Deux-Siciles, et l'on découvrit à plus de quatre-vingts pieds de profondeur le sol d'une ville abimée sous Portici et Rétine, villages distans de 6 milles de Naples, entre le mont Vésuve et la mer. Parmi les ruines d'Herculanum, on reconnut plusieurs édifices et un grand nombre de statues bien conservées. D'autres monumens de toute espèce furent successivement découverts. Les peintures retrouvées à Herculanum sont à fresque. Elles ornaient l'intérieur de quelques maisons.

Pl. XXII. 1. Femmes jouant aux osselets. Peinture monocrôme

ou en camayeu. On lit dans un coin de ce tableau : *Alexandre Athénien l'a peint*. Le peintre a placé les noms de ses personnages tout près des figures, savoir : Niobé, Phébé, Thélaïre et Aglaé.
2. Une jeune fille tenant un sceptre et une branche de cèdre.
3. Didon. Tableau trouvé dans les excavations de Rétine. Ces deux derniers sont conservés au Musée de Portici.

Pl. XXIII. L'éducation d'Achille, ou, selon d'autres, Neptune caché dans sa retraite. Peint sur marbre et fort endommagé.

Pl. XXIV. Thésée punit le Centaure Eurytus qui tentait d'enlever Hippodamie. Peint sur marbre, trouvé dans les excavations de Rétine en 1749, et conservé au Musée de Portici.

Pl. XXV. Thélèphe allaité par une biche. Morceau considérable trouvé dans le même lieu, et conservé dans le même Musée.

Pl. XXVI. Hercule au berceau étouffe deux serpens.

Pl. XXVII. 1. Le centaure Chiron apprend a Achille a jouer de la lyre. 2. Deux enfans. Du même lieu et au même Musée.

Pl. XXVIII. Un génie monté sur un dauphin remet une lettre a Polyphême. Des excavations de Rétine. 2. Deux enfans, dont l'un tient des clous et l'autre un instrument à plusieurs cordes.

Pl. XXIX. Oreste reconnu par Iphigénie. Trouvé à Rétine en 1740. Musée de Portici.

Pl. XXX. Oreste et Pilade enchainés, et menés devant Iphigénie. *Idem.*

Pl. XXXI. 1. Un repas, scène domestique, découverte à Rétine. Musée de Portici. 2. Danse de deux enfans. *Id.*

Pl. XXXII. 1. Un jeune faune donnant un baiser a une bacchante. 2. Une nymphe surprise par un vieux faune. *Id.*

Pl. XXXIII. 1. Deux danseuses se tenant les mains. Peinture trouvée avec onze autres en 1749 dans les fouilles de la tour de l'Annonciation en un lieu appelé Civita, où l'on croit qu'était située

DES PEINTURES ANTIQUES.

l'ancienne ville de Pompéia. 2. Une danseuse tenant des deux mains sa draperie. 3. Une danseuse tenant un disque.

Pl. XXXIV. 1. Une bacchante tenant un tambour. 2. Une bacchante jouant des cymbales. 3. Une jeune fille tenant un vase et un disque. 4. Une jeune fille tenant un disque et un panier. *Id.*

Pl. XXXV. 1. Un centaure conduit par une bacchante. 2. Une centauresse portant sur son dos une bacchante. *Id.*

Pl. XXXVI. 1. Une centauresse et un jeune homme jouant de la lyre et des cymbales. 2. Un centaure montrant a un jeune homme a jouer de la lyre. *Id.*

Pl. XXXVII. 1. Apollon Musagète. 2. Clio. 3. Thalie. 4. Melpomène. *Id.*

Pl. XXXVIII. 1. Therpsichore. 2. Erato. 3. Polymnie. *Id.*

Pl. XXXIX. 1. Uranie. 2. Calliope. 3. Les trois déesses. *Id.*

Pl. XL. L'éducation de Bacchus. Cette peinture, découverte en 1747, est une des plus belles et des mieux conservées. *Id.*

Pl. XLI. 1. La lutte de Pan contre l'amour. 2. Ariadne abandonnée par Thésée dans l'île de Naxos. *Id.*

Pl. XLII. 1. Ariadne abandonnée par Thésée dans l'île de Naxos. Cette peinture fut découverte à Civita, le 20 août 1757. 2. Apollon instruit Cassandre dans l'art de prédire l'avenir. *Id.*

Pl. XLIII. 1. Bacchus surprend Ariadne endormie. 2. Triton et monstres marins. *Id.*

Pl. XLIV. Le chatiment de Marsyas. *Id.*

Pl. XLV. Un choeur de bacchantes. *Id.*

Pl. XLVI. Pompe sacrée en l'honneur de Bacchus. *Id.*

Pl. XLVII. 1. Deux prêtresses de Bacchus. 2. Un poète couronné de lierre. 3. Une femme portant des instrumens de musique. *Id.*

Pl. XLVIII. 1. Un hermaphrodite. 2. Un jeune homme nu et

DEBOUT. Il tient de la main droite une branche d'olivier. L'espèce de chapiteau qu'il porte sur sa tête fait présumer que cette figure est une cariatide. 3. APOLLON. 4. BACCHUS. *Id.*

PL. XLIX. 1. DIANE ET ENDYMION. 2. PRIXUS ET HELLÉ. Cette peinture fut trouvée dans les fouilles de Civita, le 8 juillet 1760. *Id.*

PL. L. 1. LA VICTOIRE AILÉE. 2. UNE NYMPHE CUEILLANT DES FLEURS. 3. DIANE ARMÉE DE SON ARC. *Id.*

PL. LI. 1. ULYSSE SE FAIT CONNAITRE A PÉNÉLOPE. Trouvé dans les fouilles de Gragnano, le 16 juillet 1759. 2. LEDA RECEVANT LES CARESSES DE JUPITER MÉTAMORPHOSÉ EN CIGNE. *Id.*

PL. LII. LES AMOURS CAPTIFS. Peinture retirée des fouilles de Gragnano, le 13 juin 1759. Un peintre français, J. Vien, a imité cette composition dans un tableau gravé sous le titre de la marchande d'amours. *Id.*

PL. LIII. 1. LES TROIS GRACES. Peinture trouvée à Civita. 2. GÉNIE PORTANT UNE CONQUE. Trouvé dans le même lieu. *Id.*

PL. LIV. MERCURE ET HÉCATE. Trouvé à Civita, le 24 juin 1760. *Id.*

PL. LV. 1. ŒNÉE, ROI DE CALYDON, ÉCOUTE L'ENVOYÉ DES ÉTOLIENS. Ce tableau, fort endommagé, fut un des premiers qu'on re tira des excavations de Rétine. 2. GÉNIE PORTANT UN CHEVREAU. *Id.*

PL. LVI. 1. UNE NÉRÉIDE MONTÉE SUR UN CHEVAL MARIN. 2. UNE NÉRÉIDE DONNANT A MANGER A UN MONSTRE MARIN. Ces deux peintures font pendans et ornaient la même chambre : elles furent trouvées dans les fouilles de Gragnano, le 4 avril 1768. *Id.*

PL. LVII. 1. UNE FEMME JOUANT DE LA LYRE. 2. HYLAS. 3. UN JEUNE HOMME TENANT UNE COURONNE ET UN ÉVENTAIL. Ces deux derniers trouvés à Gragnano, le 9 mai 1760. *Id.*

PL. LVIII. 1. VÉNUS A SA TOILETTE. 2. VULCAIN EN REPOS. Ces deux peintures trouvées à Gragnano, le 17 mars 1760. 3. GÉNIE PORTANT UN VASE ET UNE PATÈRE. 4. GÉNIE PORTANT UN VASE ET UNE COUPE. *Id.*

PL. LIX. 1. UNE DANSEUSE LA TÊTE COUVERTE D'UN VOILE. 2. UNE DANSEUSE COURONNÉE DE LIERRE. Découvertes à Civita. *Id.*

Pl. LX. 1. Une danseuse. 2. Une Canéphore. Du même lieu. *Id.*
Pl. LXI. Bacchus versant a boire a un satyre. Découvert dans les fouilles de Portici. 2. Génie tenant un vase en forme de tour. Découvert à Civita, en 1749. *Id.*
Pl. LXII. 1 Hercule et Euristée. Trouvé dans les fouilles de Portici. 2. Génie tenant un vase et une coupe. Trouvé à Civita, en 1749. *Id.*
Pl. LXIII. 1. Jupiter et l'Amour. Cette peinture fut trouvée l'une des premières dans les excavations de Portici. 2. Bacchus et Ariadne. Du même lieu. *Id.*
Pl. LXIV. 1. Vénus voguant sur une conque. Découverte à Portici, le 4 mars 1762. 2. Génie tenant un thyrse et un tambour. Trouvé à Civita, en 1749. *Id.*
Pl. LXV. 1. Hercule aux prises avec le lion de Némée. Des fouilles de Portici, en 1761. 1. Petit génie ailé. Des fouilles de Civita, en 1749. *Id.*
Pl. LXVI. 1. Hylas enlevé par les nymphes. Trouvé à Portici, le 18 août 1761, et fort endommagé. 2. Un Génie qui lache un chien contre un ours. Du même lieu. *Id.*
Pl. LXVII. 1. Persée délivre Andromède. Trouvé à Civita, le 19 février 1761. 2. Endymion. Du même lieu, 22 février 1759. *Id.*
Pl. LXVIII. 1. Danseuse tenant un disque. Des fouilles de Civita. 2. Bacchus et Ariadne. Découvert à Gragnano, en 1761. *Id.*
Pl. LXIX. 1. Une bacchante. Des excavations de Gragnano. 2. Un Dieu penate. Du même lieu. *Id.*
Pl. LXX. 1. Une bacchante se défendant des attaques d'un jeune homme. Trouvé à Civita. 2. Une joueuse de harpe. *Id.*
Pl. LXXI. 1. Scène comique. Trouvé à Portici. 2. Poète grec dictant une scène tragique. Du même lieu, en février 1761. *Id.*
Pl. LXXII. Satyre luttant contre un bouc. Déterré à Portici. 2. Un acteur tragique. Peinture endommagée trouvée à Civita. *Id.*

Sujets gravés d'après les dessins coloriés par Pietro Sante Bartoli.

Ces peintures, tirées des Bains de Titus et d'autres lieux, ont été expliquées par M. Mariette, et forment un volume donné, en 1754, par le comte de Caylus, au cabinet des estampes de la Bibliothèque du Roi.

Pl. LXXIII. 1. Une jeune prêtresse couronnée de fleurs. 2. Le gladiateur affranchi. Des Bains de Titus.

Pl. LXXIV. Les trois graces. Cette peinture est conservée à Rome où le comte Camille la fit transporter avec la partie du mur sur lequel elle se trouvait, presqu'aussitôt qu'il en eut fait la découverte.

Pl. LXXV. 1. L'aurore précédée d'une des heures. 3. La déesse Flore. *Idem*.

Pl. LXXVI. 1. L'aurore et la paix. 2. Pallas introduisant Hercule dans le séjour des dieux. *Id*.

Pl. LXXVII. 1. Pallas remettant une bourse a un athlète. 2. Vénus et Anchise.

Pl. LXXVIII. Thésée combattant contre deux Amazones. *Id*.

Pl. LXXIX. La naissance de Vénus. On présume que ce morceau est un de ceux dont l'abbé Dubos fait mention dans ses réflexions critiques sur la poésie et la peinture, et qu'il avait vus sur le mont Celio.

Pl. LXXX. 1. Un homme qui invoque le ciel. 2. Une prêtresse qui immole un bélier. 3. Une femme en extase. Ce morceau de peinture occupait toute la façade d'une chambre qui fut découverte dans un jardin situé à main droite d'une rue qui conduit à Saint-Etienne-le-Rond.

Peintures tirées du tombeau de C. Cestius à Rome, et publiées par P. Sante Bartoli.

Pl. LXXXI. 1. Un génie avec des ailes. Peint à la voûte du tombeau de Cestius. 2. Une prêtresse occupée des apprêts d'un sacrifice. Sur le mur intérieur du même tombeau.

Pl. LXXXII. 1. Une prêtresse tenant une flute dans chaque main. 2. Une prêtresse. *Id.*

Pl. LXXXIII. 1. Une muse. 2. Une danseuse assise sur une tige de fleur.

Peintures tirées des bains de Constantin à Rome.

Pl. LXXXIV. 1. Apollon tenant une flute et un arc. 2. Apollon tenant une lyre.

Pl. LXXXV. 1. Une muse. 2. Une danseuse.

Pl. LXXXVI. 1. Une danseuse jouant des castagnettes. 2. Une danseuse jouant de la lyre.

Pl. LXXXVII. 1. Une prêtresse de Vesta. 2. Jupiter.

Pl. LXXXVIII. 1. Deux jeunes amans allant faire une offrande a Jupiter. 2. Ariadne et Thésée faisant un sacrifice aux dieux.

Peintures tirées du tombeau des Nasons, sur la voie Flaminia.

Pl. LXXXIX. 1. Ovide récitant des vers a Mercure. 2. Les héros aux Champs-Élysées. Peinture endommagée.

Pl. XC. 1. Pluton et Proserpine auxquels Mercure présente une jeune fille. 2. Rencontre de deux ombres aux Champs-Élysées.

Pl. XCI. 1. Pégase. 2. Alceste ramenée par Hercule.

Pl. XCII. 1. Les nymphes des fleuves infernaux. 2. L'enlèvement de Proserpine.

Pl. XCIII. Hercule et Protée.

Pl. XCIV. 1. Les hommes transformés en animaux. 2. La chasse aux tigres.

Pl. XCV. Hercule conduisant Cerbère hors des enfers.

Pl. XCVI. L'enlèvement d'Europe.

Pl. XCVII. Sacrifice aux dieux manes.
Pl. XCVIII. 1. Œdipe et le Sphinx. 2. Pégase soigné par les heures.
Pl. XCIX. 1. Le printemps. 2. L'été.
Pl. C. 1. L'automne 2. L'hiver.
Pl. CI. La chasse aux cerfs.
Pl. CII. La chasse aux lions.
Pl. CIII. La chasse aux tigres, a l'aide de miroirs.
Pl. CIV. La chasse au sanglier.
Pl. CV. 1. Le printemps. 2. L'automne.
Pl. CVI. Le jugement de Paris.
Pl. CVII. 1. Danse de bacchantes. 2. Un cheval qui passe un gué.

Peintures tirées de divers lieux.

Pl. CVIII. 1. Un satyre jouant de la lyre. 2. Hélène..
Pl. CIX. Une bacchanale. Ce morceau et les 14 suivans sont tirés de vases, connus sous le nom de vases étrusques. Celui-ci faisait partie de la collection de Malmaison.
Pl. CX. Initiation au mystère de Bacchus. De la collection des vases du comte de Lemberg, ancien ambassadeur de la cour de Vienne à Naples.
Pl. CXI. Une bacchanale. De la même collection.
Pl. CXII. Exercice gymnastique. De la même collection.
Pl. CXIII et CXIV. Priam et ses enfans tombant sous les coups des Grecs. Ce morceau, ne pouvant être contenu sur une même planche, a été gravé en deux parties. Publié par M. de la Borde.
Pl. CXV. Apollon assis sur un char ailé et rendant des oracles. Le vase sur lequel cette peinture est représentée, a été trouvé dans un tombeau, sur l'emplacement de l'ancienne Capoue. De la collection publiée par Thischben.
Pl. CXVI. Pénélope a sa toilette. Publié par le même.
Pl. CXVII. Thésée combattant contre les centaures pour les Lapithes. Trouvé près de l'ancienne Capoue. Publié par le même.

DES PEINTURES ANTIQUES.   159

Pl. CXVIII. Ulysse chez Anténor, a Troie. Publié par le même.
Pl. CXIX. Iphigénie apprenant la mort d'Agamemnon. Le vase sur lequel cette peinture est représentée, a été trouvé dans les tombeaux qui existent près de l'ancienne Capoue. Publié par le même.
Pl. CXX. Danse satyrique, proprement dite sicinnis. Publié par le même.
Pl. CXXI. 1. Un guerrier partant pour l'armée. 2. Iphigénie, Oreste et Pilade a Argos. Du cabinet de M. D.
Pl. CXXII. Initiation aux mystères de Bacchus.
Pl. CXXIII. L'initié devant la prêtresse.

Peintures trouvées dans les catacombes de Rome, cimetières des premiers chrétiens et des saints martyrs.

Pl. CXXIV. J. C. au milieu des docteurs. De la première chambre du cimetière du saint Callixte, pape, et autres saints martyrs, sur la voie Appienne.
Pl. CXXV. Le bon pasteur. Du même lieu.
Pl. CXXVI. 1. Martyrs condamnés a des travaux souterrains. 2. translation de l'arche sainte. 3. Moyse frappant le rocher. Femme revêtue de la stola. Moyse montrant la manne aux Israélites. Du même lieu.
Pl. CXXVII. J. C. guérissant un aveugle. 2. J. C. guérissant un paralytique. Du même lieu.
Pl. CXXVIII. 1. Le bon pasteur. Peint à la voûte. 2. Une femme en prière peinte sur le mur de la deuxième et dernière chambre du cimetière, sur la voie Latine.
Pl. CXXIX. Agapes ou repas des premiers chrétiens. De la première chambre du cimetière des saints Marcellin et Pierre, sur la voie Labicana.
Pl. CXXX. 1. Une femme en prière. 2. L'adoration des mages.

3. ADAM ET ÈVE. 4. LE FRAPPEMENT DU ROCHER. Du même lieu, chambre onzième.

PL. CXXXI. J. C. AU MILIEU DES DOCTEURS. De la deuxième chambre du cimetière de sainte Agnès, sur la voie Nomentana.

PL. CXXXII. 1. LES TROIS JEUNES GENS DANS LA FOURNAISE. 2. MULTIPLICATION DES CINQ PAINS. De la première chambre du cimetière de saint Priscille, sur la voie Salaria.

PL. CXXXIII. UN HOMME DEBOUT PORTANT UNE FEMME ASSISE. Peint à la voûte de la quatrième chambre du même cimetière.

Sujets choisis dans les vignettes coloriées du célèbre manuscrit de Virgile, qui fait partie de la bibliothèque du Vatican; peintures du 5ᵉ siècle.

PL. CXXXIV. ÉDUCATION DES BOEUFS ET DES TAUREAUX. Sujet tiré des Bucoliques; livre III.

PL. CXXXV. DIDON REÇOIT ÉNÉE ET SES COMPAGNONS. Ce sujet et tous ceux qui suivent sont tirés de l'Enéide, celui-ci du livre Iᵉʳ.

PL. CXXXVI. LE PERFIDE SINON SE PRÉSENTE AUX TROYENS; livre II.

PL. CXXXVII. HECTOR APPARAIT EN SONGE A ÉNÉE; livre II.

PL. CXXXVIII. INVOCATION D'ANCHISE A JUPITER POUR SAVOIR S'IL DOIT ABANDONNER TROIE; livre II.

PL. CXXXIX. DÉPART DE LA FLOTTE D'ÉNÉE; livre II.

PL. CXL. LES DIEUX D'ÉNÉE LUI INDIQUENT EN SONGE LE BUT DE SON VOYAGE; livre III.

PL. CXLI. DIDON ET ÉNÉE DANS LA GROTTE; livre IV.

PL. CXLII. DIDON CHERCHE A DÉTOURNER ÉNÉE DE SON DÉPART; livre IV.

PL. CXLIII. LA MORT DE DIDON; livre IV.

PL. CXLIV. DIVERS PRODIGES ANNONCENT A LATINUS L'ARRIVÉE D'ÉNÉE : livre VII.

PL. CXLV et dernière. JUNON ÉVOQUE LA FURIE ALECTON; livre VII.

FIN DE LA TABLE DES PEINTURES ANTIQUES.

Nota. Le nombre des sujets contenus dans les 145 planches est de 245.

www.ingramcontent.com/pod-product-compliance
Lightning Source LLC
Chambersburg PA
CBHW050155230526
45470CB00001B/110